방송기사로 배우는 글쓰기 테크닉
말하는 글

이준삼 지음

한울
아카데미

- 이 도서의 국립중앙도서관 출판시도서목록(CIP)은 e-CIP 홈페이지(http://www.nl.go.kr/ecip)에서 이용하실 수 있습니다.(CIP제어번호: CIP2009002445)
- 이 책은 관훈클럽 신영연구기금의 도움을 받아 출판했습니다.

추천사

글 쓰기를 지도한다는 일은 참으로 어렵다. 특히 기사를 고치고 다듬는 일은 더 그렇다. 기자마다 개성이 다른 탓이다.

예전의 신입 기자들은 선배들로부터 눈물이 날 만큼 호된 질책을 받으며 기사 쓰는 법을 배우고 익혔다. 간단한 사고를 기사로 만들기 위해 끙끙대다 보면 1시간이 훌쩍 지나버리기 일쑤였다. 딴에는 심혈을 기울여 쓴 기사가 일순간 쓰레기통으로 향하는 수모(?)를 겪는 일도 허다했다.

요즘 방송기사가 허술하다는 얘기가 자주 들린다. 리포트의 세련미가 떨어진다는 평가도 많다. 예전처럼 호통을 치는 선배도 없는데다 PC가 기사작성 풍토를 바꿔버렸다. 컴퓨터의 저장과 변환 같은 기능으로 피나는 노력 없이도 남의 기사를 끌어오거나 흉내 낼 수 있게 된 것이다. 그렇다고 현실적으로 재교육의 기회가 많은 것도 아니고 교재 또한 변변치 않은 게 사실이다.

이준삼 KBS 해설위원의 『말하는 글』을 보고 우선 그 노력에 놀랐다. 수많은 기사를 분석하는 일 자체가 워낙 방대한 데다 엄두조차 내기 어렵기 때문이다. 이를 잘못된 유형별로 정리하기란 더욱 힘들다. 그는 1년 이상 이 작업에 매달렸다고 한다. 그런 노력이 결실을 맺은 것을 진심으로 값지게 평가하고 싶다. 무엇보다 후배들에게 유익한 길잡이가 될 것이라는 기대가 크다. 특히 방송기사를 통해 일반인들에게까지 글쓰기의 기초를 제공했다는 점이 돋보인다.

방송기사가 좋은 글의 기본이어야 한다는 원칙을 선언하기란 쉽지 않은 일이다. 그 자신감을 공영방송의 보도를 책임지고 있는 사람으로서 매우 뜻깊게 생각한다. 이런 노력은 앞으로도 후배들이 계속 이어가야 할 것이다. 기사를 다듬는 노력에 다함께 관심을 갖는 분위기가 조성되기를 바란다.

이 책이 KBS 맨의 착상과 노력으로 나왔다는 데 자부심을 느낀다.

2009년 8월

KBS 보도본부장 김종률

머리말

어디서 글쓰기를 배울까

세상엔 기막힌 사연을 가진 사람들이 많다. 영화나 소설의 주인공이 되고도 남을 것 같은 사람들 말이다. 암과 같은 역경을 이겨낸 사람이거나 대참사의 생존자일 수도 있다.

기구한 운명의 주인공들은 보통 자신의 삶을 기록해 남기고 싶어 한다. 그러나 생각은 있어도 선뜻 엄두가 나지 않는다. 막상 마음을 굳혀 몇 줄 쓰고 나면 더는 할 말이 없다. 파란만장할 것 같던 사연이 단 몇 줄로밖에 표현되지 않다니⋯⋯. 결국은 포기한다.

언론사 문턱을 넘기가 '고시'라 불릴 만큼 어렵다. 수많은 언론인 지망생들이 실은 논문의 벽에 막혀 낙방한다. 이제 토익은 당락의 변수가 아니다. 실제 방송사 신입사원 논문을 채점해보면 눈에 띄는 답안이 응시자의 5% 정도에 지나지 않는다. 그것도 예상 문제를 달달 외워 쓴 내용이 많다. 언론인 지망생의 수준이 그 정도이니 다른 학생들은 어떨지 짐작이 가고도 남는다.

대입 논술은 더 어렵다. 글쓰기 훈련을 받지 않으면 도저히 접근이 불가능한 고난도의 문제가 나온다. 사설학원이 박수를 치는 이유다. 오죽하면 이어령 교수가 대입 논술 시험이 너무 어려워 자기도 쓰지 못한다고 비난했을까.

신문에 자주 기고하는 교수들의 글은 어떤가? 길고 현학적이고 어지럽다.

도저히 본받아서는 안 될 글이 많다.

기구한 사연의 주인공이나 언론 지망생과 대입 수험생 그리고 학자들까지도 글쓰기 실력이 모자란다. 훈련을 체계적으로 받은 적이 없으니 당연하다.

하루에도 수백 권의 책이 쏟아져 나온다. 누구나 인터넷 등에 의사 표현을 자유롭게 하는 시대다. 글은 이제 문인들만의 전유물이 아니다. 일상을 예쁜 글로 엮어내는 주부도 많다.

어느 글이건 어렵고 딱딱하면 눈길이 안 간다. 쉽고 편한 글이 눈에 잘 들어온다. 그런 글을 어떻게 해야 잘 구사할 수 있을까?

여러 가지 방법이 있을 것이다. 지금부터라도 책을 많이 읽을까? 국어학자나 작가들에게 특별과외를 받을까? 논술학원에 가보면 어떨까? 글쎄…… 어렵고 딱딱한 문법부터 시작하면 실패다.

기자들은 어떨까? 그들이 기사를 어떻게 쓰는지를 엿보면 도움이 될까? 눈만 뜨면 글을 정확하고 간결하고 빠르게 쓰려 고민하는 사람들이 그들이지 않은가.

그렇다. 방송기사는 글을 사용하는 가장 경제적인 의사소통 수단이다. 방송기사를 통해 글쓰기 공부를 한다면 쉽고 편한 요령을 터득하게 될 것이다. 현재 방송에서 쓰는 기사의 잘못된 부분을 찾아 유형별로 분류한 다음 고쳐 나가면 답이 나온다. 기사에는 무심코 잘못 쓰는 나쁜 표현이 의외로 많다.

- 노 씨는 오늘도 집을 비운 채 두문불출입니다.
- 한 판에 단돈 만 원부터 최대 수백만 원의 판돈을 걸고~
- 강제진압에 나서~
- 사랑을 몸소 실천한 장본인으로서~

- 허술한 법망이 역할을 못하고 있습니다.
- 사망자가 추가로 발생했습니다.
- 포근함이 절정에 이를 전망입니다.
- 선진국들의 성공사례를 타산지석으로 삼아~

집을 비운 채 어떻게 두문불출할 수 있는가? 이는 '달 밝은 비 오는 밤~'과 같은 형태다.

주부도박단 기사에서 판돈을 '단돈'이라니…… 시청자들의 정서에 맞지 않는다. 분위기 파악이 안 된 글이다.

진압이란 본래 강제성을 내포한다. '평화 진압'이란 말은 없다.

장본인은 '부정적인' 사연의 주인공을 말한다.

'허술한 법망'이 어떻게 역할을 할 수 있겠는가? "법망이 허술해 역할을 못 한다"고 해야 맞다.

사망자는 발생할 의지가 없다.

'포근함'도 절정이 있는가?

'성공사례'를 타산지석으로 삼다니 정말 황당하다.

기사는 주제가 다 달라 표현하는 방법도 각각 다르다. 수많은 기사를 고쳐 보면 다양한 표현법이 몸에 밴다. 자신감이 붙어 자꾸만 글을 쓰고 싶을 것이다. 주어가 뭔지 서술어가 뭔지, 목적어가 뭔지 동사가 뭐고 형용사의 쓰임새는 어떤 것인지, 조사는 어떻게 활용하는지 등 기본적인 사항만 알면 된다.

자, 이제 그 길로 떠난다.

차례

추천사 3
머리말: 어디서 글쓰기를 배울까? 5

01_ 좋은 글과 방송 11

1. 좋은 글의 조건 정확하고 간결하고 짧게 16 • '있을-수-있는-것'을 버려라 19 • 조사(만, 는, 을, 도)의 적절한 사용 21 • 주어 바꾸기 21 • 정확한 수사법을 익혀라 22 • 잘못된 표현 바로잡기 23 • 좋은 글의 모델 26

2. 글을 망치는 부속품들 접속사 30 • 진행형 31 • 중복된 조사와 어미 32 • 피동형 32 • 주어와 서술어의 먼 간격 34 • 부사와 형용사의 남용 35

3. 좋은 글쓰기를 위한 조언

02_ 기사의 나쁜 친구들 37

1. 나쁜 기사의 구조 많은 팩트 40 • 긴 수식어 45 • 따로 노는 주어와 서술어 49 • '~며, ~서'의 남용 54 • 엿가락 문장 67 • 단어 반복 73 • 피동형 75 • 진행 안 되는 진행형 79 • 많은 숫자 81

2. 오·남용하는 서술어 '나섰다' 82 • '들어갔다', '돌입했다' 84 • '밝혔다' 86 • '이같이 말했다' 92

3. 상투어 콘테스트 '관련해' 99 • '가운데' 104 • '~한다는 입장(방침, 계획)' 107 • '~것으로' 109 • '~지만' 109 • '~ㄴ'+소동(사태, 사고, 불편) 110 • 사건 사고 113 • 수사(조사) 118 • 날씨기사 120 • 교통뉴스 122 • 스포츠 뉴스 124

4. 버려야 할 표현과 습관들 문어체 127 • 한자어를 이용한 무리한 축약 130 • 어려운 한자와 억지 직역 133 • 회의, 성명, 회견, 보도자료 136 • 어려운 경제 용어 137

■ 종합클리닉 141

5. "고치지 않으면 고쳐지지 않아"

03_ 리포트 문장론 165

1. 리포트 문장의 나쁜 친구들 토막 난 첫 문장 168 • 전체 리포트의 반 가까운 토막 문장 173 • 앵커 멘트와 겹치는 첫 문장 177 • 케케묵은 표현 178 • 넝마 같은 접속사 180 • '나와 있다'는 중계차 183 • 나쁜 온 마이크 185

2. 좋은 리포트의 조건 도입부에서 판가름 190 • 인터뷰의 적절한 배치 193 • 감각적인 온 마이크 194 • 리포트의 비결 7선 195

3. 기형적인 리포팅 내레이션 멈추기 201 • 인용문 변칙처리 203 • 두 문장 합치기 204
    ■ 종합클리닉 206

04_ 프로그램 문장론 253

1. 프로그램 문장의 나쁜 친구들 복문 256 • 줄임말 257 • 토막 문장 257 • 단어와 어미의 반복 258 • 상투적 표현 259 • 접속사 259 • 어색한 표현 259
    ■ 종합클리닉 261

05_ 뉴스해설 문장론 275

1. 해설문장의 틀 팩트의 최소화 277 • 도입부를 참신하게 277 • 심화 과정 필요 278 • 클로징과 도입부의 조응 279

2. 해설문장의 테크닉 간결성과 리듬감 280 • 속보식 문장 구사 281 • 쌍방향식 화법 282

3. 해설문장의 실제 "벼랑에 선 '권세'" 283 • "진실 규명의 열쇠" 285 • "말뿐인 경찰 자정" 286 • "황혼의 덫 '치매'" 288 • "수돗물 100년" 289 • "희생 헛되지 않게" 291 • "흉악범의 얼굴" 292 • "국보 1호의 자존심" 294 • "권력, 명예, 돈" 295 • "청도의 교훈" 297

참고자료 299
후기: *부끄러운 고백* 300

01 좋은 글과 방송

좋은 글이란 어떤 글일까? 읽기 쉬운 글이다. 좋은 방송이란 듣기 쉬운 말이다. 방송의 말은 모두 글로 이뤄진다. 읽기 쉬운 글을 써야 듣기 좋은 말이 된다는 결론이다.

필자는 이 사실을 방송에 입문한 지 30년이 다 돼서야 깨달았다. 그동안 방송과 글의 관계를 이해하지 못한 채 날마다 방송을 했다. 엉터리 글을 써 방송에 실려 보내고 밥을 먹어온 것이다. 다 날아가고 없으니 망정이지 남았더라면 고개를 들지 못할 일이다.

우리는 뿌리 깊은 문자문화권에 살면서도 체계적인 글쓰기 교육을 받지 못했다. 다들 글쓰기를 두려워한다. 자신의 글을 남에게 보여주는 것을 속살처럼 부끄럽게 여긴다. 자신이 없는 탓이다. 우리의 방송 언어는 그런 수준의 글을 말로 직역하듯 옮겨왔다. 방송문장을 쓰기 전에 글 실력을 갖추라고 충고하는 사람은 아직 없다.

흔히 동양을 문자문화권이라 한다. 예로부터 말보다는 '문자 속이 기특한'

사람이 출셋길에 올랐다. 무릇 뜻을 펴려는 선비는 토굴 속에서 평생을 익혀도 모자랄 글공부에 매달려야 했다.

서양에서는 글과 함께 웅변과 토론 문화가 발달했다. 레토릭(rhetoric)이 중요한 출세의 수단이었다. 레토릭이란 말을 힘 있고 조리 있고 아름답게 하는 기술이다. 그리스 아테네의 민회와 로마의 포럼이 대표적인 무대였다. 당연히 '말짱'인 웅변가가 영웅이 됐다.

우리의 글 중심 문화는 말 문화에 설 땅을 내주지 않았다. 옛말 가운데 말 실력을 칭찬하는 말은 없다. "말이 많으면 쓸 말이 없다"거나 "말로써 말이 많으니 말을 말까 하노라"고도 했다.* 지금도 "말이 많은 놈"은 불평분자를 일컫는다.

그런 시대는 갔다. 이제 이른바 '말짱'이 뜨는 세상이다. 글이 감히 말을 폄훼하지 못하는 상황까지 왔다. 그 중심에 방송이 있다. 좋은 방송을 하기 위한 전제 조건은 좋은 글 실력이다.

좋은 글이란 단순히 '쉽게 쓴 글'이 아니라 '읽기 쉽게 쓴 글'이다. 헤밍웨이는 "읽기 쉬운 글이 가장 쓰기 어렵다"고 했다. 그의 글은 간결하기로 유명하다.

> 태양은 또다시 떠오른다. 희망이 곧 태양이다.

미국의 베스트셀러 작가 스티븐 킹은 말한다. "소설의 목적은 독자를 따뜻하게 맞이해 이야기를 들려주는 것이다. 가능하다면 소설을 읽고 있다는 사실조차 잊게 만들어야 한다. 한 문장으로 이뤄진 문단은 글보다 말에 더 가깝다."** 그는 글쓰기를 '유혹'이라고 했다. 말솜씨 역시 유혹의 일부분이라고

---

* 최정호, 『언론문화와 대중문화』(서울: 민음사, 1982), 41~45쪽.

했다. 잡아끄는 '매력'이 있어야 한다는 뜻이다.

21년 동안 미 NBC <Nightly News>를 진행했던 앵커맨 톰 브로커의 고별 방송을 보라.

> The time is here.
> We've been through a lot together, through dark days
> and nights and seasons of hope and joy.
> 이제 마지막이군요.
> 우리는 많은 것을 함께했습니다. 암울한 날도 있었고,
> 희망과 기쁨에 들뜬 날도 있었죠.

첫 문장이 강한 유혹을 느끼게 한다. 명앵커답다. 간결한 한마디가 아주 많은 메시지를 응축해 던진다. 좋은 글이란 바로 이런 것이다.

1. 좋은 글의 조건

외판사원들의 제품 설명을 듣다 보면 대부분 저절로 빠져들게 된다. 그들은 고객들의 혼을 빼놓는 명수다. 치밀한 사전교육을 통해 철저한 논리로 무장하고 선전을 해대기 때문이다.

한 예를 보면 '옴니버스 항생제'라는 게 있다. 옴니버스(Omnibus)는 총체적이라는 뜻이다. 옴니버스 항생제란 모든 균을 '한 큐에' 잡는 최상의 약이라는

•• 스티븐 킹, 『유혹하는 글쓰기』, 김진준 옮김(서울: 김영사, 2008), 163쪽.

의미다. 최상의 그 무엇을 영어로 '넌 플러스 울트라(None Plus Ultra)'라고 한다. 글에도 옴니버스나 넌 플러스 울트라가 있다. 아무리 봐도 그 이상의 표현은 없어 보이는 글을 말한다.

산허리는 온통 메밀밭이어서 피기 시작한 꽃이 소금을 뿌린 듯이 흐뭇한 달빛에 숨이 막힐 지경이다.

이효석, 『메밀꽃 필 무렵』

하얗게 꽃이 피어 있는 메밀밭을 '소금을 뿌린 듯이'로 묘사하고 그 위의 달빛을 '흐뭇한'이라고 수식했다. '숨이 막힐 지경'이란 감탄에 정말 숨이 턱 막힌다. 이보다 더 뛰어난 묘사가 어디 있겠는가.

이성은 투명하되 얼음과 같으며, 지혜는 날카로우나 갑 속에 든 칼이다.

민태원, 『청춘예찬』

이성을 인정미 없는 차가운 '얼음'에, 지혜는 쓰지 않으면 소용없는 '갑 속의 칼'이라고 한 비유는 누구도 흉내 내기 어렵다. 명문 중의 명문이다.

너는 나에게 나는 너에게 잊혀지지 않는 하나의 의미가 되고 싶다.

김춘수, 「꽃」

연인들의 가슴 속에 흐르는 아름다운 소통을 '하나의 의미'라고 한 표현은 천재적이다.

좋은 글이란 되도록 '옴니버스'나 '넌 플러스 울트라'의 표현을 곁들여야 한다. 누구나 다 쓰는 낡은 표현으로는 승부수를 띄우지 못한다. "전쟁터를 방불케 한다"나 "봄의 정취를 만끽했다"는 등의 상투적인 표현을 아직도 쓰는 사람이 많다. 그런 표현들은 이미 늙어 수명을 다했다.

정확하고 간결하고 짧게

글은 쓸수록 어렵다. 좋은 글이 뭔지를 조금씩 깨닫기 때문이다. 좋은 글은 진한 감동을 주거나 깊은 인상을 남기고 때로는 기막힌 패러독스를 내포한다. 그런 글을 쓰려면 몇 가지 지켜야 할 원칙이 있다. 글쓰기로 이름난 인사들의 공통된 견해다.

> ❶ 정확하게
> ❷ 쉽게
> ❸ 간결하게(짧게)

세 가지 원칙을 염두에 두고 쓴 글은 힘차고 리드미컬하다. 낱말이나 표현을 겹치지 않게 다듬는 훈련이 핵심이다. 줄이고 또 줄여야 한다. 자르고 또 잘라야 한다. 다음 예문을 보자.

나는 또 송년회에 참석해 어릴 때 시냇가에서 벌거벗고 놀던 초등학교 동창생들과 시간 가는 줄 모르고 놀면서 다들 많이 변했다는 사실을 깨달았다.

이 글에는 네 가지 사실이 담겨 있다. 내가 송년회에 참석했다는 사실, 시냇가에서 벌거벗고 놀던 초등학교 동창생들을 만났다는 사실, 시간 가는 줄 모르고 놀았다는 사실, 동창들이 많이 변했다는 사실 등이다.

많은 팩트를 한 문장 안에 구겨 넣으니 단정하지 않다. 간결하게 나눠보자. 이것이 가장 중요한 첫 번째 훈련이다.

☞ 나는 올해도 초등학교 동창생 송년 모임에 참석했다. 시냇가에서 벌거벗고 놀던 동무들이다. 시간 가는 줄 몰랐다. 다들 많이 변했다. 세월이 참 많이 흘렀다는 사실을 새삼 깨달았다.

다음 글은 어느 시인이 쓴 소년 시절의 정겨운 추억 한토막이다.

흘끔흘끔 형이나 아버지의 눈치를 보며 저녁밥을 먹고 이불 속에 파고들어 약 올랐던 일이나 친구 하나를 여럿이 놀려먹던 일들을 떠올리다 잠이 들고, 아침이면 일찍 깬 새처럼 튀어나가 또다시 들로 산으로 개울로 논두렁으로 진종일 돌아다녔다.

많은 팩트들이 나열된 복문이다. 잘라보자.

☞ 흘끔흘끔 형이나 아버지의 눈치를 보며 저녁밥을 먹는다. 이불 속에 파고든다. 약 올랐던 일이나 친구 하나를 여럿이 놀려먹던 일들을 떠올리다 잠든다. 아침이면 일찍 깬 새처럼 튀어나간다. 또다시 들로 산으로 개울로 논두렁으로 진종일 돌아다녔다.

한 교수가 신문에 기고한 칼럼의 첫 문장이다.

측근 비리와 연계된 노무현 전 대통령의 부패사건에 대한 검찰의 조사 소식을 접하며 제2차 세계대전 이후에 독립한 나라로서 전쟁까지 겪으면서 산업화와 민주화를 이룩한 유일한 나라라고 자랑해왔던 우리로서는 보수·진보를 떠나 마치 폭력·부패가 일상화한 아프리카 어느 나라 대통령을 맞이한 것 같은 당혹감과 자괴심을 느끼게 한다.

어지럽다. 수많은 팩트가 뒤범벅돼 있다.

☞ 노무현 전 대통령과 측근들의 부패사건은 우리에게 당혹감과 자괴감을 느끼게 한다. 폭력과 부패가 일상화한 아프리카 어느 나라의 대통령을 보는 것 같다. 우리는 2차 대전 이후 전쟁을 거쳐 산업화와 민주화를 이룩한 유일한 나라라고 자부해왔기에 더 그렇다. 진보나 보수를 떠나 다 같은 심정일 것이다.

주어에 대한 수식이 긴 문장도 흔하다.

<u>늘 카키색 두툼한 군용 파커를 걸치고 건빵주머니가 달린 얼룩덜룩한 바지를 입고 다니는</u> 두 아저씨가 마을로 들어오면 길이 좁아 보였고 무슨 일이 없어도 왠지 든든한 마음이 들었다.

두 아저씨를 수식하는 말이 너무 길다. 주어와 술어가 호응하지 않는다. 풀어헤쳐 정리해보자.

☞ 두 아저씨는 늘 두툼한 카키색 군용 파커를 걸치고 얼룩덜룩한 바지를 입고 다녔다. 두 사람이 마을로 들어오면 길이 좁아 보였다. 무슨 일이 없어도 왠지 든든한 마음이 들었다.

기사문장은 이 원칙을 지켜야 생명력을 갖는다. 여기에 '빨리 써야 한다'는 숙명이 추가된다. 기자는 정확하고 공정하고 간결한 글을 되도록 빨리 써내야 하는 직업이다. 언론인 조갑제 씨는 "천천히 써도 되는 사람은 기자가 아니라 학자"[*]라고 했다. 정곡을 찌른다.

'있을 - 수 - 있는 - 것'을 버려라

소설가 안정효 씨는 '있다'와 '것'과 '수'라는 단어가 없어야 좋은 글이 된다고 강조한다. 우리 글에는 이 세 단어가 너무 많다. 그는 이 세 가지를 모조리 솎아내는 훈련을 집중적으로 하라고 충고한다. 다른 표현으로 잘 바뀌지 않으면 자신의 어휘력이 얼마나 부족한지를 깨우쳐야 한다고 강조한다.[**]

학교로 가고 <u>있었던 것이다</u>. ☞ 학교로 가던 길이었다.
몸에 좋은 <u>것</u>이 무엇이든 잘 팔린다. ☞ 몸에 좋다 하면 다 잘 팔린다.
인간광우병에 걸릴 <u>수도 있다</u>. ☞ 인간광우병에 걸릴지도 모른다.
누전을 일으킬 <u>수도 있다</u>. ☞ 누전을 일으키기도 한다.

• 조갑제, "기자가 깨어나야 할 이유들"(2005.11.2), www.chogabje.com.
•• 안정효, 『글쓰기 만보』(서울: 모멘토, 2008), 24~25쪽.

그는 특히 '수'는 '죽을 수도 있다'와 같은 부정적인 가능성에서는 삼갈 것을 주문한다. '하기도 한다'나 '될지도 모른다'로 써야 정확하다.

화재가 고의로 일어났는지는 <u>확인되지 않을 수 있습니다.</u>
- ☞ ~확인하기 어려울지 모릅니다.

위협용으로 시너를 뿌렸지만 실수로 화염병이 <u>떨어졌을 수도 있기</u> 때문입니다.
- ☞ ~떨어졌을지도 모르기 때문입니다.

검찰은 동영상에 찍힌 이 액체가 미궁 속에 빠진 화재 원인을 <u>밝혀줄 수 있을 것으로</u> 기대하고 있습니다.
- ☞ ~밝혀줄 것으로 기대합니다.

다음은 어느 국어 교사의 글이다.

한 편의 글이 사람을 울리기 위해서는 먼저 자신을 울리지 않고서는 불가능하다는 것을 잘 아는 나로서는, 아이들의 가슴을 잔잔히 흔들며 울리고 나왔을 이 글들을 <u>사랑하지 않을 수 없고</u> 글을 쓴 아이들 또한 <u>사랑하지 않을 수 없다.</u>

한 문장이 너무 길다. 주어와 목적어에 대한 수식이 늘어졌다. '~하지 않을 수 없고'는 변사체 냄새가 난다. 나눠야 더 부드럽다.

- ☞ 한 편의 글이 사람을 울리려면 먼저 자신을 울려야 한다. 이를 잘 아는 나는 이 글과 글을 쓴 아이들을 한없이 사랑한다. 글마다 아이들의 가슴을 잔잔히 흔들고 울렸을 것이기 때문이다.

조사(만, 는, 을, 도)의 적절한 사용

우리말과 글에서 조사는 중요하다. 흔히 '아' 다르고 '어' 다르다는 것은 바로 조사의 활용에 따라 의미가 크게 달라진다는 뜻이다.

- 그는 일만 잘한다.
- 그는 일은 잘한다.
- 그는 일을 잘한다.
- 그는 일도 잘한다.

'일만 잘한다'는 일 외에 별다른 능력이 없는 사람이라는 뜻이다.

'일은 잘한다'는 다른 능력이 있는지 없는지 모르지만 일단 일에는 능력이 있다는 뜻이다.

'일을 잘한다'는 다른 것도 잘하겠지만 일을 잘한다는 뜻이다.

'일도 잘한다'는 다른 것도 잘하고 일도 잘한다는 뜻이다.

'만'보다는 '은', '은'보다는 '을', '을'보다는 '도'의 강도가 세다.

주어 바꾸기

문장의 뜻을 어긋나지 않게 하면서 주어를 이리저리 바꿔보는 훈련이 필요하다. 특정 주어만 고집하면 어미가 겹치고 서술어가 맞지 않는 등 꼬이기도 한다. 이럴 땐 과감히 주어를 바꿔보면 풀린다.

- 정기철, 『문장의 기초』(서울: 도서출판 역락, 2004), 133쪽.

- 나는 우리 음식 가운데 비빔밥을 가장 좋아한다.
- 내가 가장 좋아하는 우리 음식은 비빔밥이다.
- 비빔밥은 내가 가장 좋아하는 우리 음식이다.

위 예문에서 보듯이 주어는 '은, 는'이나 '이, 가' 등의 조사(주격, 한정)와 어울려 여러 가지 형태로 바뀐다. 문장의 앞뒤를 고려해 이를 활용하면 글이 더 매끄럽다.*

정확한 수사법을 익혀라

소설가 이외수 씨는 수사법을 잘 익혀야 개성 있는 문체와 격조 있는 화법을 구사할 수 있다고 강조한다. 수사법은 비유·강조·변화법이다. 그는 수사법을 잘 구사하려면 단어의 '속성'과 '본성'을 찾는 연습을 하라고 가르친다. 직유법은 속성에 근거를 두고 은유법은 본성에 근거를 둔다.

눈의 대표 속성은 '희다'와 '차갑다'이다. '눈처럼 희다'거나 '눈처럼 차갑다'고 쓴다. 풍선의 속성은 '부풀다'와 '터질 듯하다'이다. '풍선처럼 부풀었다'고 하거나 '풍선처럼 터질 듯하다'고 한다. 이것이 직유법이다.

은유법은 본성, 즉 표면적인 유사성보다 내면적인 동질성을 중시한다. '무엇은 무엇이다' 또는 '무엇은 무엇의 무엇이다'의 형식을 취한다.**

　　내 마음은 호수

　　　　　　　　　　　　　　　　　　　　　　　김동명, 「내 마음」

---

* 같은 책, 152쪽.
** 이외수, 『글쓰기 공중부양』(서울: 해냄출판사, 2008), 23, 177~178쪽.

고독은 나의 광장

조병화, 「고독」

'내 마음'과 '호수'는 표면상 전혀 다르다. '고독'과 '광장'도 마찬가지다. 내면의 동질성을 연결한다.

이외수 씨는 "직유법은 문장을 경쾌하게 만들고, 은유법은 심오하고 운치 있게 만든다"고 설명한다.

리포트나 프로그램 문장에서는 수사법을 절제해 사용해야 운율이 살고 빛난다. 단신기사에서는 자제하는 게 좋다.

잘못된 표현 바로잡기

우리가 쓰는 글 가운데 무심코 잘못 쓰는 표현들이 많다. 이를 찾아 바로잡는 훈련이 필요하다.*

'이루어지다' 형

공정한 법집행이 이뤄져야 한다. ☞ 공정하게 법을 집행해야 한다.

고발이 이뤄지도록 해야 한다. ☞ 고발해야 한다.

'주어지다' 형

상금이 주어집니다. ☞ 상금을 드립니다.

주어진 시간 안에 정답을 쓰시오. ☞ 정해준 시간 안에 정답을 쓰시오.

---

* 정기철, 『문장의 기초』, 192~196쪽.

'요구되다' 형

화려한 변신이 요구된다. ☞ 화려하게 변신해야 한다.

'필요로 한다' 형

아래와 같은 서류들을 필요로 한다. ☞ 아래와 같은 서류들이 있어야 한다.

'~로부터' 형

정 씨로부터 3억 원을 받은 혐의다. ☞ 정 씨에게서(한테서) 3억 원을 받은 혐의다.

전쟁의 공포로부터 벗어나야 한다. ☞ 전쟁의 공포에서 벗어나야 한다.

'~의' 형

다양한 내용의 글 ☞ 내용이 다양한 글

사실의 나열에만 그치지 않고 ☞ 사실을 나열하는 데 그치지 않고

같은 뜻의 말을 반복 ☞ 뜻이 같은 말을 반복

사장님의 축사가 있겠습니다. ☞ 사장님이 축사하시겠습니다.

'~임에' 형

테러임에 분명하다고 ☞ 테러가 분명하다고

불법임에 틀림없다. ☞ 불법이다.

충격적인 사건임에 확실하다. ☞ 충격적인 사건이다.

잘못 사용하는 한자어도 많다.*

가능성과 우려(소지)

'가능성'은 긍정적일 때, '우려' 또는 '소지'는 부정적일 때 알맞다.

박지성 선수는 수술 경과가 좋아 출전할 가능성이 높다.(○)
미국이 문제를 제기할 가능성이 있다.(☞ 소지가 있다. / 제기할까 우려된다.)

비율

'높아지다(낮아지다)'가 맞고 '늘어나다(감소하다)'는 부자연스럽다.

성폭행을 당한 직장 여성의 비율이 30%로 높아졌다.(○)
종부세 부담 가구의 비율이 지난해보다 5% 줄었다.(×)

여부

여부는 '참인지 거짓인지'의 뜻이다. '생사'나 '찬반', '진위' 등과 함께 쓰면 이중적 표현이 되기 때문에 붙이지 않아야 한다.

난이도

난이도(難易度)는 '어렵고 쉬운 정도'라는 뜻이다.

올해 수능시험은 전반적으로 난이도 조절에 실패했다.(○)
난이도가 높은 과목에서 당락이 결정된다.(×)

• 한국방송기자클럽, 『방송뉴스의 어휘 선택』(서울: 도서출판 역락, 2007), 58~128쪽.

실시

실시는 '실제로 행한다'는 뜻이다. '여론조사를 실시한다'나 '단속을 실시한다'고 하면 중복 표현이다. '여론조사를 해~'나 '단속을 해~'가 부드럽다.

시키다

'하다'로 끝맺어야 할 부분에 '시키다'를 쓰면 안 된다.

'강화시켜, 경감시켜, 고정시켜, 극대화시켜, 금지시켜, 구체화시켜, 변형시켜, 단순화시켜, 유통시켜, 부각시켜' 등은 모두 '~해'로 고쳐야 한다.

좋은 글의 모델

첫째 조건에 나머지 네 조건을 접목하면 좋은 글을 쓸 초보면허에 도전할 자격이 생긴다. 이것만 깨우쳐도 보통 글의 수준을 벗는다.

다음 글들은 그런 원칙을 잘 지킨 아주 세련된 문장이다. 이런 글을 만나면 소리 내어 읽는 습관을 기르자. 리듬을 익히는 데 큰 도움이 된다.

칼럼

눈물은 눈에서 나오는 것이 아니다. 마음에서 솟아나와 다른 이의 마음으로 흐른다. 고려시대의 문장가 백운(白雲) 이규보의 통찰이다. 그가 시에서 노래한 것처럼 눈물은 마음에서 흘러나와 주위 사람들의 가슴까지 적신다. 한 방울의 눈물은 백 마디의 말보다 더 절절하다. 한 줄기 눈물은 때로 장문의 글보다 더 울림이 크다. 눈물은 소리 없는 말이자, 눈으로 뿜는 외침이다.

"할머니의 눈물", ≪경향신문≫, 2008년 12월 5일자 '여적'

간결하면서도 박진감 넘친다. 전달력이 시원하다. 마음에서 나온 눈물이 보는 이의 가슴을 적시면서 절절한 울림을 준다는 내용이다. 얼마나 감동적인가. 이름난 논설위원 김택근 씨의 칼럼이다.

그 잘난 얼굴은 어디로 갔는가. 그 훤칠한 키는 어디에 감췄는가. 그 당당하던 기세는 어디로 숨었는가. 그는 어디에도 없었다. 두꺼운 이불 밑에 잠겨 있었다. 말라 버린 얼굴은 해골이었다. 눈은 천장만을 응시했다. 얼음장 같은 손위엔 거미줄 같은 핏줄이 솟아 있었다. 간간이 고통을 호소하는 "아" 하는 소리만이 그의 영혼이 남아 있음을 알리는 듯했다. 별세하기 얼마 전, 허주 김윤환의 모습이다.
"허주 김윤환의 병상", ≪중앙일보≫, 2003년 12월 18일자 '노트북을 열며'

감동적이다. 파고드는 점강법이 돋보인다. 당시 중앙일보 정치부장이던 이연홍 씨의 글이다. 나는 이 글을 지금도 보관하고 있다.

산문
하루에 서너 번씩, 읍내 가는 버스가 뽀얀 먼지 속에 도회로의 꿈만 잔뜩 뿌려 놓고 신작로 저쪽으로 도망쳐 버리던 산하. 봄에는 삐비꽃 자운영이 흐드러졌고, 가을 들녘에는 고개 숙인 나락들이 금강하구까지 밀려가던 곳, 내 고향은 지금쯤 가을이겠다. 그리움으로 서러움으로 남은 곳…….
윤필립, 「내 고향」, 『시드니에는 시인이 없다』

서정적인 글에서는 아름다운 표현이 넘친다. 문장이 길어도 마치 풍경화를 보는 듯하다. '읍내 가는 버스', '뽀얀 먼지', '도회로의 꿈', '신작로 저쪽', '도망쳐 버리던 산하' 등 정말 주옥같은 표현들이 꼬리를 문다. '내 고향은 지금쯤 가을이겠다'의 대목에서는 가슴이 뭉클하다.

> 봉선화는 담장의 그늘 속에 이슬을 머금고 수줍은 분홍 빛깔이었다. 장독대 언저리에 심어진 닭벼슬꽃은 이제 막 솟아 오른 햇빛을 반겨 의기양양한 장닭 벼슬처럼 짙은 연지색으로 요염했다.
>
> 이병주,『지리산』

봉선화, 담장, 이슬 그리고 수줍은 분홍빛으로 이어지는 연결이 그림 같다. '장독대 언저리', '닭벼슬꽃', '막 솟아 오른 햇빛', '연지색으로 요염'…….

노랫말

노랫말에는 마음을 사로잡는 표현이 무수하다.

> 첫사랑 그 소녀는 어디에서 나처럼 늙어갈까?
>
> 최백호,「낭만에 대하여」

> 겨울비에 젖은 돛에 가득 찬바람을 안고서…….
>
> 정태춘,「떠나가는 배」

묘비명

깊은 산속 허름한 묘비에 적힌 글이 발걸음을 오랫동안 붙잡기도 한다.

> 다정하시던 우리 아버지 여기 잠들다
>
> 서울 망우리 공원묘지

이렇듯 묘비명에는 가슴을 저리게 하거나 절묘한 표현이 많다.

내 우물쭈물하다 이렇게 될 줄 알았지

극작가 버나드 쇼

여기 한 무명용사가 쉬고 있다

프랑스 개선문 앞의 무명용사 비문

괜히 왔다 가네

중광 스님

좋은 글쓰기는 하루아침에 익혀지지 않는다. 무조건 많이 읽고 쓰고 남에게 평가를 받으며 고쳐나가는 훈련이 필요하다. 신문이든 소설이든 시든 산문이든 잡지든 노랫말이든 가릴 것 없다. 공동묘지를 지나다가도 묘비명을 놓치지 마라. 심지어 공중화장실의 낙서에서도 얻을 것이 있다.

좋은 글을 보면 통째로 옮겨 써보라. 소리 내어 읽고 외우는 습관을 길러라. 외워야 좋은 글의 감각과 리듬이 체득된다. 좋은 글을 눈여겨보면서 간결하고 정확하고 짧게 쓰는 훈련을 끊임없이 거듭해야 한다.

2. 글을 망치는 부속품들

자, 이제 본격적인 얘기를 해보자. 글을 좋게 만들려면 일단 군더더기를 없애야 한다. 감동은 그 다음의 테크닉이다. 글쓰기 습관의 일반적인 병폐는 군더더기가 무엇인지를 모른다는 점이다. 양복 차림에 짚신을 신거나 갓을 쓰고 명동 거리를 누비면서도 어색한지를 모르는 것과 같다. 짚신과 갓이 양복 차림을 망치는 부속품이다. 글도 마찬가지다.

접속사

'그러나, 그래서, 그리고, 그러므로, 하지만, 한편, 또다시, 했는데, 했으며' 등의 접속사(어)는 문장의 김을 빼는 대표 악당들이다. 특히 박진감 넘치게 흘러야 할 기사문에서는 아예 버려야 할 폐품이다. 악성 충치다. 치통을 일으키고 악취도 심하다. 당장 뽑아버려야 시원하다. 다음 문장을 보자.

<u>그러나</u> 사무라이개미 소탕전은 생각처럼 쉽지 않았다. 우선 개미의 진지가 대부분 지하 벙커라 어려움이 컸다. <u>또</u> 출구가 한두 군데가 아니라는 점도 그렇다. <u>그리고</u> 지상의 보루도 흙을 쌓아 올린 것이어서 포격의 효과를 극대화하기 어려웠다. <u>하지만</u> 놈들의 허술한 전술 때문에……

접속사를 잇따라 사용했다. 이를 죄다 삭제하고 차이가 나는지를 살펴보자.

☞ 사무라이개미 소탕전은 생각처럼 쉽지 않았다. 개미의 진지가 대부분 지하 벙커라 어려웠다. 출구도 한두 군데가 아니다. 지상의 보루도 흙을 쌓은 것이어서 포격의 효과가 떨어졌다. 놈들의 전술이 허술해……

차이가 없다. 접속사를 제거하는 대신 문장을 조금씩 다듬어야 한다.

그러나 문화와 의식구조가 다른 일본인과 지금처럼 친해지기까지는 참으로 오랜 시간이 걸렸다. 업무적으로든 개인적으로든, 그들과의 관계 형성이 무척 어려웠다. 하지만 시간이 갈수록 인간적인 친구관계로 발전했다.

☞ 문화와 의식구조가 다른 일본인들과 친해지기까지는 오랜 시간이 걸렸다. 업무적으로나 개인적으로나 그들과 관계를 맺기란 여간 어려운 게 아니다. (그와의 관계는 달랐다.) 점점 친구 사이로 발전했다.

진행형

'있다'나 '있었다'는 속도감을 떨어뜨린다. 단신기사에서는 불가피할 때가 있다. 리포트나 해설, 다큐멘터리 등의 원고에서는 되도록 안 써야 힘차다.

공원에는 나들이객들이 재잘거리고 있었다. 그 가운데 선남선녀는 카메라에 추억을 담고 있었다. 나는 그들을 통해 젊은 날의 상념에 젖고 있었다.

☞ 공원에서는 나들이객들이 재잘거린다. 선남선녀는 카메라에 추억을 담는다. 나는 그들을 보며 젊은 날의 상념에 젖는다.

돼지용은 부귀, 행복, 건강 등 인간들에게 좋은 일을 가져다주는 행운의 형상으로 중국인들은 미화시켜 부르고 있다.
   또한 중국 내몽고 거의 전 지역에 분포되어 있으며, 동북쪽 요령성과 길림성의 일부에서도 나타나고 있다.

☞ 중국인들은 돼지용을~ 행운의 형상으로 여긴다(미화한다). (돼지용 모양의 출토물은) 내몽골 대부분의 지역에서 발굴된다. 동북쪽 요령성과 길림성 일부에서도 나온다.

중복된 조사와 어미

조사나 어미가 겹치면 어감이 나쁘다. 속도감이 없다. 잘라내고 다듬어 다른 표현을 찾아야 한다.

그는 연설 도중 "나는 다시는 대선에 출마하자 않겠다"고 말했다.
☞ 그는 연설 도중 "대선에 다시 나오지 않겠다"고 말했다.

아저씨는 집에서 TV를 보면서 자신의 미래의 계획을 구상했다.
☞ 아저씨는 집에서 TV 앞에 앉아 자신의 앞날을 구상했다.

때로는 가라오케에서 그들과 노래 대결을 하기도 했고, 포장마차에서 술잔을 주고받으며 양국의 문화적·역사적 괴리와 갈등의 골을 메워보려고도 했으며, 시간이 날 때마다 그들을 한국에 초청했다.
☞ 때로는 가라오케에서 그들과 노래 대결을 했다. 포장마차에서 술잔을 주고받기도 했다. 양국의 문화적·역사적 차이와 갈등의 골을 메워보려 애썼다. 시간이 나면 그들을 한국에 초청했다.

피동형

맥 빠진다. 자신감이 없다. 신뢰도를 떨어뜨리고 리듬감도 안 좋다. '조사됐다', '보고됐다', '~에 의해', '(뇌물이) 건네졌다' 등이다.

온라인 취업사이트 '사람인'이 여성 직장인 729명을 대상으로 조사를 한 결과

응답자의 52%가 회식자리에서 성희롱이나 성추행을 당한 경험이 있다고 답한 것으로 조사됐습니다.

'조사를 한 결과~ 조사됐다'는 아주 어색한 구조다. '~조사한 결과'는 되도록 안 쓰는 게 낫다.

☞ 온라인 취업사이트 '사람인'이 여성 직장인 700여 명에게 물어본 결과 52%가 회식자리에서 성희롱이나 성추행을 당한 적이 있다고(당했다고) 답했습니다.

야산에 허가받지 않은 소나무 수십 그루가 무단으로 캐내졌습니다.

'캐내지다'니 말이 안 된다. '밥이 내게 먹여진다'와 같다. '허가받지 않은 소나무'도 있는가? 축약을 위한 수식 잘못이다. 허가받지 않으면 '무단'이다.

☞ 누군가 허가받지 않고 야산의 소나무 수십 그루를 캐갔습니다.

이런 피동형은 수없이 많다. 다음 피동태는 기사에서 흔히 잘못 쓰는 것들이다.

보여진 ☞ 보인	보내진 ☞ 보낸
키워진 ☞ 키운	밝혀져야 ☞ 밝혀야
다뤄지고 ☞ 다루고	모아지고 ☞ 모이고
지어진 ☞ 지은	고쳐져야 ☞ 고쳐야
세워지고 ☞ 세우고	주어져야 ☞ 주어야
두어지는 ☞ 두는	말해지던 ☞ 말하던

일컬어지는 ☞ 일컫는   길들여진 ☞ 길든

만들어진 ☞ 만든   쓰이는 ☞ 쓰는

뒤집어졌다 ☞ 뒤집혔다

> 타동사 + 진(지다)
> 특히 잘못된 피동형 가운데는 '~지다'와 어울린 타동사가 많다. 일본어의 영향이라고 한다.

주어와 서술어의 먼 간격

주어와 서술어가 되도록 가깝게 붙어야 한다. 그 사이에 구불구불 너저분한 내용이 끼면 의미가 명료하지 않다. 다음 예문을 보자.

우리 선생님은 날마다 다른 귀고리를 달고 구두도 바꿔 신고 갖가지 색깔의 립스틱을 바르고 다니는 등 멋을 많이 부린다.

'선생님'에서 '멋을 부린다' 사이가 길수록 좋지 않다는 얘기다. 수식어를 줄여라. 수식어가 많으면 유식하고 아름답게 보인다는 생각을 빨리 버려야 한다. "우리 선생님은 멋을 많이 부린다"로 끊든가 나눠야 한다.

☞ 우리 선생님은 멋쟁이다(멋을 많이 부린다). 날마다 다른 귀고리에 다른 구두를 신는다. 립스틱 색깔도 갖가지다.

부사와 형용사의 남용

우리말에서 부사와 형용사는 중요하다. 그러나 기사에서는 속도를 줄인다. 되도록 안 써야 힘차다. 부사는 형용사로 바꾸고 형용사는 동사로 바꾸면 힘이 넘친다.

빠르게 걷는다. ☞ 걸음이 빠르다.
많은 비가 내렸다. ☞ 비가 쏟아졌다. / 비가 퍼부었다.
그녀는 앙큼하게 애교를 부린다. ☞ 그녀의 애교는 앙큼하다.
휘청거리며 걷는다. ☞ 휘청거린다.*

간결하고 힘찬 글쓰기가 몸에 배지 않으면 좋은 방송문장을 구사하기 어렵다. 기사란 제한된 공간에 최대한 빨리 써낸 글이다.

3. 좋은 글쓰기를 위한 조언

다음은 학자들의 의견을 종합한 것이다. 구태여 외울 필요는 없다. 한 번 읽고 공감하면 충분하다. 이 가운데 몇 가지만 지켜도 글이 확 달라진다.

• 안정효, 『글쓰기 만보』, 52~53쪽.

단어

❶ 전문 용어 남발을 피하라

❷ 영어나 한자 대신 우리말을 써라

❸ 조사와 어미를 제대로 써라

문장

❶ 논리적 주장, 설득이 가능한 문단이 출발점이다

❷ 문장이 길어지면 잘라라

❸ 한 문장에는 되도록 하나의 주제를 담아라

❹ 정확하고 일관성 있고 독창적인 문장을 고민하라

❺ 이중으로 해석되는 애매모호한 문장은 피하라

❻ 과장, 미사여구 등으로 치장하지 마라

❼ 되도록 피동형은 피하라

글 쓰는 태도

❶ 능력을 갖춘 사람만이 쓴다는 강박, 통념을 버려라

❷ 주장과 논리를 세워나가는 게 곧 글이라 생각하라

❸ 항상 읽는 사람을 염두에 두고 써라

❹ 주변에 많이 보여주고 조언을 받아 단점을 파악하라

❺ 많은 책을 읽고 토론하는 습관을 길러라

≪한국일보≫, 2006년 3월 31일자

 02 기사의 나쁜 친구들

방송에 나간 수많은 기사를 분석해보니 놀랍게도 불량품이 많았다. 가장 두드러진 것은 긴 문장이다. 접속사와 구구절절한 수식이 너덜거리고 상투적 표현들이 얽혀 있다. 한 문장에 두 개 이상의 팩트를 구겨 담은 것도 많다. 당연히 주어와 서술어 또는 목적어 간의 호응이 명쾌하지 않다. 한자어를 복합적으로 붙여 쓰는 습관도 많다. 초점이 빗나간 기사도 허다하다. 글을 그렇게 쓰면 망한다.

불량 기사를 치료하려면 독소들을 찾아 수술하는 길이 가장 빠르다. 어려울 게 없다. 짧게 쓰고, 접속사를 버리고, 상투적인 표현을 자제하고, 팩트를 나열하지 말고, 주어와 술어의 호응을 염두에 두고, 초점을 잘 잡고 쓰면 될 게 아닌가.

치료술의 기본은 무조건 짧게 써야 한다는 것이다. 모든 독소는 짧은 문장 앞에 무릎 꿇는다. 접속사나 상투적 표현 등이 발붙일 틈이 없다. 좋은 기사는 짧아야 한다. 짧으면 힘차고 쉽다. 쉬워야 전달력이 높다. 이 책 역시 장황해서는 곤란하다. 방송의 글쓰기 논의가 『정통 종합영어』나 『수학의 정석』처럼 어렵다면 누군들 쉽게 접근하려 하겠는가?

좋은 기사를 쓰는 데 문법 지식이 많이 필요는 없다. '주어 + 술어, 주어 + 목적어(보어) + 술어' 정도의 상식이면 충분하다. 아무리 복잡한 문장도 벗겨 보면 이 범주를 벗어나지 않는다.

단신기사를 매끄럽게 써야 리포트 문장을 구사하기 쉽다. 리포트가 안 되면 해설 문장이나 프로그램 문장은 엄두도 못 낸다. 문장의 기본이자 기사의 원조는 단신이다. 이 말을 확인하기 위해 여기까지 왔다. 이제 본격적으로 단신기사를 연구해야 할 차례다.

단신기사의 생명은 간결하고 힘찬 리듬감에 있다. 빠르게 흐르는 속도감이 살아야 한다. 읽을 때 4분의 4박자 또는 4분의 2박자 식으로 운율이 맞으면 더욱 좋다. 혼자 중얼거리며 읽어보는 것은 아주 좋은 습관이다. 글은 짧을수록 좋다는 대원칙이 몸에 배야 한다. 간결하고 힘찬 기사를 쓰기 위한 조건은 이렇다.

> **좋은 기사의 조건**
> ❶ 한 문장에 한 가지 팩트만
> ❷ 단어와 조사(토씨), 어미가 겹치지 않게
> ❸ 접속사 추방
> ❹ 주어와 서술어의 분명한 호응
> ❺ 주어와 서술어를 가깝게
> ❻ 진행형과 피동형 지양

이제 기사에서 찾아낸 독소들을 유형별로 놓고 시술해보자. 보철을 해야 할지 뽑아내고 임플란트를 해야 할지 판단해야 한다. 지금까지의 글쓰기 습관을 다 버려야 한다. 그렇지 않으면 아무것도 보이지 않는다.

1. 나쁜 기사의 구조

많은 팩트

한 문장에는 한 가지 사실만 넣어야 한다. 이것이 글쓰기 원칙 '1조 1항'이다. 두세 가지 팩트를 구겨 넣으면 문장이 균형을 잃고 비틀거린다. 비만증이다. 비만은 만병의 원인이다. 어떤 사실이 중요한지 헷갈린다. 우선순위를 매겨버리거나 나눠야 한다. 나누면 글이 길어질까 걱정하기도 한다. 그렇지 않다. 다음 문장을 보자.

2개월 이상 답보 상태였던 국회폭력 수사가 다시 급물살을 타면서 국회의원과 보좌관에 대한 소환과 사법처리가 초읽기에 들어갔습니다.

답보 상태였던 수사, 다시 급물살, 소환과 사법처리 초읽기 등의 팩트가 섞였다. 리드인 만큼 욕심을 버리고 간결하게 던져야 한다. 리드는 한마디로 던지는 말이다. '급물살을 타면서'나 '초읽기'는 케케묵은 상투어다. 글에 이런 것이 끼어들면 병이 난다.

☞ 검찰이 국회 폭력사태를 빚었던 국회의원과 보좌관에 대해 소환조사를 서

두르고 있습니다

☞ 국회 폭력사태에 연루된 의원과 보좌관에 대한 검찰의 소환조사가 임박했습니다.

표현이 한층 차분하다. 2개월 이상 답보 상태였던 사실은 뒤로 돌려도 늦지 않다.

김현희는 지난 1997년 결혼 이후 사회와 거리를 둔 채 유가족들의 아픈 마음을 헤아리며 조용히 살려고 했지만, 지난 정부에서 그러질 못했다면서 현 정부가 지난 정부의 일을 조사하고 있어 그 결과를 기다리고 있다고 말했습니다.

1997년 결혼, 사회와 거리를 둔 채, 유족들의 마음 헤아리며 살아, 지난 정부서 그러질 못해, 현 정부가 지난 정부의 일 조사, 결과 기다리는 중…… 한마디 한마디가 다른 팩트다. 무엇이 중요한지 가려 가지치기를 하거나 나눠야 한다.

☞ 김현희는 지난 1997년 결혼 이후 조용히 살고 싶었어도 지난 정부에서 그럴 여건이 못됐다고 말했습니다. 김 씨는 현 정부가 조사 중인 당시의 일에 대한 결과를 기다리고 있다고 말했습니다.

김현희

1987년 대한항공 858편을 폭파(115명 사망)한 뒤 체포돼 사형을 선고 받았다가 특사로 풀려났다. 정보요원과 결혼했다. 김 씨는 북한에서 일본어를 배운 다구치 씨(납북)의 아들을 2009년 3월 부산에서 만났다. 그녀는 KAL기 사건은 북한의 소행이고 자신은 가짜가 아니라고 말했다. 참여정부 때 이 사건이 조작이고 자신도 가짜라고 협박한 사실을 간접적으로 폭로한 것이다.

기륭전자 비정규직 노동조합이 정규직화를 요구하며 장기 농성 중인 가운데 경찰이 집회를 벌이던 노조원 등 10여 명을 연행했습니다.

흔히 잘못 쓰는 리드 문장이다. 기륭전자 비정규직 노조가 정규직화를 요구한다는 팩트와 농성 중이라는 팩트, 경찰이 노조원을 연행했다는 팩트가 나열돼 있다. 정규직화를 요구한다는 팩트는 뒤로 돌리자. 핵심은 이것이다.

☞ 농성 중인 기륭전자 노조원 10여 명이 경찰에 연행됐습니다.

폭행이나 테러 등 '당한' 사안은 피동형이 좋다. 의미 전달이 강하기 때문이다.

최근 세계적인 금융위기로 전 세계 실물경제가 동반 침체하는 상황이지만 내년도 우리나라 무역수지는 두 자리 수의 흑자 반전이 가능할 것이라는 전망이 나왔습니다.

세계적인 금융위기, 실물경제 동반 침체, 내년도 우리나라 무역수지 흑자 가능 등의 팩트가 섞였다. '내년도 무역수지'를 제외하면 다 군더더기다. 한 가지만 던져야 힘차다. '반전'은 버려도 될 말이다.

☞ 내년도 우리나라 무역수지는 두 자리 수의 흑자가 가능하다는 전망이 나왔습니다.

허위사실을 유포한 혐의로 긴급체포된 인터넷 논객 '미네르바' 박 모 씨는 오늘 서울 중앙지법에서 열린 영장실질심사가 끝난 후 기자들과 만나 과거 IMF 위기 당시 손해를 본 서민들과 소외된 사람들에게 도움을 주고 싶어 글을 올렸다고 주장했습니다.

박 씨는 그러나 인터넷의 특성상 정제되지 못한 표현이 있었다며 순수한 의도였는데 혼란을 일으켜 죄송하다고 말했습니다.

깔끔해야 할 리드가 마치 굴비 두름과 같다. '허위사실 유포죄로 체포, 영장실질심사, 기자들과 만나, IMF 위기 때 손해 본 서민, 소외된 사람들, 도움을 주고 싶어' 등으로 얽혔다. 중요한 것은 박 씨가 인터넷에 글을 올린 직접적인 동기가 무엇이냐다. 두 번째 문장도 '~며'와 '~데'로 이어 빌빌 꼬았다. 이는 나중에 설명한다.

☞ 인터넷 논객 '미네르바' 박 모 씨는 서민들과 소외된 사람들에게 도움을 주려는 순수한 의도로 글을 올렸다고 주장했습니다.

박 씨는 인터넷의 특성상 표현이 정제되지 못해 혼란을 일으켜 죄송하다고 말했습니다.

미네르바 신드롬

2009년 초 인터넷 포털 다음의 토론방 '아고라'에 '미네르바'라는 익명의 논객이 미국의 리만 브러더스의 파산과 한국의 주가 폭락 등을 예고한 글이 일부 적중하자 벌어진 해프닝.

그는 국민 경제 스승이라고 칭송받기도 했으나 알고 보니 30대 무직자로 밝혀졌다. ≪신동아≫는 가짜 미네르바와의 인터뷰 기사를 실었다가 당사자가 검찰에 잡히자 사과했다. 정부의 경제정책이 신뢰를 잃은 틈새에서 빚어진 사회병리현상이었다.

야당은 청문회를 하지 않은 채 국정조사를 끝낼 수 없다며 활동기간을 연기하고 쌀 직불금을 받은 한나라당 김학용 의원을 증인으로 채택하자고 거듭 주장할 예정입니다.

'청문회 없이 국정조사 끝낼 수 없다, 활동기간 연장, 김학용 의원 증인 채택' 등 세 가지 팩트가 담겼다. '~며'가 주범이다. 과감히 버리고 나눠 쓰자.

☞ 야당은 반드시 청문회를 열기 위해 국정조사 활동기한을 연기하자고 요구할 예정입니다. 야당은 또 쌀 직불금을 받은~

더 심한 기사를 보자.

이 대통령은 특히 인천에 사는 한 모녀의 경우 헌 승합차 한 대를 가지고 있어 기초수급 대상자나 「모자보호법」 대상자가 안 된다고 들었다며, 이는 허점이 많은 것이라고 지적하고, 지방자치단체 등이 잘 챙겨야 한다고 당부했습니다.

대통령이나 장관 등의 말을 인용할 때 한 말 순서대로 모두 쓰면 팩트가 뒤엉킨 긴 기사가 나온다. 그대로 써야 할 것이 있고 간추려야 할 게 있다. 뜻이 훼손되지 않는 범위 내에서 정리해야 부드럽다.

'헌 승합차 가진 인천의 모자, 기초수급 대상자나 「모자보호법」 대상자, 제도의 허점, 지자체에서 챙겨야' 등의 팩트가 이야기 식으로 늘어섰다.

기자란 팩트를 있는 그대로 전하기도 하지만 간추려 전하기도 하는 직업이다. 직접 화법과 간접 화법의 글을 적절히 섞는 테크닉이 중요하다.

☞ 이 대통령은 헌 승합차가 있다는 이유로 기초생활수급이나 「모자보호법」의 혜택을 못 받는 등의 허점을 지자체에서 잘 살피라고 당부했습니다.

윤 후보자는 오늘 국회 인사청문회를 앞두고 제출한 서면 답변서에서, 우리나라는 대외 의존도가 높아 세계 경제 침체의 영향을 많이 받기 때문에 상당한 어려움이 예상된다며, 앞으로의 변화 추이 등을 종합적으로 고려해 경제전망을 수정해나가겠다고 밝혔습니다.

'대외 의존도 높은 우리나라, 세계 경제 침체의 영향, 상당한 어려움 예상, 앞으로의 변화 고려, 경제전망 수정해야' 등으로 알아들어야 할 팩트가 너무 많다. 그가 서면 답변서에 써놓은 내용을 그대로 옮기다 보니 그렇다. 팩트를 재빨리 잘 간추려야 글이 매끄럽다.

☞ 윤 후보자는 오늘~ 답변서에서 우리 경제는 대외 의존도가 높기 때문에 세계 경제 침체의 추이 등을 고려해 경제 전망을 조정하겠다고 밝혔습니다.

긴 수식어

수식이 긴 것은 어떤 사안에 대해 좀 풀어줘야 할 것 같은 걱정 때문이다. 그간의 진행 상황을 약간 언급하고 싶은 것이다. 시청자들의 이해를 돕기 위한 배려지만 기우다. 사회적 파장이 큰 속보 기사에서 늘 긴 수식이 등장한다.

<u>건설업자 김상진 씨로부터 돈을 받은 혐의 등으로 구속 기소돼 징역 1년을 선고받고 상고 중인</u> 정윤재 전 청와대 비서관이 어제 대법원의 구속취소 결정에

따라 석방됐습니다.

정 전 비서관 변호인 측은 징역 1년 형기가 만료됨에 따라 지난 18일 대법원에 정 전 비서관에 대한 구속 취소를 청구했으며, 대법원은 어제 오후 정 씨 변호인 측의 요구를 받아들여 구속을 취소했습니다.

이에 따라 정 전 비서관은 석방 상태에서 상고심 재판을 받게 됐습니다.

채널이 돌아갈 뉴스다. 리드에서 수식어를 잔뜩 늘어놓은 뒤 중간쯤에서야 주어(정윤재)가 나타났다. 팩트는 '건설업자로부터 뇌물, 구속기소, 징역 1년 선고, 상고, 대법원의 구속취소 결정, 석방' 등이다.

첫마디를 심플하게 던져야 시선이 집중되고 귀가 쏠린다.

☞ 건설 비리로 구속 기소된 정윤재 전 청와대 비서관이 (대법원의 구속취소 결정으로) 석방됐습니다.

두 번째 문장은 변호인 측이 청구했다는 사실과 대법원이 받아들였다는 사실로 묶였다. 81자다. 시제도 '지난 18일'과 '어제 오후' 두 가지다. 하나는 버리자.

주어를 대법원으로 앞세우면 끝난다. 주어 바꾸기 훈련이 필요한 이유가 여기에 있다.

☞ 대법원은 정 전 비서관이 (최근) 징역 1년 형기를 마치고 낸 구속 취소 청구를 어제 받아들였습니다.

'따라'나 '이에 따라'는 쓰지 말자. '받게 됐습니다'도 공판 기사에서 흔한 피동형이다. 다른 글에서도 무심코 잘 쓰는 것 가운데 하나가 '~됐다' 형이다. 능동으로 바꾸고 그 앞에 '앞으로'라는 표현을 넣으니 아주 매끄럽다.

☞ 정 전 비서관은 앞으로 석방 상태에서 상고심 재판을 받습니다.

이렇게 해도 시청자들은 그가 상고한 사실을 알 수 있다.
사건 내용을 설명하면서 수사 주체를 수식할 때도 곧잘 피동형을 남용한다.

<u>수능성적 분석자료 사전 유출 사건을 수사하고 있는</u> 서울 종로경찰서는 <u>수능성적 자료를 입수해 진 이사 등 사교육 관계자들에게 전달한 혐의로 울산의 한 고등학교</u> 조 모 교사를 지난 15일 소환 조사했다고 밝혔습니다.

사건 설명이 거창하다. 조 모 교사의 수식이 너무 길다. 이 때문에 기사가 얼마나 지저분해졌는가. 무슨 말인지도 선명하지 않다.
지난 15일 소환 조사한 사실을 기자들이 뒤늦게 알고 쓴 기사다. 그렇다고 조사한 사실을 '밝혔다'고까지 할 필요가 있을까. 넌센스다.

☞ 경찰은 울산의 한 고등학교 조 모 교사를 지난 15일 불러 수능성적 자료를 사교육 관계자들에게 준 혐의에 대해 조사했습니다.

<u>제기차기와 팽이치기처럼 우리 사회에선 갈수록 보기 힘들어지고 있는</u> 민속놀이들이 북한 어린이들에게는 여전히 인기가 높습니다.

민속놀이들의 수식이 길다. 처음 듣다 보면 무슨 말을 하려는지 헷갈린다. '힘들어지고 있는'의 진행형은 어색하다. '갈수록'은 '점점'으로 바꾸는 게 더 낫다.

☞ 우리 사회에서 점점 보기 힘든 제기차기와 팽이치기 등의 민속놀이가 북한 어린이들에게는 여전히 인기가 높습니다.

주독일 한국대사관은 <u>두덴 독일어 사전과 블록하우스 백과사전 등 교육관련 서적을 전문적으로 출판하는</u> '비블리오 그라피셰스 인스티튜트 & F.A.블록하우스'가 최근 동해와 일본해를 <u>병기하는 방안을 적극 추진하겠다는 의사를 밝혀왔다고 전했습니다.</u>

출판사 이름을 수식하는 문장이 이렇게 길어도 되나? 되도록 줄이자. 출판사 이름 자체도 너무 길고 어렵다. 이럴 땐 '한 교육서적 출판사'라고 줄여도 무방할 듯하다.

'병기하는 - 방안을 - 추진하겠다는 - 의사를 - 밝혀왔다고 - 전했다'는 완전 마라톤 식이다. 길게 꼬아 놓은 새끼줄 같다. 이는 옛날 변사체에서 "그리하여 그렇게 그래서 그랬던 것이었던 것이다"와 비슷하다. 이쯤 되면 두통이 난다.

'병기하는 방안을 적극 추진하겠다는 의사'란 병기하도록 애쓰겠다는 뜻이다. 그렇다면 풀어주자.

☞ 주독일 한국대사관은 최근 (백과사전 등을 출판하는) 한 교육서적 전문 출판사가 동해와 일본해를 함께 쓰는 방안을 마련할 뜻을 보였다고 밝혔습니다.

〈독도는 우리땅〉

한일 독도 영유권 분쟁이 나기만 하면 듣는 노래가 〈독도는 우리 땅〉이다. 이 노래 가사에는 "『세종실록지리지』 50페이지 셋째 줄"이란 대목이 있다. 사실일까? 아니다. 『세종실록지리지』에는 독도에 대한 언급이 없다. 작사·작곡한 정광태 씨는 어감과 리듬을 위한 가공이라고 했다.

따로 노는 주어와 서술어

문장 성분 간의 호응이 명쾌하지 않으면 알아듣기 어렵다. 주어와 서술어, 목적어와 서술어, 부사어와 서술어 등의 궁합을 말한다. 기사에서는 특히 주어와 서술어의 호응이 필수적이다.

'그는 학교에 갔다'에서 보듯 주어 '그'가 서술어 '갔다'와 딱 맞아떨어져야 한다. 주어와 서술어가 따로 노는 글이 너무 많다. 무심코 쓰는 잘못된 문장들을 보자.

현재 기온은 30도를 보이고 있습니다.
기온이 어떻게 보여준다는 말인가? ☞ 현재 기온은 30도입니다.

내일은 눈이 예상됩니다.
눈이 예상될 수 없다. ☞ 내일은 눈이 올 것으로 예상됩니다.

문장을 구불구불 늘이면 호응 관계가 흐려진다.

삼청각은 지난 2005년부터 한 민간업체가 서울시에서 위탁받아 운영하고 있으며 지난해까지 27억 원의 누적적자를 낸 것으로 알려졌습니다.

일단 두 문장으로 나눠야 한다. 누적적자를 위탁운영보다 앞세우는 게 낫겠다.

☞ 삼청각의 누적적자가 지난해까지 27억 원인 것으로 알려졌습니다. 삼청각의 운영은 지난 2005년부터 서울시의 위탁으로 한 민간업체가 맡고 있습니다.

> **삼청각**
> 서울 삼청동에 있는 한정식 집으로 이른바 '요정 정치'의 산실로 이름난 곳. 1972년 남북적십자회담이 열리기도 했다. 1990년대 중반에 일반음식점으로 바뀌었으나 경영난으로 1999년 말 문을 닫았다. 그 후 서울시에서 리모델링해 공연장 등으로 사용하다 민간업체에 운영을 맡겼다.

요즘에는 진흙찜질까지 할 수 있는 온천이 인기를 끌면서 평양의 부유층이 몰려들어 위화감을 조성한다는 눈총을 받기도 한다고 대북 소식통들은 전하고 있습니다.

무엇이 주어고 서술어인지 모호하다. '끌면서', '몰려들어', '눈총을 받기도' 등으로 꼬였다. '할 수 있는 것'은 다 없애자고 했다. 쪼개야 한다.

☞ 요즘엔 진흙찜질까지 하는 온천이 인깁니다. 평양의 부유층이 많이 찾습니다. 위화감을 조성해 눈총을 사기도 한다고 소식통들이 전합니다.

현대차가 미국발 금융위기로 인한 전 세계 실물경기 침체 우려에도 불구하고 해외시장의 <u>판매 호조에 힘입어</u> 이달에 사상 최대 규모의 해외 판매 실적을 올릴 것으로 전망했습니다.

　주어 '현대차'와 동사 '전망했습니다'의 사이가 아주 복잡하다. '미국발 금융위기, 실물경기 침체, 해외시장 판매 호조' 등 여러 가지 팩트와 수식이 지그재그로 얽혀 있다. 속을 간추려야 호응이 명쾌하게 된다. 중요한 내용은 현대차의 이달 수출실적이 사상 최대 규모가 된다는 것이다.
　'전 세계 - 실물경기 - 침체 - 우려'는 무리한 축약식 문장이다. 조사를 넣어 풀어주자. '불구하고'는 방송에 부적절하다. '해외시장에서 잘 팔려 해외 판매 실적이 좋다'니 군더더기다.

　☞ 현대차는 경기침체 속에서도 이달 수출 실적이 사상 최대가 될 것으로 전망했습니다.
　☞ 세계적인 경기침체 속에서도 현대차의 이달 수출 실적이 사상 최대 규모가 될 것으로 보입니다.

김 할머니가 식물인간 상태로 지낸 지 1년 4개월 만에 호흡기를 제거함으로써 국내에서는 처음으로 존엄사가 공식적으로 시행됐습니다.

　주어와 목적어, 술어가 전혀 호응하지 않는다. 우리가 보통 쓰는 말은 실은 이렇게 문법적으로 불완전하다. 글을 그렇게 써서는 안 된다.

　☞ (의료진이) 김 할머니의 호흡기를 제거함에 따라 국내에서는 처음으로 존엄사가 공식적으로 시행됐습니다. 식물상태로 지낸 지 1년 4개월 만입니다.

> **존엄사 첫 시행**
>
> 2009년 6월 23일. 77세 김 모 할머니 호흡기 제거. 가족이 인공호흡기를 떼어달라고 소송을 내 고등법원에서 처음 받아들여진 뒤 대법원에서 확정됐다. 예상을 깨고 할머니가 사망하지 않아 또 다른 논란이 일었다.

한국 독립 다큐멘터리 영화 <워낭소리>가 개봉 한 달 만에 전국 관객 60만 명을 돌파했습니다.

흔히 영화의 관객 동원 기사에서 이런 어색한 표현을 쓴다. '<워낭소리>가~ 관객을 돌파했다'가 돼 주술관계가 어긋난다. '<워낭소리>의 관객이~ 넘어섰다'로 해야 맞다.

☞ 영화 <워낭소리>의 관객이 개봉 한 달 만에 60만 명을 넘어섰습니다.

> **독립영화**
>
> 독립영화란 대부분 단편영화로서 대기업의 자본으로 유명영화사가 만들지 않은 영화를 말한다. '인디' 음악처럼 제작자가 외부의 간섭을 받지 않고 만든 것이라는 뜻에서 '독립(Independent)'이라 한다. 'Good Morning'을 '좋은 아침'으로 하듯이 어색한 직역체다.

주어와 서술어가 엉뚱하게 빗나간 기사도 많다.

연세대학교 등 수도권 지역 5개 사립대학 총학생회 소속 학생들의 모임인 '세대교체'는 오늘 서울 여의도 국회 앞에서 등록금 상한제와 후불제를 도입해 고액 등록금 문제를 해결할 것을 요구하는 기자회견을 열었습니다.

무엇을 말하려 하는지 헷갈린다. 기사대로라면 주어인 '세대교체'가 '기자회견을 열었다'가 주 내용이다. 서술 잘못이다. 서술어는 (고액 등록금 문제의 해결책인) 등록금 상한제와 후불제를 도입해달라고 '요구했다'여야 한다.

수식어도 길다. 총학생회 소속이나 회견 장소는 그다지 중요하지 않다.

☞ 연세대 등 수도권 지역 5개 사립대 학생들의 모임인 '세대교체'는 오늘 기자회견을 열어 등록금 상한제와 후불제를 도입해달라고 요구했습니다.

이 기사는 더 심하다.

4분기에는 가파른 경기침체로 임금 사정이 더 악화될 것으로 전망되는 데 비해 물가상승률은 올해 안에 4% <u>밑으로</u> 낮아지기 어려운 상황이어서 <u>하반기 실질임금은 감소세가 불가피합니다.</u>

주어인 '하반기 실질임금'이 문장의 맨 끝에 붙었다. 그 앞은 전부 상황 설명이다. 한참을 들어도 주어가 안 나온다. '밑으로'는 방송에 부적합한 표현이다.

4분기에 임금 사정이 더 나빠질 것 같은데 물가상승률이 4% 아래로 떨어질 가망이 없어 보이기 때문에 하반기 실질임금이 줄어든다는 내용이다.

☞ 하반기 실질임금은 경기침체에다 물가상승률도 4%대가 유지될 것으로 보여 감소세가 불가피합니다.

'~며, ~서'의 남용

'~며'와 '~서'는 속도감을 빼앗는 악당이다. 접속사와 같은 불순물이다. 건강에 비유하면 '피떡(혈전)'이다. 피떡은 핏속의 끈적거리는 덩어리로 혈관 벽에 달라붙어 피의 흐름을 방해한다. 심하면 혈관을 완전히 막아 심장에 산소와 영양공급이 안 된다. 심장근육의 조직이나 세포가 죽어 생명이 위험해진다. 이것이 심근경색증이다.

심근경색증을 치료하려면 허벅지 근처를 뚫어 가는 철사 줄을 혈관의 막힌 부위까지 보내 벌려야 한다. 피가 다시 흐른다. 이것이 '스텐트(stent)' 삽입술이다. 피를 묽게 하는 약을 평생 먹어야 한다.

방송문장에서도 '피떡'을 없애야 한다. 하수구가 뚫리듯 말이 유연하게 흐르는 것을 느끼게 된다.

'~며' 중독증

사물을 같은 자격으로 열거(접속 조사)하거나, '면서'의 준말로 동작이나 상태를 아울러 나타낸다(어미, 서술격 조사).

"개며 소며 돼지며 가축은 다 기른다"는 열거의 의미고 "그는 정치가며 미술가다"는 아우름이다.

기사에서는 주로 '면서'의 의미로 유명인의 말을 인용할 때 남용한다.

유명인의 말

① 이명박 대통령은 어제 청와대에서 시도지사들과 만나 지방 발전 대책을 논

의했습니다. 이 대통령은 이 자리에서 지방세수 제도 변경안을 검토하라고 지시했다며, 늦어도 내년 상반기 중에 안이 나올 것이라고 밝혔습니다.

② 수도권 규제완화 논란과 관련해선 지방에 가야 할 것이 안 가는 일은 결코 없을 것이라며, 지방 인프라 구축과 일자리 창출 지원을 약속했습니다.

③ 김태호 경남도지사는 낙동강은 방치돼 있어 절체절명의 상황이라고 소개했으며, 박준영 전남도지사는……

④ 김문수 경기지사는 수도권, 비수도권으로 나눌 것이 아니라 낙후지역이냐 아니냐로 나눠야 한다며, 낙후지역을 과감하게 지원할 것을 요청했습니다.

문장마다 '~며'를 붙여 리듬감도 좋지 않다. 한 기사에 네 번이나 썼다. 이쯤 되면 '~며 중독증후군'이다. 모두 없애자.

☞ ① 이 대통령은 이 자리에서 늦어도 내년 상반기까지 지방세수 제도를 바꾸는 안을 마련하라고 지시했다고 밝혔습니다.

② 수도권 규제완화 논란에 대해서는 지방에 가야 할 기관이 안 가는 일이 없도록 인프라를 구축하고 일자리를 창출하는 데 지원하겠다고~

③ 김태호 경남도지사는~ 소개했고, 박준영 전남도지사는~

④ 김문수 경기지사는~ 낙후지역인지 아닌지를 가려~

이명박 대통령은 지금이야말로 기업가 정신을 발휘해야 할 때라며 주력산업의 경쟁력을 높이고 새로운 주력산업과 상품을 만들어야 하며 신 성장 동력에 끊임없이 투자해야 한다고 말했습니다.

'~며'를 한 문장에 두 번씩이나 썼다. 대통령의 말을 그대로 전하려고 하니 문어체와 딱딱한 말이 많다. '지금이야말로'는 변사체로 들린다. '지금이 바로'로 바꾸면 얼마나 단정한가.

☞ 이명박 대통령은 지금이 바로 기업가 정신을 발휘할 때로 주력산업의 경쟁력을 높이고 신 성장 동력에 투자할 것을 촉구했습니다.

처음부터 끝까지 '~며'를 반복한 리포트도 있다.

민주당은 야당 의원의 외통위 진입을 막은 책임자를 특수 공무집행 방해죄로 고발하고, 국회의장이 동의안을 직권상정하지 않겠다고 약속하라며 의장실 점거 농성에 들어갔습니다.
  자유선진당과 민주노동당도 절차상 문제가 있었다고 지적하며 상정 취소를 촉구하며 강경 대응하겠다는 방침입니다.
  반면, 한나라당은 기세를 몰아 쟁점 법안까지 이번 임시국회에서 밀어붙이겠다며 고삐를 늦추지 않고 있습니다.
  이에 민주당도 쟁점 법안 심사와 상정을 저지하겠다며 각 상임위별로 농성에 들어가는 등 봉쇄를 강화하겠다는 전략입니다.

모든 '며'를 없애고 문맥을 다듬자.

☞ 민주당은 야당 의원의 외통위 진입을 막은 책임자를 특수 공무집행 방해죄로 고발하고 의장실을 점거한 채 농성을 시작했습니다.
  민주당은 국회의장이 동의안을 직권상정하지 않겠다고 약속할 것을 요구하고 있습니다.

자유선진당과 민주노동당도 절차상 문제가 있었다고 지적하고 직권상정을 취소하라고 촉구했습니다.

한나라당은 쟁점 법안까지 이번 임시국회에서 밀어붙여 처리할 태셉니다.

민주당도 쟁점 법안을 심사하고 상정되는 것을 막기 위해 상임위별로 농성을 하는 등 봉쇄를 강화하기로 했습니다.

노건평 씨는 서울구치소로 출발하기에 앞서 부분적으로 인정할 <u>부분은 있지만</u> 모든 혐의를 인정할 수 <u>없다</u>며 국민들께 죄송하다고 말했습니다.

'인정할 부분은 있지만 모두 인정할 수 없고 국민들께 죄송하다'는 중언부언이다. 아무렇게나 말하는 것은 그의 자유일 테지만 이를 다듬는 것은 기자의 의무다. 인용을 그대로 해야 할 것이 있고 다듬어야 할 것이 있다.

☞ 노건평 씨는 서울구치소로 떠나기 전에 혐의를 부분적으로 인정하고 국민에게 죄송하다고 말했습니다.

봉하대군의 몰락

노무현 전 대통령의 형 건평 씨가 농협이 세종증권을 인수하는 과정에 브로커 역할을 하고 수억 원을 챙겼다가 들통 나 구속된 사건. 건평 씨는 세무 공무원 출신으로 대통령인 동생을 등에 업고 인사 청탁 등 위세를 부리다가 결국 쇠고랑을 찼다. 그의 위세를 빗대 '봉하대군'이라 불렀다.

민변 측은 검역 위반 작업장이 18곳이나 되는데도 우리 정부는 한 곳만 수출중단 조처를 <u>취했다</u>며 검역주권이 훼손되고 있다고 주장했습니다.

민변 측은 특히 농식품부가 미국 작업장별 검역 위반 내용을 자세히 공개하지 않고 있다며 미국 작업장에 대한 직접적 규제가 가능하도록 고시를 개정해야 한다고 주장했습니다.

우리가 자의적으로 한 일이 어떻게 주권 훼손인지 아리송하다. 논리의 비약이다. 검역주권이 제대로 이행되지 않는다는 의미다.
'공개하지 않고 있다며~ 고시를 개정해야 한다'는 '자세히 공개하도록 고시를 개정해야'로 바꾸면 '며' 없이도 해결된다.

☞ 민변 측은 검역을 위반한 작업장 18곳 가운데 한 군데에만 수출중단 조처를 내리는 등 정부의 검역주권이 제대로 이행되지 않는다고 주장했습니다.
민변 측은 특히 미국 작업장별 검역 위반 내용을 자세히 공개하도록 고시를 개정해야 한다고 주장했습니다.

안병만 교육과학기술부 장관은 연말 연초가 되면 아무래도 인사를 하지 않겠느냐며 사표 제출은 그 일환으로 나온 것인데 언론이 너무 크게 다룬 감이 있다고 말했습니다.

들은 대로 쓴 메모에 가깝다. '데'는 우리말에서 생각이 잘 나지 않거나 중언부언할 때 자주 쓰는 말이다. 힘을 빼기 때문에 금물이다.

☞ 안병만 교육과학기술부 장관은 (1급 간부들이) 연말 연초에 예정된 인사를 앞두고 사표를 낸 것을 언론에서 지나치게 다룬 것 같다고 말했습니다.

나열

노 씨는 검찰조사를 받고 나오면서 김해 상가 오락실 지분이 자신의 몫이라는 얘기는 모르는 일이며 금품을 받은 사실도 없다고 주장했습니다.

나열의 의미로 쓰는 '~며'는 '~고'로 바꾸는 게 낫다. 지분과 몫은 겹친다.

☞ 노 씨는~ 김해 상가 오락실 지분에 대해 모르고 금품을 받은 적도 없다고 주장했습니다.

손기정 옹은 산소 호흡기를 쓰고 있으며 의식이 없는 상탭니다.

'~며'가 들어가 흐름을 끊는다.

☞ 손기정 옹은 의식을 잃은 채 산소 호흡을 받고 있습니다.

손기정
손기정은 일제강점기인 1936년 베를린 올림픽 마라톤 경주에서 2시간 29분 19.2초로 올림픽 신기록을 세우고 금메달을 땄다. 가슴에 일장기를 달고 고개를 숙인 시상대의 사진이 유명하다. 노년엔 후진 양성 등에 힘쓰다 80세로 세상을 떠났다.

국립산림과학원 기후변화연구센터는 지역별 나무 종류별 탄소 함량을 분석한 결과 우리나라의 산림이 지난해까지 23억 5,000만 톤의 이산화탄소를 흡수해 저장하고 있으며 해마다 3,400만 톤의 이산화탄소를 추가로 흡수하는 것으로 분석됐다고 밝혔습니다.

'분석한 결과~ 분석됐다'는 아주 불편한 구조다. '조사한 결과~ 조사됐다'와 같은 형태다. 반드시 쓸 필요도 없다.

☞ 국립산림과학원 기후변화연구센터는 우리나라 산림의 이산화탄소 저장량이 지난해까지 23억 5,000만 톤에 달한다고 밝혔습니다. 연구센터는 또 우리 산림이 이산화탄소를 해마다 3,400만 톤씩 흡수한다고 분석했습니다.

정부가 확정한 인천 2호선 사업은 서구 오류동에서 남동구 인천대공원을 연결하는 29.2km <u>구간이며</u> 모두 27개 정거장이 설치됩니다.

전혀 필요 없는 '며'다. 마치 '그는 키가 180cm며, 체중은 80kg이다'는 식이다. 그냥 '그는 키 180cm에 체중이 80kg이다'로 쓰는 게 더 자연스럽다.

☞ ~연결하는 29.2km 구간에 정거장 27개가 설치됩니다.

12월 인도분 금 가격은 3.5% 오른 온스 당 819.50달러에 거래를 <u>마쳤으며</u> 이는 지난달 18일 이후 12%나 오른 것입니다.

☞ ~마쳐 지난달 18일 이후 12% 올랐습니다.

내림세·오름세·회복세·보합세·혼조세 + '보이면서'

주식 등의 값이 내리고 오를 때도 어김없이 '~보이면서'를 붙인다. 적합할 때도 있지만 대체로는 무의미하다. '내려', '올라', '회복해', '들쭉날쭉해' 등으로 순화하자.

코스피지수가 사흘 연속 내림세를 보이며(☞ 내려) 1,150선을 기록했습니다.

오늘 서부텍사스산 원유는 장중 한때 1배럴에 35달러 98센트까지 떨어지면서(☞ 떨어져) 지난 2004년 1월 이후 최저치를 기록했습니다.

남용하다 보니 온도에도 등장한다. "기온이 내일도 오름세를 보이면서 예년 기온을 되찾겠습니다"는 지나친 감이 있다.

'~서' 중독증

'~서(면서)'는 '~며'와 같은 의미와 상황의 동시성·연속성을 주는 의미로 애용한다. 어감을 늘어뜨리고 문장을 길게 만드는 것이 역시 병폐다.

유명인의 말

정치와 외신기사에 많다. 인물을 주어로 그의 말을 전하는 기사가 태반이기 때문이다.

데이너 페리노 백악관 대변인은 대통령이 자동차 회사들이 혼란스럽게 무너지도록 하지는 않을 것이라면서 무질서한 파산은 시스템에 충격을 줄 수 있다고 말했습니다.

나누거나 요약하는 게 좋다.

☞ 데이너 백악관 대변인은 자동차 회사들이 큰 타격을 받을지 모를 무질서한 파산을 대통령이 방치하지 않을 것이라고 말했습니다.

박병석 정책위 의장은 오늘 오후 의원총회 등 당내 협의를 거쳐 국회 차원의 위기극복을 위한 대응책을 마련할 <u>것이라면서</u> 정부와 한나라당으로부터 민주당이 제시한 조건들에 대한 전향적인 입장변화를 기대한다고 말했습니다.

박 의장은 한나라당 측의 여야 정책위 의장 회동 제안에 대해서는 여당 측의 건강성이 확인된다면 거절할 이유가 <u>없다면서</u> 여야 원내대표, 정책위 의장 연석회동을 역제안 했습니다.

첫 번째 문장은 길기도 하지만 무슨 말인지 알아듣기 어렵다. '~면서'를 사이에 둔 앞뒤 팩트의 연결이 순조롭지 않기 때문이다. 나누는 게 낫겠다. 두 번째 문장도 '~면서'를 굳이 쓸 필요가 있을까?

☞ 박병석 정책위 의장은~ 대응책을 마련하겠다고 말했습니다.
박 의장은 한나라당 측이 여야 정책위 의장 회동을 제안한 데 대해 여야 원내대표와 정책위 의장 연석회동을 하자고 역제안 했습니다.

상황의 동시성

'변하면서, 얼어붙으면서, 미끄러지면서, 부딪치면서' 등으로 그 상황과 동시에 무슨 일이 벌어졌다는 뜻이다. 교통사고와 날씨기사에서 남용이 심하다.

어젯밤부터 내린 눈이 <u>얼어붙으면서</u> 전국 곳곳에서 교통사고가 잇따랐습니다. 2명이 숨지고 3명이 다쳤습니다.

차량 한 대가 빙판길에 <u>미끄러지면서</u> 보호 난간을 들이받아 운전자가 병원에서 치료를 받았습니다.

이에 앞서 어제 저녁 일곱 시 반쯤 전라남도 영광군에서는 빙판길에 미끄러진 것으로 보이는 차가 도로 옆에 쌓아둔 1미터 높이의 대리석에 부딪히면서 불이 났습니다.

☞ '얼어붙어', '미끄러져', '부딪쳐', 등으로 쓰면 그만이다.

상황의 연속성

'~어려움을 겪으면서' 등의 형태로 자주 쓴다. 어색하다. 앞뒤 문맥에 따라 '~해'나 '~하자' 또는 '~어' 등으로 바꾸면 무난한 표현이 나온다.

영화 <과속 스캔들>이 누적 관객 수 800만 명을 돌파하면서 역대 여섯 번째 흥행작이 됐습니다.

돌파면 돌파지 왜 굳이 '돌파하면서'인가? 돌파는 '넘어'로 바꾸자고 했다.

☞ 영화 <과속 스캔들>이 누적 관객 수 800만 명을 넘어 역대 여섯 번째 흥행작이 됐습니다.

한미 FTA 비준동의안의 상임위 상정 과정에서 일어난 여야의 정면충돌로 여야 대치가 더욱 극심해지면서 오늘 예정된 정무위원회 전체회의 등에서도 충돌이 빚어질 것으로 보입니다.

☞ 한미 FTA 비준동의안을 둘러싼 여야 갈등이 더욱 심해져 오늘 정무위원회 전체회의에서도 부딪칠 것으로 보입니다.

러시아가 유럽으로의 가스공급 재개를 <u>미루면서</u> 한파 피해가 커지고 있습니다.
☞ 러시아가 유럽에 가스공급을 미뤄(아직 재개하지 않아)~

경찰은 오늘 사고가 화왕산 정상에서 억새에 불을 붙여 불이 번지던 도중 갑자기 바람 방향이 <u>바뀌면서</u> 불길이 관광객들을 덮친 것으로 추정했습니다.

풍향이 바뀌자 불길의 방향도 바뀌어 관광객들을 덮친 상황이다.
'오늘 사고가~ 덮쳐서 난 것으로'라고 해야 어순이 맞다. '불을 붙여 불이 번지던 도중~'도 매끄럽지 못하다.

☞ 경찰은 오늘 사고가 화왕산 정상에서 억새를 태우던 불길이 풍향이 바뀌자 관광객들을 덮쳐서 난 것으로 추정했습니다.

> **화왕산 참사**
> 2009년 2월 경남 창녕의 화왕산(757m)에서 3년마다 정월대보름에 열리는 '억새 태우기 행사' 도중 불길이 방호벽을 넘어 관광객 4명이 숨지고 30여 명이 다친 사고. 이 행사는 재앙을 막고 풍년을 기원하는 전통 축제로 이어져 왔으나 참사 후 폐지됐다. '火旺山'이란 이름이 화제가 되기도 했다.

'~서'를 이용해 간단한 화재를 마음껏 꼬아 쓴 기사도 있다.

~불이 나자 소방차 30여 대와 소방관 120여 명이 출동해 진화작업을 벌였지만 불길이 바람을 타고 주변 건물 10개 동으로 <u>번지면서</u> 진화에 어려움을 겪었습니다.
<u>불이 난 시각은</u> 상가 관계자들이 출근하기 <u>전이어서</u> 인명피해는 없었으나 상

점 내부 등 모두 380제곱미터가 불에 탔습니다.

<u>불이 난 시각이</u> 출근시간대와 겹치고 출동한 소방차가 좁은 골목길 진입에 어려움을 <u>겪으면서</u> 인근 도로엔 극심한 정체가 빚어져 출근길 시민들이 큰 불편을 겪고 있습니다.

'번지면서', '전이어서', '겪으면서' 등 필요 없는 대목까지 '서'로 늘어뜨렸다. 좋지 않은 습관이다.

'불길이 번지면서 진화에 어려움을 겪었다'는 자주 쓰지만 썩 명쾌하지 않다. '불길이 번져'가 더 단정하다. '불이 나자'는 지양하자. 불이 나기를 기다리기라도 한 느낌을 준다. '곧바로 출동해'로 쓰면 어떨까.

'불이 난 시각'을 잇따라 썼다. 화재나 사고기사에서 추방해야 할 대표적인 표현이다.

'소방차 진입에 어려움을 겪으면서 정체가 빚어졌고 불편을 겪었다'는 표현은 듣기에 참 불편하다. 어떤 동작에 '어려움을 겪으면서~'라는 표현이 가능한가? '의지'가 있어야 '겪는다'. 동작은 의지가 없다. 주술 관계가 분명하지 않게 온통 구불구불 이어놓은 악문이다.

☞ 소방차 30여 대가 곧바로 출동했지만 불길이 주변 건물로 번져 (진화에) 어려움을 겪었습니다.

이 불로 상점 내부 380제곱미터가 탔습니다. 소방차와 차량들이 좁은 진입로에서 뒤엉켜 (출근하던) 시민들이 큰 불편을 겪었습니다.

다음 외신기사에는 '서'와 '며'가 여러 형태로 뒤섞였다.

영국을 방문 중인 원자바오 중국 총리가 케임브리지 대학에서 연설 도중 청중석에서 신발이 날아와 <u>연설을 중단하는 사태가 발생했습니다</u>.

　현장을 취재하던 AFP 기자에 따르면 서양인으로 보이는 티셔츠 차림의 한 청년이 원 총리에게 신발을 <u>던지면서</u> "이것은 수치"라고 <u>외쳤으며</u> 대학보안요원들이 이 청년을 강당 밖으로 끌어냈습니다.

　이 청년이 던진 신발은 원 총리 전방 1미터 지점 단상 위에 <u>떨어졌으며</u> 연설이 <u>수 분 동안 잠시</u> 중단되기도 했습니다.

'~사태가 발생했다'는 이중 표현이다. 되도록 쓰지 말자. '중단했다'로 끊어야 한다. 문법적으로는 "원자바오가~ 연설을 중단했다"로 해야 주술관계가 명쾌하지만 의미가 강하지 않다.

　타의나 돌발적인 상황으로 인한 사건일 때는 피동형이 더 강하다.

　"한 청년이 케네디 대통령을 총으로 쏴 살해했습니다"보다는 "케네디 대통령이 한 청년의 총격을 받고 서거했습니다"가 더 충격적이다.

　"김재규 중앙정보부장이 박정희 대통령을 권총으로 쏴 살해했습니다"보다 "박정희 대통령이 김재규 중앙정보부장이 쏜 총탄에 맞아 서거했습니다"로 해야 한다.

　두 번째 문장은 '외치며 던졌다'고 간결하게 하자. '영국을 방문 중인'과 '케임브리지 대학에서 연설 도중'을 두 번째 문장에 배치해야 좋다.

　끝 문장의 '며'를 없애려면 주어를 바꿔야 한다. 리드에서 '중단됐다'로 했으니 여기서는 '총리가 연설을 멈췄다'로 해야 중복을 피한다. '수 분 동안 잠시'라는 말은 없다.

☞ 원자바오 중국 총리의 연단에 한 영국 청년이 신발을 던져 연설이 중단됐습니다.

중국을 방문 중인 원자바오 총리가 오늘 케임브리지 대학에서 연설을 하던 중 한 청년이 "이것은 수치"라고 외치며 신발을 단상으로 던진 직후 보안요원들에게 끌려 나갔다고 AFP 통신이 전했습니다.

원자바오 총리는 신발이 자신의 앞쪽 1미터 떨어진 곳에 떨어지자 잠시 연설을 멈췄습니다.

> **신발 공격**
>
> 2008년 말 부시 미 대통령은 바그다드에서, 두 달 뒤 원자바오 중국 총리는 런던에서 각각 연설 도중 청중의 신발 공격을 받았다.
> 부시는 "좀 별나긴 해도 자신을 표현하는 흥미로운 방법 중 하나다"고 조크했지만 원자바오는 굳은 얼굴로 "이런 비열한 행위로는 중영 양국 인민의 우의를 막을 수 없다"고 비난했다.

엿가락 문장

작가 안정효 씨는 하나의 문장을 다 썼으면 주저하지 말고 마침표를 찍으라고 충고한다. 문장을 엿가락처럼 잡아 늘이거나 멋을 부린답시고 미사여구를 더덕더덕 붙이지 말라는 얘기다.

읽기보다 듣기는 전달력에서 한계가 있다. 사람이 방송으로 듣는 한 문장의 길이는 최대 50자 안팎이어야 한다. 가능하면 30~40자 정도가 적당하다.

70~80자는 보통이고 100자 넘는 기사도 허다하다. 이런 기사들은 여러 가지 접속사로 얽히고 팩트가 두세 가지 이상으로 뒤범벅돼 있다. 주어와 술어의 호응관계도 분명하지 않다. 불량식품으로 가득한 식탁과 같다.

정치기사

정치기사는 대체로 길다. 당연한 것으로 여기는 게 문제다. 간결하게 줄이고 나누려는 노력에 소홀하다. 여기 황당한 기사가 있다.

류근찬 자유선진당 정책위 의장은 국회 브리핑을 통해 <u>주요 선진국은 물론 홍콩, 싱가포르 등이 대규모 정부 보증조치를 내놨을 때 큰 문제가 없다고 했던</u> 정부가 뒤늦게 대책을 내놓다 보니 정작 시장 안정에 필요한 지원 규모를 축소한 것이 아닌지 <u>의심스럽다면서</u> 정부정책의 문제점을 지적했습니다.

무려 120자다. 몇 번을 들여다봐도 무슨 말인지 이해하기 어렵다. 하물며 귀로 들어서는 전달력이 제로다. 글쓰기 원칙을 하나도 지키지 않았.

이 문장은 '류근찬 의장이~ 정부정책의 문제점을 지적했다'로 주어와 서술어가 짜였다. 그 사이에 온갖 것이 뒤죽박죽 끼어 있다. '한 문장엔 한 팩트'라는 원칙을 무시한 것이 가장 큰 잘못이다. 주어인 '정부'의 수식도 아주 길다. '의심스럽다고 말했다'로 끊어도 긴 판에 '~면서'로 이어간다.

앞뒤 문장이 없는 상태에서 고쳐볼 엄두가 나지 않는다.

임태희 한나라당 정책위 의장은 오늘 고위급 당정회의에서 나온 조치의 핵심은 은행의 외화차입 1,000억 달러에 대한 지급보<u>증이라며</u> 정부가 이를 하지 <u>않음으로써</u> 은행들이 겪게 될 <u>반사적</u> 불이익을 <u>미연에</u> 방지하자는 차원에서 이 조치를 취한 것이라고 말했습니다.

100자가 넘는다. '하지 않음으로써', '미연에', '반사적' 등 방송 용어로는 부적합한 표현들을 거침없이 썼다. 기사를 가만히 들여다보니 'A라는 중요한 조처'를 내렸는데 'B를 방지하기 위해서'라는 의미다. 내용의 전후를 꼬아놓은 형태다. 그렇다면 순서를 돌려 'B를 방지하기 위해 A조처를 내렸다'고 알아듣기 쉽게 풀자.

☞ 임태희 한나라당 정책위 의장은 오늘 고위급 당정회의에서 은행의 외환거래로 인한 불이익이 없도록 차입금 1,000억 달러에 대한 지급보증안을 마련했다고 말했습니다.

사회기사

사회기사는 모든 기사의 기본이다. 핵심을 파악하는 것이 가장 중요하다. 주저리주저리 설명을 달지 않고 강하게 치고 나가야 힘을 받는다. 사랑방 좌담하듯 미주알고주알 엮어놓으면 망한다.

육군은 현재까지 조사 결과 대공 용의점은 나오지 않았으며, 반입이 철저히 차단되는 수류탄이 내무반에서 폭발했다는 점에 초점을 맞춰 수류탄 반입 경위와 관리 문제 등에 대해 집중 수사를 벌이고 있다고 밝혔습니다.(86자)

'~며'로 이으면 반드시 맥이 빠진다. '수류탄이 내무반에서 폭발했다는 점에 초점을 맞춰 조사한다'는 얘기는 너무 뻔하다. 마치 살인사건에서 '사람이 죽었다는 사실에 초점을 맞춰 수사한다'라고 하는 식이다.

나눠야 한다.

☞ 육군은 지금까지 조사 결과 이 사건에 대공 용의점은 없다고 밝혔습니다. 육군은 내무반 보관이 금지된 수류탄이 반입된 경위를 집중조사하고 있습니다.

고려대는 자연계 논술에서 수리 5문제와 과학 8문제를 출제했는데, 수리는 극한값과 최대값, 부피를 구하라는 문제 등 정답과 풀이 과정을 명시할 것을 요구했고 과학도 정확한 답을 구하며 과정까지 밝히라고 요구했습니다.

88자다. '했는데', '요구했고', '구하며' 등 구구절절이다. 대학입시 때마다 나오는 기사다.

☞ 고려대 자연계 논술은 수리 5문제와 과학 8문제가 나왔습니다. 수리는 극한값과 최대값을, 과학은 ○○○을 구하는 풀이 과정을 명시하라고 요구했습니다.

경제기사

경제기사는 다소 어렵고 길게 써도 괜찮나고 여기는 경향이 있다. 용어나 숫자를 풀고 줄여 쓰는 노력에 소홀하다. 방송기사는 텍스트로 오랫동안 들여다보는 게 아니라 스치고 지나는 일회성이라는 점을 늘 염두에 둬야 한다.

지식경제부는 오늘 청와대 업무보고를 통해 실물과 금융 종합지원단을 주축으로 산업별 지원과 구조조정을 실시하되, 자동차의 경우 채권금융기관을 중심으로 완성차 기업에 유동성을 지원하는 방안을 검토하고 있다고 밝혔습니다.(94자)

'통해'는 '에서'로 바꿔야 부드럽다. '주축으로, 실시하되, 중심으로, 방안을 검토하고 있다' 등 얽히고설켰다. 두 문장으로 나누든지 한 문장으로 줄이든지 선택해야 한다.

☞ 지식경제부는 오늘 청와대 업무보고에서 완성차 업계에 대해 채권금융기관

에서 지원하는 방안을 검토하고 있다고 밝혔습니다.

<u>신생업체를 중심으로 어려움을 겪고 있는</u> 조선업종에 대해서는 일부 퇴출 등 <u>구조조정</u>을 통해 부실이 확대되지 않도록 하는 방안이 <u>검토되고 있고</u>, 석유화학업계에서 <u>추진되고 있는</u> <u>구조조정</u>에 대해서도 간접적인 지원책이 <u>마련될</u> 예정입니다.(98자)

주어와 서술어가 분명하지 않다. 조선업종과 석유화학업계의 구조조정 등 두 문장이 합쳐졌기 때문이다. 조선업종은 수식이 길다. '검토되고 있고'와 '추진되고 있는'은 피동형인데다 어미도 겹쳤다. 나눠야 한다.

☞ 정부는 신생업체의 어려움이 큰 조선업종을 구조조정해 더 부실해지지 않게 할 방침입니다. 정부는 또 구조조정 중인 석유화학업계에 대한 간접적인 지원책을 마련할 예정입니다.

일반 경제기사는 아니지만 이렇게 긴 기사도 있다.

이동근 한국금융연구원장은 오늘 '<u>금융연구원을 떠나면서</u>'라는 제목의 글에서 연구의 자율성과 독립성을 쓸데없는 사치품 정도로 생각하는 <u>왜곡된 실용</u> 정신과 거대한 공권력 앞에서 자신이 <u>도움이 되기보다는 짐이 된다는</u> 생각에 연구원을 떠나기로 결정했다고 사의 표명의 배경을 밝혔습니다.(119자)

몸집이 아주 비대한 문장이다. 굳이 "'금융연구원을 떠나면서'라는 제목의 글에서"까지 쓸 필요가 있을까? '왜곡된 실용 정신'과 '거대한 공권력 앞에서'라는 팩트를 다 챙기고 싶지만 하나는 버려야 몸이 가볍다. '도움이 되기보다'와 '짐이 된다'도 한 가지는 버리자. 그렇지 않으면 긴 문장을 피하지 못한다.

☞ 이 연구원장은 오늘 연구의 자율성과 독립성을 하찮게 여기는 풍토에서 자신이 짐이 된다고 생각해 사퇴를 결정했다고 밝혔습니다.

국제기사

국제기사는 대부분 통신기사를 그대로 받아쓰기 때문에 길고 다듬어지지 않은 문어체다. 통신사 기자들은 방송을 염두에 두고 기사를 쓰지 않는다. 방송사에서는 이를 완전히 소화해 다시 써야 하는데 그런 노력을 소홀히 한다. 그 결과 문어체도 아니고 구어체도 아닌 괴상한 문장이 탄생해 방송을 어지럽힌다.

독일주재 한국대사관 관계자는 지명 분쟁의 경우 당사국 합의 전까지는 지명을 함께 쓰도록 하는 UN의 권고사항을 주요 출판사들에게 홍보하고 있다며, 독일 지도는 중동, 아프리카 등에서도 쓰이고 있어 동해 - 일본해 병기가 이뤄지면 파급효과가 클 것으로 기대된다고 말했습니다.(113자)

시청자를 염두에 두지 않은 기사다. 뜻이 잘 들어오지 않는다. 이해하려면 몇 번을 읽어야 한다. 두 문장으로 나누자.

☞ 독일주재 한국대사관 관계자는 지명 분쟁 때는 합의하기 전까지 함께 쓰도록 한 유엔의 권고사항을 주요 출판사들에 홍보하고 있다고 말했습니다. 이 관계자는 동해와 일본해가 독일 지도에 병기되면 (독일 지도를 쓰는) 중동과 아프

리카 지역에서도 알게 돼 효과가 클 것으로 기대했습니다.

영국의 일간 ≪더 타임스≫ 인터넷 판은 오바마 대통령이 정부의 투명성을 높이려는 계획의 하나로 웹사이트 리커버리 닷컴을 개설하기로 <u>했으며</u>, 납세자들은 이 사이트에 접속해 경기 부양관련 자금이 얼마나 효율적으로 배분·지출됐는지 감시할 수 있게 된다고 보도했습니다.(109자)

'~며'로 연결된 전형적인 복문이다. 오바마가 웹사이트를 개설했다는 사실과 납세자들이 이 사이트를 통해 자금의 쓰임이 효율적인지를 감시한다는 사실이 들어 있다. 나누든가 줄이자.

☞ 영국의 ≪더 타임스≫ 인터넷 판은 오바마 미국 대통령이 경기부양 예산의 쓰임새를 납세자들에게 공개하기 위해 웹사이트 리커버리 닷컴을 개설하기로 했다고 보도했습니다.

단어 반복

조사나 어미처럼 한 문장이나 한 기사에 같은 단어를 반복해 쓴 기사도 많다. 리듬도 문제지만 길이를 늘인다. 한 글자라도 줄여야 할 판에 같은 단어를 두 번 또는 세 번까지 반복하는 것은 시청자를 우롱하는 처사다.

<u>쌍용차</u> 노조는 오늘 <u>쌍용차</u> 평택 공장에서 기자회견을 <u>열고</u> <u>쌍용차</u> 부도는 중국 <u>정부</u>와 한국 <u>정부</u>의 <u>문제</u>이며 국가 기간산업인 자동차산업 기술유출의 <u>문제</u>라고 주장했습니다.

'쌍용차'가 세 번이나 나온다. '문제'와 '정부'도 두 번씩 겹쳤다. 회견 장소는 대부분의 경우 그리 중요하지 않다.

☞ 쌍용차 노조는 오늘 기자회견을 열어 회사의 부도는 중국과 한국 정부의 관계이자 국가 기간산업인 자동차산업의 기술이 유출된 문제라고 주장했습니다.

> **쌍용차 법정관리**
>
> 쌍용자동차의 대주주인 중국 상하이 자동차가 2009년 1월 초 자금난을 겪고 있는 쌍용차의 기업회생절차(법정관리) 신청을 하자 법원이 실사 후 받아들였다. 많은 하청업체들이 큰 타격을 받았다. 시장에서는 "사실상 상하이 차가 발을 빼려는 수순"이라는 평가가 나오기도 했다.

<u>음독자살</u>한 아들을 발견한 80대 노인이 이를 비관해 <u>음독자살</u>을 기도하다 중태에 빠졌습니다.

'음독자살'이라는 용어가 한 문장에 두 번이나 들어 있다. 노인은 어머니다. 그렇다면 이 기사는 이렇게 바꿔야 한다.

☞ 아들이 스스로 목숨을 끊자 팔순 노모도 자살을 기도해 중태에 빠졌습니다.

발견했다는 사실과 이를 비관한 것으로 보인다는 팩트는 뒤로 돌리자.

크라이슬러는 성명을 통해 판매 부진의 여파로 인해 내일 근무 교대가 끝난 뒤 <u>내년 1월 19일</u>까지 모든 <u>공장의 가동을 중단할</u> 계획이며 캐나다 일부 공장은 <u>내년 2월 초</u>까지 <u>가동 중단이</u> 이어질 것이라고 밝혔습니다.

'내년'과 '가동 중단'이 각각 겹쳤다. 다음과 같이 하거나 아예 두 문장으로 나눠야 한다.

☞ ~판매가 부진한 여파로 모든 공장을 내년 1월 19일까지, 캐나다 일부 공장은 2월 초까지 가동하지 않을 계획이라고 밝혔습니다.

채피호는 토마호크 <u>미사일 등</u> 60여 기의 <u>미사일 등을 갖춰</u> 강력한 대공·대해상 능력을 <u>갖췄습니다</u>.
☞ 채피호는 토마호크 등 미사일 60여 기를 탑재한 강력한 대공·대해상 공격 능력을 갖췄습니다.

> **이지스함**
>
> 이지스함은 최대 약 1,000km 떨어진 미사일의 탐지가 가능하고, 약 500km에서 근접하는 1,000여 개의 표적을 동시에 추적할 수 있다. 최대 24기의 미사일이나 항공기를 동시에 요격할 수 있도록 만든 함정이다.
> 한국의 이지스함은 현재 세종대왕 구축함 한 척이다. 율곡 이이함이 시험 운항 중이고 2012년까지 3척을 취역할 예정이다. 이지스는 제우스의 '방패'라는 뜻인 'aegis(아이기스)'의 영어식 발음이다.

피동형

피동형 기사를 듣고도 왜 맥이 빠지는지 감을 잡지 못하면 큰 문제다. 훈련을 반복해보면 감이 온다.

'조사(집계)됐다'

수사기관이나 리서치 기관 등이 주어가 되는 기사에서 나온다. 되도록 사용을 피하고 능동형으로 바꾸자.

경찰은 조 교사가 자료를 진 이사 외에도 서울의 D, J학원과 J교육업체 등 네 곳에도 팩스로 보낸 것으로 조사됐다고 밝혔습니다.
☞ 경찰은 조 교사가 서울의 D학원과 J교육업체 등 4군데에도 팩스로 자료를 보냈다고 밝혔습니다.

'만들어지는'(비구름, 빙판길 등)
'형성된'을 직역한 것이다. '생긴'이 옳을 듯해도 어색하다. 차라리 '형성된'을 그대로 쓰는 게 낫다. 예전에 많이 쓰던 '발달한'은 요즘 자취를 감춰 다행이다.

서해상에서 만들어지는(☞ 형성된) 눈구름의 영향으로 충남 서해안과 전북 지역엔 현재 대설주의보가 발효 중입니다.

밤새 내린 눈으로 빙판길이 만들어져~
☞ 밤새 내린 눈에 길이 빙판으로 변해~

'건네진'(뇌물)
검찰은 정 씨 형제가 받은 돈 30억 원 가운데 일부가 노건평 씨 몫으로 건네졌다는 세종캐피탈 관계자의 진술을 확보하고~

'건네다'는 자체가 피동인데 또다시 피동으로 만들었다. '뇌물이 건네진 정황을 잡고~' 등 수사 기사에서 자주 나온다. '뇌물을 준(받은) 정황을 잡고~'로 고치자.

☞ ~일부를 노건평 씨가 챙겼다는~ / ~일부가 노건평 씨 몫이었다는~

'~하게 된다'

능동형이나 다른 표현으로 바꾸자.

- 이 사이트에서는 이동 구간의 거리뿐 아니라 주변 도로 교통 상황까지 감안해 실시간 소요 시간을 <u>산출하게 됩니다</u>.
- 정 씨는 앞으로 불구속 상태에서 상고심 재판을 <u>받게 됩니다</u>.
- 서울대학교 신입생 500여 명은 내일부터 지리산에서 봉사활동을 <u>하게 됩니다</u>.

'산출합니다', '받습니다', '합니다'라고 하면 될 일을 왜 굳이 '하게 됩니다'로 늘이는지 모르겠다.

'~에 의해'

주로 사고기사에서 자주 나온다. 신문기사의 영향이다.

경찰은 <u>충격에 의해</u> 승용차가 불탄 것으로 보고 있습니다.

☞ 경찰은 승용차가 충격에 불탄 것으로~

시위대 가운데 10여 명이 출동한 <u>경찰에 의해</u> 체포됐습니다.

능동형으로 바꾸거나 여의치 않을 땐 '의해'를 삭제하면 좀 부드럽다.

☞ 경찰은 시위대 가운데 10여 명을 체포했습니다.
☞ 시위대 가운데 10여 명이 출동한 경찰에 체포됐습니다.

'쏟아지는' 물대포

'총이 쏘아진다'는 표현은 억지피동이다. 어디서 이런 표현이 나왔는가?

농성자들이 있는 망루에 물대포가 쉴 새 없이 <u>쏟아집니다</u>.
☞ 농성자들이 있는 망루에 거센 물벼락이 쏟아집니다.

> **용산 참사**
> 2009년 1월 20일 아침 서울 용산 재개발 지구 내 한 빌딩(5층) 옥상에서 철거민 등이 보상에 불만을 품고 농성을 벌이다 경찰의 진압 과정에서 불이 나 경찰관 1명을 포함해 6명이 사망한 사건. 폭력시위와 과잉진압의 사회적 갈등이 컸다.

《산케이 신문》은 복수의 일본 정부 관계자의 말을 인용해 미국 등의 정찰위성이 발사 준비로 <u>보여지는</u> 움직임을 포착했다고 전했습니다.

'보여지는'은 서두에서 설명했듯이 일본어의 영향을 받은 잘못된 피동형 가운데 하나다.

'보다'의 피동은 '보이다'이다. '보이는'으로 고쳐야 한다. 사실은 그것도 필요 없다. '발사 준비로 보이는' 것 자체가 '움직임'이기 때문에 '발사 준비 움직임을'로 하면 충분하다.

☞ ~발사 준비 움직임을 포착했다고 전했습니다.

잊지 말자. 자신감이 넘치는 글은 능동형에서 나온다.

회의는 9시에 열릴 예정입니다.

"회의 시간은 9시입니다"로 바꾸면 얼마나 후련한가.

진행 안 되는 진행형

감각의 문제다. '없거나 보이지 않는 상황'은 진행되지 않는다.

경주 감포 어선 전복 사고 실종자 수색 사흘째를 맞았지만 추가 생존자는 <u>발견되지 않고 있습니다</u>. 포항 해경은 밤새 경비함정 등 선박 9척을 동원해 구역별 수색 작업을 펼쳤지만……

생존자가 '잇따라 발견되고 있다'면 몰라도 '없다는 것'을 진행형으로 하면 어색하다. '맞았지만'과 '펼쳤지만'의 '만'이 잇따라 겹치는 것도 지루하다. 구조 작업은 '펴는' 것이지 '펼치는' 축제가 아니다.

☞ 경주 감포에서 난 어선 전복 사고의 실종자 수색작업이 사흘째를 맞았지만 추가 생존자는 아직 없습니다.

경기는 회복 조짐을 <u>보이지 않으면서</u> 고금리 사채 시장으로 내몰리는 서민들이 늘고 있습니다.

'회복될 조짐을 보이면서'는 가능해도 보이지 않는 상황을 진행형으로 하면 곤란하다.

☞ 경기가 회복될 조짐이 보이지 않자~

기온이 영하 20도까지 떨어지면서 동사자가 잇따르고 있습니다.

죽은 사람이 어떻게 잇따른다는 것일까? 마치 전사자가 잇따른다거나 결석생이 잇따른다는 식이다. '떨어지면서'는 '떨어져'로 쓰면 그만이다.

☞ 기온이 영하 20도까지 떨어져 얼어 죽은 사람이 많습니다.

미 연방회계감사원에 따르면 지난 2003년부터 2006년 사이에 농업보조금을 부당 수령한 혐의를 받고 있는 고수입의 부유층은 모두 2,702명으로 집계되고 있습니다.

'있을 수 있는 것'은 다 버리라고 했다. '받고 있는'도 어색하고 '집계되고 있다'는 더 어색하다. 지금도 집계 중이라는 뜻인가?

☞ ~혐의를 받는 부유층이 모두 2,700여 명입니다.

외신기사에서도 흔하다.

미국 자동차 3사, 빅 스리에 대한 미국 정부의 지원안 발표가 늦어지고 있는 가운데 미국 3위 자동차 업체인 크라이슬러가 내일부터 30개 공장 전체의 가동을 최소 한 달간 중단하기로 했습니다.

'늦어지고 있는 상황'은 움직임이 '없는' 상황이다. 어색한 표현이다. 생존자가 발견되지 않고 있는 상황과 같다. 전혀 다른 내용들이 '가운데'로 연결돼 있다.

'가운데'로 연결된 문장은 반드시 그 다음의 내용이 중요하기 때문에 이를 앞세워야 한다. 앞의 내용은 생략하거나 뒤로 돌리자.

☞ 미국 3위 자동차 업체인 크라이슬러가 내일부터 30개 공장을 적어도 한 달간 가동하지 않기로 했습니다. 자동차 3사, 빅 스리에 대한 미국 정부의 지원안은 아직 나오지 않았습니다.

많은 숫자

숫자는 골치 아프다. 자세하게 쓰면 훌륭한 기사라고 생각할지 몰라도 그렇지 않다. 시청자를 괴롭히지 말자.

불은 연구실 내부 66제곱미터 가운데 20제곱미터가량을 태운 뒤 출동한 소방관들에 의해 15분 만에 꺼졌습니다.

이 기사는 별로 중대한 사안도 아닌데 '66제곱미터, 20제곱미터, 15분 만에' 등 팩트를 너무 세세하게 제시했다. 20제곱미터면 됐지 '가량'은 또 뭔가.

☞ 이 불로 연구실 내부 20제곱미터가 탔습니다.

<u>이</u>날 유럽 중앙은행은 기준금리를 0.75%포인트 내려 2년 반 만에 최저치인 2.5%로 조정했으며, 영국 중앙은행은 기준금리를 57<u>년</u>래 최저인 2%로 1%포인트 낮췄습니다.

숫자가 6번이나 등장한다. 유럽 중앙은행의 조처와 영국 중앙은행의 조처를 일부러 '며'로 이었다. 무조건 나누면 해결된다. '이날'이나 '57년래'는 방송 용어가 아니다.

2. 오·남용하는 서술어

'나섰다'

긴박감을 주고 공세적인 느낌을 주는 것이 강점이다. 큰 사건이 난 직후나 대대적인 단속이 시작되는 상황에 썩 어울린다. '소탕작전에 나섰다'나 '~을 주장(촉구)하고 나섰다'와 같은 식이다. 힘차게 들린다. 역동적이다.

단순하거나 일상적인 사안에서는 다음과 같이 풀어쓰는 게 부드럽다.

(간단한 사건) 수사에 나섰다. ☞ 수사를 펴고 있다.
수사에 나선 경찰은 ☞ 수사하고 있는 경찰은
거리행진에 나섰다. ☞ 거리행진을 시작했다. / 거리를 행진했다.
정밀(진상)조사에 나섰습니다. ☞ 정밀조사하고 있습니다. / 진상을 조사하고~

대책 마련에 나서기로 했다. ☞ 대책을 마련하기로 했다.

대책 마련에 나섰습니다. ☞ 대책을 마련하고 있습니다.

야당과 협상에 나설 방침입니다. ☞ ~협상을 벌일 방침입니다.

정부와 은행권이 조선업계의 구조조정에 착수했습니다. ☞ ~조선업계에 대한 구조조정을 시작했습니다.

자동차업계는 정부의 지원을 요청하고 나섰습니다. ☞ ~요청했습니다.

국제사면위원회 '엠네스티' 실사단이 YTN 사태에 대한 진상조사에 나섭니다.

☞ ~YTN 사태를 조사합니다.

국제사면위원회

국가권력에 탄압받는 정치범들을 구제하기 위해 설치된 국제기구. 이데올로기·정치·종교상의 신념이나 견해 때문에 체포·투옥된 정치범의 석방, 공정한 재판과 옥중 처우 개선, 고문과 사형의 폐지 등을 목적으로 한다. 1961년에 설립돼 정치범 석방과 인권보호운동을 하고 있다. 런던에 본부가 있다.

특히 '~길에 나서'와 조합하면 아주 어색하다. 등하교와 출퇴근, 나들이 등에 강한 의지 표명이 필요한 것은 아니다.

등굣길에 나선 어린이들 ☞ 등교하는 어린이들 / 등굣길의 어린이들

출근길에 나선 직장인들 ☞ 출근하는 직장인들 / 출근길의 직장인들

나들이 길에 나선 가족들 ☞ 나들이 길의 가족들

꽈배기처럼 한 바퀴 더 꼬는 형태도 있다. 정체불명의 표현이다.

대책 마련 촉구에 나설 방침입니다. ☞ 대책 마련을 촉구할 방침입니다.

김수환 추기경이 오늘 선종했습니다.

　김 추기경은 오늘 오후 급격히 호흡이 곤란해지고 의식을 잃어 의료진이 산소 호흡기를 부착하는 등 응급조치에 나섰지만 저녁 6시 12분쯤 선종했습니다.

　리드는 아주 심플해 좋다. '오늘'을 생략하는 것이 더 힘차다. 다음 문장은 매끄럽지 못하다. 주어가 '추기경'과 '의료진'이어서 서술에 일관성이 없다. 추기경이 '응급조치를 받았지만~'이라고 표현해야 정확하고 매끄럽다.

☞ 김수환 추기경이 선종했습니다.
　김 추기경은 오늘 오후 입원 중인 강남성모병원에서 호흡 곤란으로 의식을 잃어 (산소 호흡 등의) 응급조치를 받았지만 저녁 6시 12분쯤 선종했습니다.

> **"사랑하세요"**
>
> 김수환 추기경이 2009년 2월 17일 87세로 선종했다. 종파와 계층을 떠나 수십만 명의 조문객이 밀려들어 그를 추모했다. 그는 종교인을 떠나 국민의 정신적 지주였다는 사실이 입증됐다. 그가 남긴 마지막 말은 "고맙습니다. 사랑하세요"였다. 선종(善終)이 가톨릭에서 쓰는 장례 용어라는 사실이 널리 알려지기도 했다.

'들어갔다', '돌입했다'

　역시 긴박감을 주는 효과가 크다. 사소하거나 예정된 일에서는 피하는 게 바람직하다. 주로 '~에'와 연결하는데 잘못된 표현이다.
　'들어가다'는 사전적으로는 '새로운 상황이 시작되다'라는 뜻이다. 기사에서 그냥 '시작했다'로 써야 더 부드럽다. '돌입(突入)했다'도 마찬가지다.

금감원은 다음 달부터 상위 10개사에 대해 펀드 불완전 판매에 대한 <u>기획검사</u>
<u>에 들어갈 방침입니다</u>.

☞ 금감원은~ 기획 검사를 벌일(할) 방침입니다.

검찰이 노무현 전 대통령의 후원자로 알려진 태광실업 박연차 회장에 대해 <u>전</u>
<u>면 수사에 들어갔습니다</u>.

사람에 대해 전면 수사를 한다는 것은 말이 안 된다. 혐의가 없지 않은가.
'전면 + 전·수사·통제'도 버려야 할 표현이다. '전면전'은 '국지전'과 달리
모든 전선에 걸쳐 광범위하게 벌어지는 전투를 말한다. "검찰이 삼성 그룹
계열사들의 비자금 조성혐의에 대해 전면수사를 벌이기로 했습니다."

☞ 검찰은~ 박연차 회장의 (탈세 의혹에 대해) 수사를 펴고 있습니다.

KBS, MBC, SBS는 월요일부터 목요일까지 편성되는 밤 드라마의 시작 시간을
10시 정각으로 통일하겠다고 지난달 합의함에 따라 오늘부터 <u>시행에 들어간다</u>
<u>고 밝혔습니다</u>.

☞ ~통일하기로 한 지난달의 합의를 오늘부터 시행합니다.

정밀(진상)조사에 들어갔습니다. ☞ 정밀조사하고 있습니다. / 정밀조사합니다.
선거전에 돌입했습니다. ☞ 선거전을 시작했습니다. / 선거전이 시작됐습니다.
본격적인 선거전에 돌입하게 됩니다. ☞ 선거전이 본격적으로 시작됩니다.
무기한 농성에 돌입했습니다. ☞ 무기한 농성을 시작했습니다.
감산에 들어갔습니다. ☞ 감산하기 시작했습니다.

집단연가(휴가)에 들어갔습니다. ☞ 집단적으로 연가를 냈습니다.
잔불정리에 들어갔습니다. ☞ 잔불을 정리하고 있습니다.
구조조정에 들어갑니다. ☞ 구조조정을 시작했습니다.

일상적이거나 연례적인 일에서조차 무심코 쓴다. 초등학교 반장선거에까지 쓰다니 지나치다.

각 대학이 예비소집에 들어갑니다. ☞ ~예비소집합니다.
추석 승차권 예매에 들어갑니다. ☞ ~승차권을 예매합니다(팝니다).
각 대학이 전형일정에 들어갑니다. ☞ ~전형을 시작합니다.
서울시내 초등학교가 이번 주 반장선거에 돌입합니다. ☞ ~반장을 뽑습니다.

'밝혔다'

기자들이 즐겨 쓰는 술어가 '밝혔다'이다. 박진감을 주고 어쩐지 멋있게(?) 들리기 때문인 듯하다. 정신을 차리고 보면 어울리지 않는 것이 태반이다.
'밝혔다'는 수사 당국 등이 어떤 의혹에 대해 궁금한 점을 공개할 때 쓰면 썩 잘 어울린다. 관심 인물이 자신의 입장 등을 내놓을 때도 그렇다. 허접스럽거나 일상적인 사안에까지 무분별하게 쓰는 게 문제다.

날씨

기상청은 오늘도 화창한 날씨가 <u>되겠다고 밝혔습니다</u>. 기상청은 단풍이 예년보다 일주일 정도 앞당겨질 것으로 <u>보인다고 밝혔습니다</u>.

기상청은 예보하는 기관이지 밥 먹듯이 밝힐 일은 없다. 일상적인 날씨와 단풍 예보를 '밝힐' 필요까지 있는가? 그냥 가볍게 '예보했습니다(내다봤습니다)'라고 쓰자. 기상이변의 원인 등은 밝혀야 한다.

기상청은 오늘 아침 서해안과 내륙 지역 곳곳에 짙은 안개가 낀 곳이 <u>많다고 밝히고</u> 교통안전에 유의해줄 것을 당부했습니다.

날씨기사에서 흔히 쓰는 표현이다. 역시 밝힐 내용이 아니라 친절하게 알릴 정보이다.

☞ 기상청은 오늘 아침 서해안과 내륙 지역에 안개가 짙게 낀 곳이 많으니 교통안전에 유의할 것을 당부했습니다.

차량 통제

수사만이 아니라 교통 등 시민의 안전과 질서를 확보하는 것도 경찰의 주요 업무다. '경찰 ~밝히다'의 공식은 없다.

경찰은 한강 수위가 불어나 잠수교의 통행을 오후 3시 <u>전면 통제했다고 밝혔습니다.</u>

잠수교의 통행과 차량 통제는 매뉴얼에 따라 한강 수위가 일정한 선에 이르면 자동으로 시행하는 단계적 조처다. 시민들에게 생활 정보를 알려주는 것이지 밝힐 일이 아니다. 통행을 통제했다는 것은 이중 표현이다. '전면통제'도 풀어주자.

☞ 경찰은 한강 수위가 6.2미터에 이른 오후 3시부터 모든 차량을 통제했습니다.

> **한강홍수통제**
>
> 한강홍수통제소는 24시간 실시간으로 한강 상류의 각 댐과 주요 지점의 수위를 감시하고 있다. 기준 홍수위는 한강대교의 경우 8.5m에 이르면 홍수주의보, 10.5m면 홍수경보를 발령한다. 잠수교 통제는 이에 앞선 조처다(잠수교 잠수수위: 6.5m; 차량통제: 6.2m; 보행자통제: 5.5m).

시정뉴스

지자체의 뉴스는 놀라운 내용보다는 생활과 밀접한 안내가 대부분이다. 안내는 친절해야지 엄포성이면 곤란하다. '밝혔다'는 권위적인 뉘앙스가 강한 용어다.

대체적으로 '~한다고 + 밝혔다'의 형태다. 안내기사에 굳이 간접 화법을 구사할 필요가 없다. 기자가 취재해 알려도 아무 탈이 없다.

- 서울시는 오는 9일부터 청계광장에서 2008 서울 페스티벌이 <u>열린다고 밝혔습니다</u>.
- 구리시는 내일 수돗물 공급을 3시간 동안 <u>단수한다고 밝혔습니다</u>.
- 부천시는 다음 달부터 겨울철 상수도 특별대책 종합 상황실을 운영하고 상수도 동파 신고를 <u>접수받는다고 밝혔습니다</u>.

단순한 시정소식을 거창하게 밝힌다고 한다. 직접적인 사실로 알리면 더 정감 있다. 기자는 간접 화법만 구사하는 직업이 아니다. 취재한 내용을 직접 전할 때도 있다. 이는 흔히 말하는 객관 보도와도 전혀 다른 문제다.

☞ 2008 서울 페스티벌이 오는 9일부터 청계광장에서 열립니다.
☞ 구리시의 수돗물 공급이 내일 3시간 동안 끊깁니다.
☞ 부천시는 다음 달부터 ~상황실을 운영해 상수도 동파 신고를 받습니다.

경기도 부천시가 김장에 쓰고 남은 쓰레기를 무료로 수거합니다. 부천시는 내년 2월까지 김장 김치에 사용하고 남은 배추 등 쓰레기를 무료로 <u>거둬간다고 밝혔습니다</u>.

한 문장이면 족할 시정 안내 내용을 둘로 나누고 밝혔다고까지 해 기사를 키웠다(?). 이게 밝힐 일인가?

☞ 경기도 부천시는 내년 2월까지 김장 쓰레기를 무료로 거둬갑니다.

크레딧(기사의 출처)

리드 다음 두 번째 문장에서 기사의 출처를 밝히려고 애쓴 나머지 매우 억지가 많다. 정부 부처에서 시행하는 정책이 대부분이다.

학원이 교육 당국에 신고한 수강비보다 <u>비용을 더 냈을 경우</u> 이를 인터넷으로 확인할 수 있는 온라인 신고센터가 운영됩니다.
　교육과학기술부는 오늘부터 자체 홈페이지에서 학원비 온라인 신고센터를 <u>운영한다고 밝혔습니다</u>.
　온라인 신고센터는 학부모나 학생이 낸 수강료를 입력하면……

두 번째 문장은 크레딧을 달아주려다 보니 궁여지책으로 만든 문장이다. 리드도 엄밀하게는 맞지 않다. '비용을 더 냈을 경우에만' 확인되는 제도가 아니라 '제대로 받았는지를 확인해주는' 제도다.

☞ 학원이 수강비를 정확하게 받는지가 공개됩니다.
　교육과학기술부는 학원의 수강비가 당국에 신고한 액수와 같은지를 비교해주는 온라인 신고센터를 오늘부터 운영합니다.

경기도는 시군이 학교 급식의 공동식단을 편성한 뒤 이를 바탕으로 농가와 계약을 맺어 싼 값에 우수 농산물을 공급받는 공동구매시스템 구축을 추진하기로 했습니다. 경기도는 학교 급식에 우수 농산물을 사용할 경우 발생하는 가격 인상 부담을 덜기 위해 이런 방안을 마련했다고 밝혔습니다.

'~편성한 뒤 이를 바탕으로'는 군더더기다. '농가와 계약을 맺어'도 당연한 얘기다. 밝혔다고 하기엔 너무 뻔한 내용이다.

☞ 경기도 내 학교들이 앞으로 우수한 학교 급식 재료를 공동으로 구매합니다. 경기도는 이를 위해 공동식단을 짠 다음 농가와 직거래로 우수 농산물을 싼값에 공급받을 계획입니다.

TBS 교통방송이 영어 라디오 방송을 시작합니다. 교통방송은 다음 달 1일 FM 101.3MHZ에서 수도권을 대상으로 한 영어 라디오 방송을 한다고 밝혔습니다.

단순한 안내기사다. 밝힐 필요가 없다.

☞ TBS 교통방송이 다음달 1일부터 영어 라디오 방송을 시작합니다. 채널은 FM 101.3MHZ로 수도권 지역 외국인들이 대상입니다.

입법예고

정부 부처에서 정책을 시행하기에 앞서 일정 기간 고지하는 입법예고 기사에서 무작정 '밝혔다'를 술어로 쓴다. 천편일률적이다. 입법예고 역시 정부 부처에서 친절하게 홍보해야 할 기사지 위압감을 풍기는 통보가 아니다.

국토해양부는 재건축에 적용되는 소형주택 의무건설 비율을 완화하는 내용의 관련법 개정안을 내일부터 입법예고한다고 밝혔습니다.
☞ 국토해양부는~ 입법예고했습니다.

승차권 예매

연례행사인 승차권 예매 일은 밝힐 일이 아니다. 리드 문장에서는 '밝혔다'를 쓰지 않는 것이 바람직하다.

코레일은 내년 설 연휴 철도 승차권을 다음 달 3일과 4일 예매한다고 밝혔습니다.
☞ 철도청은~ 다음 달 3일과 4일 예매합니다.

기타

YTN 노동조합은 엠네스티 동아시아 담당 조사관과 한국 지부 직원들로 구성된 실사단이 오늘 오후 YTN 본사를 방문해 해직기자 등 징계 대상자들을 면담한다고 밝혔습니다.

노조가 밝힐 내용이 아니라 전할 메시지다. 노조가 주어가 돼서는 곤란하다.

☞ 엠네스티 동아시아 담당 조사관과 한국 지부 직원들로 구성된 실사단은 오늘 오후 YTN 본사를 방문해 해직기자 등 징계 대상자들을 면담할 예정이라고 YTN 노동조합이 전했습니다.

'이 같이 말했다'

유명인의 발언

유명인의 말을 리드로 했을 때 두 번째 문장에서 이를 뒷받침하는 형태로 '이 같이 말했다'를 쓴다. 이는 반드시 '~(며)면서'를 동반한다.

"A씨는 영화에 여생을 바치겠다고 말했다. A씨는 어제 세종문화회관에서 열린 영상문화포럼에서 영화의 부가가치가 갈수록 높아지고 있다면서 이 같이 말했다"와 같은 형태다. 꼭 그럴 필요는 없다.

① 버락 오바마 미 대통령 당선자는 불필요한 낭비성 정부 지출과 프로그램을 과감히 없애겠다고 선언했습니다.
   ② 오바마 당선자는 오늘 시카고에서 유용성을 다했거나 정치인이나 이익집단의 힘 때문에 존재하는 프로그램에 수십억 달러의 혈세를 낭비하는 시스템을 그대로 내버려둘 수 없다며 이 같이 말했습니다.

②를 전제로 ①을 말했다는 의미다. 신문에서 개발한 표현이 굳은 것으로 보인다. '이 같이'를 삭제해도 의미 전달에 별 문제가 안 된다.
어미 '나'가 겹쳐 듣기에 좋지 않다.

☞ 오바마 당선자는 오늘 시카고에서 정치인이나 이익집단 때문에 존재하는 프로그램에 수십억 달러를 낭비하는 시스템을 과감히 없애겠다고 말했습니다.

솜차이 옹사왓 태국 총리는 군부가 요구한 조기 총선을 거부한다고 밝혔습니다.
옹사왓 총리는 TV 연설에서 자신의 정부가 민주적으로 선출됐고 그동안 국가를 위해 선의로 일해왔다면서 이 같이 말했습니다.
☞ 옹사왓 총리는 TV 연설에서 자신의 정부가 민주적으로 선출됐고 선의로 일해왔기 때문에 군부의 조기총선 요구를 거부하겠다고 말했습니다.

국내 뉴스에서 대통령이나 각료, 정치인 등의 말을 전할 때 이른바 '전가의 보도'처럼 어김없이 등장한다.

> **전가의 보도 〔傳家寶刀〕**
> 집안에 대대로 전해오는 보검이라는 뜻. 본래는 자랑거리 또는 문제를 해결하는 결정적 방법 등을 가리키는 말로 쓰였다. 요즘은 곤란한 문제에서 벗어나는 상투적 수단을 뜻할 때 자주 쓰인다.

이명박 대통령은 각 부처 장관들은 산하 공기업의 구조조정이 어떻게 진행되고 있는지 연말까지 실적 등을 평가해 보고하라고 지시했습니다.
이 대통령은 오늘 국무회의에서 최근 한국 농촌공사가 구조조정 차원에서 전체 직원의 2%를 감원하고 남아 있는 직원들이 급여 인상분을 퇴직자들에게 주기로 한 사례를 경제위기를 지혜롭게 극복하는 고통분담의 전형이라고 치하하면서 이 같이 지시했다고 이동관 대변인이 전했습니다.

아주 복잡하다. 두 번째 문장을 보면 대통령이 지시했다는 내용인데 그 사이가 구불구불 꼬였다.

리드의 내용을 두 번째 문장에서 '이 같이'로 받쳐줘야 속이 시원하겠지만 꼭 그렇지 않다. 대변인의 코멘트는 민감한 사안에서는 중요하다. 그렇지 않으면 생략해도 무방하다.

☞ 이명박 대통령은 각 부처 장관들에게 산하 공기업의 구조조정 진행상황을 연말까지 보고하라고 지시했습니다.
　이 대통령은 오늘 열린 국무회의에서 최근 농촌공사가 직원을 2% 줄이는 대신 남은 직원들의 급여 인상분을 퇴직자들에게 주기로 한 것은 고통을 분담하는 좋은 선례라고 치하했습니다.

'이 같이'를 쓰지 않아도 부드럽게 앞뒤가 통한다. 고정관념에서 벗어나자.

미국 존스홉킨스 대학에서 방문교수로 연수 중인 이재오 전 한나라당 최고위원은 박근혜 전 대표는 많은 역할을 할수록 좋다고 생각한다고 말했습니다.
　이 전 최고위원은 오늘 뉴욕 코리아 소사이어티에서 <u>가진</u> 강연회에서 <u>기자들의 질문을 받고</u> 집권 여당의 사람들은 누구나 그에 걸맞은 역할을 해야 <u>하고</u> 박근혜 의원은 한나라당에서 매우 중요한 정치적 역량을 가지고 있는 의원<u>이라며 이 같이 답변했습니다.</u>

누구도 강연회를 '가질' 수 없다. '기자들의 질문을 받고~'는 정치기사에서 가끔 등장하는데 미묘한 문제가 아니면 군더더기다. 고쳐보면 한 문장으로 족하다.

☞ 이 전 최고위원은 오늘 뉴욕 코리아 소사이어티에서 열린 강연회에서 박근혜 의원은 정치적 역량이 있는 만큼 이에 걸맞은 역할을 하기 바란다고 말했습니다.

상황

어떤 '상황'을 통틀어 '이 같이'로 쓰기도 한다. 그럴 필요는 없다.

세계 경제는 글로벌 금융위기 여파로 내년 상반기까지 지속적인 성장 감소가 이어지다 하반기부터 점차 회복될 것이라고 경제협력개발기구가 전망했습니다.
 OECD는 「2008년 하반기 경제전망」 보고서에서 30개 회원국의 내년도 성장 전망치를 마이너스 0.4%로 제시하면서 <u>이 같이</u> 밝혔습니다.

알아듣기 어렵다. 내년도 하반기부터는 경기가 회복돼 성장률이 올해보다 높아 마이너스 0.4%가 될 것이라는 얘기다.

☞ OECD는~ 30개 회원국의 내년도 하반기 성장률이 올해(마이너스 1.4%)보다 높은 마이너스 0.4%가 될 것으로 분석했습니다.

글로벌 금융위기

2008년 말 미국의 서브프라임 모기지(비우량주택담보대출) 사태로 세계적인 투자은행 리먼 브러더스가 파산하면서 촉발된 세계 금융위기를 말한다. 집 담보대출을 받아 주택을 구입한 사람들이 집값 거품이 빠져 대출원금을 값지 못하게 되자 리먼 브러더스는 파산했고 여기에 투자했던 수백 개의 은행들이 큰 손실을 입었다. 미국 정부가 기업들의 줄 파산을 막기 위해 막대한 자금을 투입하자 달러 가치가 폭락해 세계 경제에 큰 영향을 미쳤다.

조처(이 같이 결정)

대형 마트들은 최근 소비 위축과 서민들의 소비 생활이 점점 어려워지는 상황에서 물가안정 차원에서 저렴한 미국산 쇠고기 판매를 거부할 명분이 없어 이 같이 결정했다고 밝혔습니다.

소비가 위축되고 서민들의 소비 생활이 어려워지는 상황이라니 무슨 말인가? 판매를 '거부할 명분'이 없다니 누구에게 하는 소린가 아리송하다.
'에서'도 잇따라 겹쳐 매끄럽지 않다. 마트들이 중단했던 미국산 쇠고기 판매를 다시 한다는 간단한 내용을 왜 이리저리 꼬는지 모르겠다.

☞ 대형 마트들은 최근 소비가 위축된 상황에서 물가안정을 위해 값싼 미국산 쇠고기를 다시 팔겠다고 밝혔습니다.

팩트(이 같은 내용, 방안)

새로운 법안이나 정책의 내용을 통틀어 표현할 때 쓴다.

주택담보 대출금을 제때 갚지 못해도 회생 가능성이 인정될 경우 집을 경매에 넘기지 않는 방안이 추진됩니다.
 법무부는 이 같은 내용의 채무자 회생 파산법 개정안을 마련하고 있으며 올 하반기 정기국회에 제출할 예정이라고 밝혔습니다.

리드에서 내용을 주고 다음 문장에서 '이 같은 내용의 개정안을'이라고 쓰는 형식이다. 가만히 들여다보면 '이 같은 내용의'는 생략해도 통한다. '있으며'는 필요 없다.

☞ 법무부는 '채무자 회생 파산법' 개정안을 마련해 올 하반기 정기국회에~

'이 같은(이)'을 버리는 훈련을 하자.

3. 상투어 콘테스트

심리학에 이런 실험이 있다. 엘리베이터 문이 열렸을 때 승객들이 모두 벽을 보고 뒤로 서 있다면 새로 타는 사람은 어떻게 행동할까? 그 역시 말없이 그들의 뒤통수를 보고 선다고 한다.

사람은 대다수의 행동을 따라 하려는 경향이 강하다. 일단 안심되기 때문이다. 기사도 마찬가지다. 남을 따라 하면 무난하다고 믿는다. 상투어의 생명력이 질긴 것은 그런 모방 심리 탓이다.

마치 누가 더 자주 등장하는지 콘테스트를 벌이는 것 같은 상투어들은 이제 쓰레기통에 버리자. 더 나은 표현을 찾자.

- 이번이 처음이다.
- 파문이 확산되고 있다.
- 파문이 확산될 조짐을 보이고 있다.
- (신선한) 충격을 주고 있다.
- 파장이 일고 있다.
- 일파만파를 불러일으키고 있다.
- 검찰의 칼끝이 건평 씨를 겨누고 있다.
- 승리(우승컵)를 거머쥐었다(낚아챘다).

- 수사를 확대할 방침이다.
- 지적되고 있다.
- 지적이 일고 있다.
- 설득력을 얻고 있다.
- 코스피 지수가 1,000선이 무너졌다(돌파했다, 회복했다).
- 버디 7개를 몰아쳤다.
- 백일하에 드러났다.
- 동반침체의 직격탄을 맞고 있다.
- 증시가 요동쳤다.
- 소환조사(미사일 발사)가 초읽기에 들어갔다.
- 인기가 바닥을 쳤다.

대통령의 지지도

이 같은 (대통령의) 지지도는 취임 백일을 <u>전후해</u> 광우병 파동 등으로 <u>바닥을 친 뒤</u> 상승세를 보인 것입니다.

'바닥'은 주가, 집값, 경기 등 경제기사에서 최저 액수를 지칭하는 비유다. '인기'도 바닥이고 '양심'도 바닥이라는 등으로 곧잘 쓴다. '뚝 떨어졌다' 또는 '곤두박질쳤다'쯤으로 바꾸는 게 낫겠다. '전후해'는 '무렵'으로 순화하자.

☞ 대통령의 지지도는 취임 백일 무렵 광우병 파동 등으로 뚝 떨어졌다가 다시 오른 것입니다.

파문이 일고 있다

기초학력 미달학생이 한 명도 없어 전국적인 관심을 끌었던 전북 임실교육청의 학업성취도 기초학력 미달자 수가 <u>무더기로</u> 누락된 것으로 드러나 <u>파문이 일고 있습니다</u>.

'기초학력 미달학생'을 한 번만 쓰자. 사람을 '무더기'로 표현하는 것은 상스럽다. '파문이 일고 있다'는 이제 그만 사라졌으면 좋겠다.

☞ 학업성취도가 전국 1등으로 나온 전북 임실 지역은 교육청에서 기초학력 미달학생 수를 한 명도 없다고 거짓 보고한 결과였습니다.

> **임실의 기적**
>
> 2008년 10월 실시된 전국 1만 1,000개 초중고교 학업성취도 평가 결과 임실이 최고 점수를 받아 '기적' 소동이 벌어졌다. 며칠 뒤 기초학력 미달자를 고의로 '0'명으로 보고한 결과로 드러나 해프닝으로 끝났다. 학업성취도평가의 문제점이 불거진 계기가 됐다.

기사에서 '마르고 닳도록' 쓰고 있는 상투어들을 찾아 따져보자.

'관련해'

'관련해'를 붙이는 기사가 너무 많다 보니 이제 안 붙이면 허전할 지경이다. 처음엔 정치기사에서 자주 등장하더니 이제 모든 기사로 번졌다. 어쩐지 유식하고 커 보이기 때문일까? 리드에서 남용이 심하다.

- 정부는 3월 위기설과 관련해~
- 최근 금융시장불안과 관련해~
- 검찰에 고소한 사건과 관련해~
- 흉악범의 얼굴공개와 관련해~
- 추기경의 선종과 관련해~
- 미국발 금융위기와 관련해~
- 서울 용산참사와 관련해~
- 김석기 내정자의 거취와 관련해~

대부분은 '~에 대해'로 바꾸면 끝난다. 그렇지 않은 것은 앞뒤를 봐가며 본문을 바꾸면 통한다.

옷 로비 의혹 사건과 관련해 김태정 검찰총장을 직위해제했습니다.
☞ 옷 로비 의혹 사건의 책임을 물어~

> **옷 로비 사건**
> 1999년 5월 외화 밀반출 혐의를 받던 신동아그룹 최순영 회장의 부인 이형자 씨가 남편의 구명을 위해 김태정 검찰총장의 부인에게 고가의 모피 옷을 줬다는 사건. 검찰수사가 '실패한 로비'로 결론짓자 국회가 청문회를 열었고 특검을 도입했다. 특검 역시 같은 결론을 내렸으나 대검은 '실체 없는 로비'라고 정반대 결론을 내리고 수사를 종결해 논란이 됐다. 이 사건으로 김태정 검찰총장이 옷을 벗었다.

민노총은 노조원 집단폭행 사태와 관련해 책임자가 밝혀질 때까지~
☞ 민노총은 집단폭행 사태의 책임자가 밝혀질 때까지~

다음 리포트에는 '관련해'가 잇따라 4번이나 등장한다. 듣기에 거북하다.

〈앵커 멘트〉 여중생 사망과 <u>관련해</u> 부시 대통령이 사과했습니다.

〈리포트〉 사망사건과 <u>관련해</u> 부시 대통령은…… 미군 장병 기고문과 <u>관련해</u>
…… 한 사실을 묵인했는지…… 이번 사건과 <u>관련된</u> 두 병장이 출국했습니다.

☞ 부시 대통령이 여중생 사망 사건에 대해 사과했습니다.
☞ 부시 대통령은 미군 장병 기고문에 대해…… 이 사건 당사자인 두 병장은
출국했습니다.

> **여중생 사망 사건**
> 2002년 6월 13일 오전 경기도 양주 지방도로에서 여중생 신효순(14세, 조양중 2년), 심미선(14세, 조양중 2년) 양이 미 2사단 44공병대 소속 미군 장갑차에 치어 숨진 사고. 이 사고로 국민들의 반미감정이 증폭돼 대규모 촛불시위가 벌어졌다.

아무리 생각해도 '관련해'가 필요 없는데 굳이 사용한 기사가 많다.

어제 강원도 최전방 초소 내무반에서 일어난 수류탄 폭발사고와 <u>관련해</u> 진상조사를 벌이고 있는 군 당국은 현재까지 대공 용의점은 없는 것으로 파악됐다고 밝혔습니다.

'대공 용의점이 없다'는 한마디를 위해 앞에서 쓸모없는 얘기들을 잔뜩 늘어놨다. 주어인 '군 당국'을 수식하는 내용이 문장 전체의 절반을 넘는다. 그

사이를 '관련해'로 이었다. '관련해'를 버리고 바꿔보자.

☞ 군 당국은 어제 최전방 초소 내무반에서 난 수류탄 폭발사고에 대해 대공 용의점이 없다고 밝혔습니다.

검찰 수사기사에도 '관련해'가 태반이다. 별 의미 없는 군더더기다.

검찰은 김 씨가 지난 2006년 코스닥 상장회사 엔디코프를 인수한 뒤 자신이 갖고 있던 다른 회사를 엔디코프에 150억 원을 받고 판 것과 관련해 이 거래가 엔디코프에 손실을 끼쳤는지 확인 중이라고 밝혔습니다.

이 기사를 듣고 이해할 수 있는 사람이 얼마나 될까? '관련해'가 기사를 더 어지럽게 만든다. 신호등이 고장 난 교차로 같다. 사들여 자기 소유가 된 회사에 자기의 다른 회사를 팔았다니 어리둥절하다. 시청자들은 경제지식이 많지 않다.

헌법재판소는 간통죄와 관련해 현재 위헌법률심판 3건과 헌법소원 1건 등 모두 4건의 사건이 계류 중이며, 정기 선고일인 오는 30일에 이에 대한 결론을 내릴 계획이라고 밝혔습니다.

정말 괴발개발이다. '관련해'와 '계류 중이며'가 흐름을 망친다. 명사 + 숫자의 원칙을 알아두자. '사건 4건'이 옳다. 욕심을 버리고 두 문장으로 나누자.

☞ 헌법재판소는 오는 30일 계류 중인 간통죄 사건 4건에 대한 결정을 합니다.

3건은 위헌법률심판이고 1건은 헌법소원입니다.

간통죄 헌법소원

헌법재판소 전원재판부가 2008년 10월 탤런트 옥소리(40세) 씨 측이 제기한 간통죄에 대해 합헌 결정을 내렸다. 재판관 9명 중 과반수인 5명이 위헌, 4명이 합헌의견을 냈다. 위헌 결정이 나려면 3분의 2인 6명 이상이 동의해야 한다. 지금까지 간통죄 위헌소송은 네 차례 제기됐으나 모두 합헌이었다.

고 남상국 대우건설 사장 유족이 노무현 전 대통령을 명예 훼손 혐의로 고소한 사건과 관련해 검찰은 서울중앙지검 형사 1부에 배당해 수사에 착수하기로 했습니다.

전혀 '관련할' 필요 없는 내용이다. '수사에 착수하기로~'도 싫증이 난다. 사건을 배당하면 곧 수사의 시작이다. '수사하도록 했다'고 하거나 아예 생략하자.

☞ 검찰은 고 남상국 대우건설 사장 유족이 노무현 전 대통령을 고소한 사건을 서울중앙지검 형사1부에 배당했습니다.

남상국 씨 자살

2004년 3월 대우건설 사장이던 남상국 씨가 연임을 위해 노무현 대통령의 형 노건평 씨에게 2,000만 원을 주고 로비를 했다가 이 사실이 드러나자 스스로 목숨을 끊었다. 남 씨는 노 대통령이 TV 회견에서 "좋은 학교 나와 성공한 분이 시골의 별 볼일 없는 사람 찾아가 머리 조아리고 그런 일 없었으면 좋겠다"고 한 말을 듣고 집을 나서 한강에 투신했다. 유족들은 2008년 말 노무현 전 대통령을 명예훼손 혐의로 검찰에 고소했다.

'가운데'

'관련해' 못지않게 자주 쓰는 표현이 '가운데'다. 사전적으로 보면 관형사형 '~ㄴ', '~는' 다음에 써 일이나 상태 따위가 진행되는 범위 안이라는 뜻을 가리킨다. 큰 맹점은 정작 중요한 내용이 '가운데' 앞이 아니라 뒤에 나온다는 것이다. 필연적으로 복문을 만들고 리듬도 깨뜨린다.

진행의 의미

정부가 도급순위 상위 건설사들을 상대로 금융지원을 받을 수 있는 대주단 협약 가입을 재촉하고 있는 <u>가운데</u> 도급순위 상위 5대 건설사들은 대주단에 가입하지 않기로 의견을 모은 것으로 알려졌습니다.(82자)

삼성건설 등 도급순위 상위 5대 건설사는 ~대주단에 가입하지 않을 방침이라고 밝혔습니다.

정부가 재촉하고 있다는 팩트와 5대 건설사가 거부한다는 팩트를 '가운데'로 연결했다. 리드에서는 '알려졌다'고 하더니 다음 문장에서는 '않을 방침이라고 밝혔다'고 해 앞뒤가 어긋난다.

중요한 것은 '가운데'의 앞이 아니라 뒤라고 했다. 주어를 5대 건설사로 내세우면 시원하다.

☞ 도급순위 상위 5대 건설사들이 정부가 재촉하고 있는(정부의 금융지원을 받을 수 있는) 대주단 협약에 가입하지 않기로 의견을 모았습니다.

의정부 지법과 의정부 지검이 좁은 부지 문제로 신청사를 지어 이전할 예정인 가운데 의정부시와 양주시, 포천시 등 3개 지자체가 치열한 유치전을 벌이고 있습니다.

처음부터 자초지종을 설명하려는 과욕을 버리자. 그러다 보면 꼭 '가운데'가 들어간다. 3개 지자체가 의정부 지검과 지법의 신청사를 유치하려 애쓴다는 간단한 내용이다. 표현을 바꾸면 '가운데'는 자동으로 자취를 감춘다.

☞ 의정부 지법과 지검이 옮길 신청사 부지를 놓고 의정부시와 양주시, 포천시 등 3개 지자체의 유치전이 치열합니다.

'~신청사 부지를 놓고'라고 하니 얼마나 매끄러운가.

마을 회관에 차려진 (노무현 전 대통령) 빈소에 조문행렬이 이어지고 있는 가운데 조문객들은 하나같이 안타깝고 비통한 마음을 감출 수 없다며 애도를 나타냈습니다.

"조문행렬이 이어지고 있는 가운데 조문객들이 애도한다"니 어색한 문장이다. 이어지는 상황과 애도하는 분위기를 둘 다 놓치고 싶지 않은 때문인 듯하다. '감출 수 없다며'도 부자연스럽다. 인위적인 뉘앙스가 풍긴다.

☞ 마을회관에 마련된 빈소에 조문행렬이 이어지고 있습니다. 조문객들은 안타깝고 비통한 심정을 감추지 못한 채 애도의 뜻을 표했습니다.

> **노 전 대통령 서거**
>
> 노무현 전 대통령이 2009년 5월 23일 아침 사저인 김해 봉하마을 뒷산 부엉이 바위에서 투신해 목숨을 끊었다. 이 사건으로 박연차 사건 수사가 흐지부지 끝났고 정치권은 조문정국에 휩싸이는 등 큰 파문이 일었다. 현 정권에 대한 저항이 거세게 표출되기도 했다.

'출석시킨 가운데'

국회 상임위나 청문회 등의 기사에서 쓰는 '출석시킨 가운데'를 생각해보자. 출석시킨다고 하면 우선 강제적인 의미가 풍긴다. 국회에서 채택된 증인이나 참고인 등은 출석하지 않아도 된다. 이에 대한 명확한 법적 장치가 아직 없다. '불러'로 순화하자.

국회 교육과학기술위원회는 오늘 공정택 서울시 교육감을 <u>출석시킨 가운데</u> 특별상임위원회를 열어 지난 교육감 선거 과정에서 불거진 비리 의혹 등을 <u>집중 추궁할</u> 예정입니다.

'출석시킨 가운데'나 '집중 추궁'을 거의 무조건적으로 쓴다. 정말 집중적으로 추궁할까? 인사청문회 등에서 여당 의원들은 전혀 '집중 추궁'하지 않는다. 옹호하기 일쑤다. '따질 예정' 정도가 무난하지 않을까.

☞ 국회 교육과학기술위원회는 오늘 (특별상임위를 열어) 공정택 서울시 교육감을 불러 지난 교육감 선거 과정의 비리 의혹 등을 따질 예정입니다.

국회 예산결산특별위원회는 국무위원들을 <u>출석시킨 가운데</u> 183조 8,000억 원

규모의 내년도 예산안에 대한 마지막 종합정책질의를 벌이고 있습니다.

국무위원들을 부르면 불경스러운가? 예산안에 대한 종합정책질의에 국무위원들이 참석하는 것은 의례적이다. 굳이 '출석시키지' 말고 '에게' 또는 '상대로'라고 써도 좋다. 출석을 기정사실화하자. '국무위원들을 상대로~ 종합정책질의를 벌이고 있다'고 하자.

'가운데'와는 달라도 비슷하게 맥을 빼는 표현이 '~데'다. 말을 할 때 생각이 잘 나지 않으면 곧잘 쓰는 표현이다. 기사에서는 금물이다.

한 마케팅 회사가 설문조사를 실시한 결과 89%가 보험에 가입하고 <u>있는데</u> 이들 가운데 76%는 앞으로 1년 안에 보험을 해지할 가능성이 없다고 답했습니다.

설문조사를 했으면 됐지 왜 실시한다고 하는가? '이들 가운데'는 또 뭔가?

☞ 한 마케팅 회사가 설문조사한 결과 보험 가입자 89% 가운데 76%가~

'~한다는 입장(방침, 계획)'

왜 이런 표현이 생겼는지 모르겠다. '~한 + 사고'와 같은 형태로 중복 표현이다. '~한다'는 내용이 곧 입장이고 방침이고 계획이다.

김 최고위원의 구속영장이 발부된 뒤 <u>결정한다는 입장</u>입니다.

☞ ~결정할 방침입니다(결정하기로 했습니다).

수사 결과를 지켜봐야 <u>한다는</u> 입장입니다.
☞ ~지켜보기로 했습니다.

리포트가 온통 '~한다는'으로 뒤덮인 예도 있다.

~분양가 상한제는 우선 민간 건설업체들이 짓는 아파트에 대해 <u>폐지한다는</u> 계획입니다.
 현재 강남 3구만 지정돼 있는 투기과열지구는 내년 상반기에 <u>해제한다는</u> 방침입니다.
 투기과열지구에서 해제되면 주택을 분양 받은 뒤 바로 되팔 수 있습니다.

〈인터뷰〉홍길동(부동산금융연구소 연구원): 정부의 이러한 방침은 시장을 반등시키기는 어렵습니다.

또 지방 미분양 아파트를 살 경우 5년 동안 양도소득세를 면제하는 등 미분양 아파트 해소 대책도 <u>확대 시행한다는</u> 계획입니다.

문장 앞에 '~한다는'을 꼭 붙여야 속이 시원한 모양이다. '폐지할~', '해제할~', '시행할~'로 하면 간단히 끝날 일을 왜 이러는지 납득이 안 간다. 여기에 한 술 더 떠 기형적인 서술어를 만들기도 한다. 이 기사를 보자.

(정부가) 경영 활동을 특례적으로 보장한다곤 했지만, 기업들의 정상적인 생산과 투자는 어렵게 됐<u>다는</u> 우렵니다.
 정부 관계자는 구체적으로 언급하진 않았지만, 기업 구조조정까지 염두에 둔 단계적 압박을 구사한다는 관측입니다.

　　하지만 정부로서도 구조조정 등 후속 조치는 부담이 있어, 당분간은 기업과 노조 측의 반응을 지켜볼 것이란 전망입니다.

큰 잘못이다. 문법파괴다. 스타일의 차이라고 강변할 일이 아니다.

☞ ~어렵지 않을까 우려됩니다. / 어려워졌습니다.
☞ ~단계적으로 압박할 것으로 보입니다.
☞ ~지켜볼 것으로 예상됩니다.

'~것으로'

너무 자주 써 물린다. 어미 '로'가 잇따라 겹칠 때가 잦아 리듬을 깨기도 한다. 이럴 땐 반드시 고쳐야 한다.

북한과 미국은 북핵 문제의 최대 현안인 사료채취를 3단계로 실시하기로 잠정 합의한 것으로 알려졌습니다.

☞ 북한과 미국은~ 사료채취를 3단계로 나누는 데 잠정 합의한 것으로~

'~지만'

있는 사실(행동)에 구애되지 않는 다른 사실(행동)을 말할 때 쓰는 보조사다. 앞뒤의 의미가 상반돼야 한다. 대상은 동질적이어야 한다.*

"A의 성품은 좋지만 B는 나쁘다"나 "A는 학교에 갔지만 B는 안 갔다"는 문장을 보자. '좋다'와 '나쁘다'로 명쾌하게 엇갈렸고 그 대상은 '성품'으로 같다. '갔다'와 '안 갔다'로 상반됐고 그 대상은 학교다.

적당히 화제를 바꾸거나 두 문장을 연결할 목적으로 쓸 때도 많은데 기사에서는 쓰지 않아야 한다.

- 이 불로 6,700만 원의 재산피해가 났<u>지만</u> 인명피해는 없었습니다.
- 책을 5권이나 줬<u>지만</u> 연필은 없었습니다.

위 두 문장은 모두 '~고'로 이어야 맞다. 대조의 의미가 아니기 때문이다.

'~ㄴ' + 소동(사태, 사고, 불편)

소동이나 사태, 사고, 불편 등은 대부분 '~한' 다음에 붙으면 중복 표현이 된다. '~한' 것이 곧 사태고, 사고, 소동이고, 불편이다. 군살을 빼자.

'~한, ~하는' 소동

오늘 새벽 0시 40분쯤 서울 방배동의 한 안마시술소에서 불이 났습니다. 20여 분 동안 계속된 이 불로 31살 김 모씨 등 손님 3명이 연기를 들이마셔 인근 병원에서 치료를 받았고 안마시술소 직원들이 놀라 <u>대피하는</u> 소동이 일어났습니다.

간단한 사고다. '대피했다'로 끊자. 할 말을 다했으면 마침표를 찍자. 아쉽다면 '대피하는'과 '소동' 사이에 '등'을 넣어주면 약간 부드럽다.

- 국립국어원 · MBC, 『TV뉴스 문장쓰기』(서울: 시대의 창, 2006), 196쪽.

☞ 한밤중 안마시술소에서 불이 나 손님과 직원들이 대피하는 등 소동을 빚었습니다.
　오늘 새벽 0시 반쯤 서울 방배동 모 안마시술소에서 불이 나 20분 만에 꺼졌습니다. 이 불로 31살 김 모씨 등 손님 3명은 대피하다 연기를 마셔 치료를 받았습니다.

짙은 안개로 임시 회항한 여객기의 기장이 운항을 거부해 승객들이 3시간 넘게 <u>발이 묶이는 소동</u>이 벌어졌습니다.

발이 묶이는 상황이 어떤 소동인지 궁금하다. 일단 '발이 묶였다'로 끊자. '3시간 넘게 기다려야 했습니다'로 순화하면 더 낫지 않은가.
　이와는 달리 풍랑주의보나 폭우 등으로 부두나 공항이 폐쇄될 때도 여객선과 항공기의 발이 묶였다고 한다. 마찬가지로 어색하다. 배나 비행기에는 발이 없다. "출항(운항)이 금지됐다(하지 못하고 있다)"고 순화해야 한다.

'~는' 사태

　오늘 새벽 한때 인천 공항에 안개가 짙게 <u>끼면서</u> 일부 항공편이 다른 공항으로 <u>회항하는 사태가</u> 빚어졌습니다.
　오늘 오전 5시 반 인천 공항 도착 예정이던 하노이발 베트남 항공 936편이 부산으로 <u>회항했고</u>, 6시 도착 예정이던 마닐라발 필리핀 항공 466편이 제주 공항으로 향하는 등 항공기 4편이 짙은 안개로 <u>회항했습니다</u>.

사태란 일이 돼가는 형편이나 상태를 뜻한다. 회항이 곧 사태다. '빚어졌다'도 피동형이다. 회항은 한 번 정도 쓰면 족하다.

☞ 오늘 새벽 인천 공항에 짙은 안개가 끼어 항공기 4편이 다른 공항으로 돌아갔습니다.

　오늘 오전 5시 반 인천 공항에 도착할 예정이던 하노이발 베트남 항공 936편이 부산으로 간 데 이어 6시엔 마닐라발 필리핀 항공 466편도 제주 공항으로 가는 등 항공기 4편이 회항했습니다.

바그다드를 방문 중인 부시 미국 대통령이 연설 도중 청중석에서 신발이 날아와 연설을 잠시 중단하는 사태가 발생했습니다.

피동형 부분(75쪽)에서 설명했다.

'~는' 사고

　2명이 숨지는 사고가 났습니다.　☞ 2명이 숨졌습니다.

이런 기사도 있었다.

10명이 사상한 사고가 나~

　사상(死傷)을 한 단어로 취급하다니 현기증이 난다. 신문은 물론 방송 자막에서 'ㅇㅇ명 사상'을 자주 쓰다 보니 한 단어로 눈에 익어버렸나 보다.

> **사상(死傷)을 추방하자**
> 제목에서도 써서는 안 된다. 너무 범위가 넓다. 즉, '100명 사상'이라고 했을 때 극단적으로는 '1명 사망, 99명 부상'부터 '99명 사망, 1명 부상'까지 가능하다. 사망이 대다수고 부상이 적으면 그런대로 통용돼도 그 반대라면 억지다.

'~는' 불편

회항 직후 승객들은 인천 공항의 안개가 걷혔다는 공항 측 통보에 따라 재출발을 <u>요구했지만</u> 기장이 추가 요금 지불 요구와 피로 누적을 이유로 운항을 거부하는 <u>바람에</u> 기내에서 3시간 넘게 <u>대기하는 불편</u>을 겪었습니다.

'대기한 것'이 곧 불편이다. 굳이 '불편을 겪었다'를 붙이지 않아도 된다. '바람에'도 버려야 할 표현이다.

☞ 승객들은 회항 뒤 인천으로 돌아가 달라고 했어도 기장이 추가 요금을 요구하는 등 운항을 거부해 기내에서 3시간이나 대기해야 했습니다.

비슷한 다른 표현도 많다.

- 팔이 부러지는 중상
- 이름이 잘 알려진 유명인사
- 경험이 있는 유경험자
- 결혼한 유부남
- 결혼하지 않은 미혼모
- 팔리지 않은 재고품

사건 사고

'진화에 나서'

진화에 나섰지만 강풍 때문에 불길을 잡는 데 어려움을 겪고 있습니다.

☞ 불길을 잡고 있지만 강풍 때문에 어려움을 겪고 있습니다.

'불이(사고가) 나자'
마치 화재를 예상이라도 하고 손꼽아 기다리고 있었다는 뉘앙스를 풍긴다.

불이 나자 소방차 10대가 출동해 진화작업을 벌였지만~
☞ 소방차 10대가 곧바로 출동해 진화작업을 벌였지만~

'불에 타', '연기에 질식해'
불이 나 불에 타(연기에 질식해) 숨졌습니다.

불이 나서 사람이 죽으면 불타거나 연기 질식이다. 사람이 '불에 타 죽었다'는 표현은 잔인하다. 죽음의 묘사는 어떤 경우든 바람직하지 않다.

'~보고, 정확한 원인을 조사'
경찰은 누전으로 불이 난 것으로 보고 정확한 화재 원인을 조사하고 있습니다.

한 가지만 쓰자. 중대한 사고가 아니면 "경찰은 화재 원인을 누전으로 보고 있습니다"로 끝내야 깔끔하다. '으로'가 겹치지 않도록 하는 게 중요하다.
경찰이 형사 사건의 정확한 원인이 무엇인지 조사하는 것은 당연하다. 너무 빤하지 않은가. 생략해도 좋다. 쓰더라도 '정확한'은 버리자.

☞ 경찰은 화재 원인을 조사하고 있습니다.

'다행히'

<u>다행히</u> 인명피해는 없었습니다.

다행히는 군더더기다. 인명피해가 없다는 것 자체도 군더더기가 되기도 한다.

'갑자기'

<u>갑자기</u> 사고가 나

천천히 또는 예고하고 나는 사고는 없다.

'스스로'

<u>스스로</u> 목숨을~

목숨을 '<u>스스로</u> 끊는' 행위는 동서고금을 막론하고 죄악시해왔다. '스스로'는 빼고 '목숨을 끊었다'만 써야 담담하다.

> ### 자살 묘사 녹취
>
> 사회부장 시절 자살방법을 묘사하지 말라고 했더니 엉뚱한 일이 났다. 데스크를 볼 때 원고에는 없었던 내용이 방송에 생생하게 나왔다.
>
> "옷걸이에 노끈을 매달아 목을 매서 자살한 거죠."
>
> 유가족의 녹취였다. 황당한 일이다. 기자는 시간에 쫓겨 녹취 내용을 자세히 확인하지 못한 채 기사를 쓴 다음 편집할 땐 망각한 것이다.

'사고가 난 것은 ○○시쯤'

 사고 시각을 두세 번째 문장에 배치하고 문장을 토막 내는 리포트가 전형처럼 자리 잡았다. 아예 첫 문장을 그렇게 하는 리포트도 많다. 모방의 악순환이다. 같은 날 밤 뉴스에 똑같은 형식이 잇따르기도 한다. 그러다 보니 너무 짜증스럽다. 반드시 추방해야 할 표현이다.

 검은 연기가 주변을 온통 뒤덮었습니다. 불꽃의 기세가 거세 웬만한 물줄기로는 꺾이지 않습니다. 20미터 높이에서 미처 피하지 못한 작업인부 2명을 크레인으로 급히 구조합니다.
  <u>여천공단 ○○ 화학에서 불이 난 것은 오늘 오후 3시 20분쯤.</u>
 열병합 발전소 내 탈황탑 일부를 태우고 1시간여 만에 큰 불길은 잡혔습니다.

 왜 한사코 시각에서 토막을 내는가? 자르지 말고 부드럽게 쓰자. 방법은 다양하다.

☞ 불은 오늘 오후 3시 반쯤 나~ 태우고 1시간 만에 꺼졌습니다.
☞ 오늘 오후 3시 반쯤 난 불은 1시간 만에야 꺼졌습니다. 열병합 발전소 내 탈황탑 일부가 탔습니다.

 승용차 옆면이 심하게 찌그러졌고 문은 떨어져 나갔습니다. 차가 돌진한 술집은 원래 모습을 알아볼 수가 없습니다.
  <u>사고가 난 것은 오늘 새벽 0시 45분쯤.</u> 렌터카인 사고 차량에는 6명이 타고 있었습니다.

'사고가 난 것은 몇 시쯤' 식으로 끊지 말고 "오늘 새벽 0시 45분쯤 일입니다" 등으로 변화를 주면 훨씬 낫다.

차량들이 심하게 부서져 뒤엉켜 있습니다. <u>올림픽대로 잠실 방향 이수 교차로 부근에서 교통사고가 난 것은 오늘 새벽 4시쯤.</u>
　36살 최 모 씨가 운전하던 택시와 앞서 가던 승용차, 견인차 등 석 대가 잇따라 부딪혔습니다.

현장 화면이 생생할 땐 이렇게 하면 얼마나 매끄러운가.

☞ 오늘 새벽 4시쯤 사고가 난 올림픽대로 이수교 근처의 모습입니다.

<u>불이 난 시각은 어제 낮 12시 52분.</u> 3분 뒤 인근 안전센터 소방차가 도착했습니다. 한 여인이 발코니에 매달려 애타게 구조를 기다립니다. 하지만 소방차엔 추락방지용 에어매트가 없었습니다.

물론 이 리포트는 상황을 시간대별로 정리해 처음 온 소방차에 매트가 없어 인명 피해가 났다는 것을 강조했다. 처음부터 사고 시각으로 토막 내지 않아도 얼마든지 달리 표현할 수 있다.

☞ 한낮에 불길이 솟는 건물 발코니에 한 여인이 매달려 구조를 기다립니다. 불이 난 지 3분 만에 소방차가 도착했어도 손을 쓰지 못합니다. 소방차에 추락방지용 에어매트가 없기 때문입니다.

'병원으로 옮겼으나(옮기는 도중) 숨졌다'

일반적인 사고 땐 '(차에 치어) 숨졌다'로 끊어야 한다. 부상자들이 병원으로 후송되는 것은 당연하다. 병원으로 옮기지 않거나 지체해 숨졌을 때가 문제다.

수사(조사)

'~하는 데 수사력을 모으고 있다'

'~데'가 끼어 있어 어감도 늘어진다. 한 기사에 두 번이나 쓰기도 한다. 수사력이 여기도 모이고 저기도 모인다니 이상하지 않은가. 그렇다면 수사력 집중이 아니라 분산이다.

검찰은 차명계좌에 든 돈이 노 씨의 비자금일 가능성이 높다고 보고 자금 흐름을 확인하는 데 <u>수사력을 모으고 있습니다</u>.

☞ 검찰은~ 가능성이 높다고 보고 돈의 흐름을 추적하고 있습니다.

'급물살을 타고 있습니다', '급진전을 보고 있습니다'

신문에서 개발한 고전이다. 대형사건 수사 속보 등에서 애용한다. 너무 낡았다. '급진전을 본다'는 표현 자체가 어색하다. 수사는 볼 의지가 없다.

- 불법대선자금 수사가 급물살을 타고 있습니다.
- 수사에 급진전을 보고 있습니다.

이런 표현이 통용되다 보니 이를 황당하게 응용(?)한 기사도 있다.

직불금 부당 수령 의심자 명단 제출을 놓고 파행을 거듭하던 국정조사는 정형근 국민건강보험공단 이사장이 입장을 바꾸면서 <u>급물살을 탔습니다</u>.

국정조사가 급물살을 탔다니 지나치다. 부드럽게 풀어주면 될 일이다.

☞ 파행을 거듭하던 직불금 국정조사가 정형근 국민건강보험공단 이사장의 입장 변화로 큰 고비를 넘겼습니다. 정 이사장이 그동안 명단을 내놓지 않겠다던 입장을 바꿨습니다.

> **쌀 직불금 파문**
>
> 2008년 보건복지가족부 차관으로 임명된 이봉화 씨가 소유한 농지에 대한 정부의 쌀 직불금을 받아왔다는 사실이 폭로돼 벌어진 사건. 농민을 지원하기 위한 돈이 수천억 원이나 실경작자가 아닌 땅주인들에게 돌아가 분노를 샀다. 현역 의원도 3~4명, 공무원만 약 4만 명이나 됐다. 이 차관은 낙마했다.

한 앵커는 생방송에서 이런 질문을 했다.

화재 원인과 <u>관련된</u> 수사가 <u>급물살</u>을 타고 있다면서요?

화재 원인 수사면 됐지 '원인과 관련된 수사'는 뭐고 무슨 '급물살'을 탈까? 기자가 써 넘긴 질문을 아나운서가 그대로 읽은 것이다.

'배제할 수'

 가능성을 배제할 수 없다

 '가능성도 있다'고 하면 족하다

'수수한'

 금품을 수수한 혐의로

 ☞ 금품을 받은 혐의로

 수수(收受)는 주고받는다는 뜻이다.

 건평 씨가 금품을 수수했는지 여부를~

 ☞ '금품을 받았는지~'

'숨 고르기에~'

 검찰 수사가 숨 고르기에 들어갔다

 ☞ 검찰이 수사의 속도를 조절하고 있다

날씨기사

 날씨기사의 '충치'는 '가운데'와 '~고', '~며', '보인다' 등이다. 그런 부품을 이어붙이다 보면 주어와 서술어가 불분명해진다.

 오늘밤은 전국에 구름이 많이 끼는 가운데 전남 해안과 제주도 지방에는 비가 내리겠고, 강원 영동 지역은 오후부터 비가 <u>오는 곳도 있겠습니다</u>.

가장 흔하게 듣는 날씨기사다. 귀에 못이 박힐 지경이다. 무작정 받아들이니 그렇지 뜯어보면 모순이 많다.

'전국에'는 생략하는 게 낫지 않을까? 제주도 지방의 '지방'도 마찬가지다. '내리겠고'도 단골로 쓰는 연결고리다. '오는 곳도 있겠습니다'는 표현도 어색한 형태다.

☞ 오늘밤은 구름이 많이 끼겠습니다. 전남 해안과 제주도에는 비가 내리겠습니다. 강원 영동 일부 지역에는 오후부터 비가 오겠습니다.

바다의 물결은 모든 해상에 풍랑주의보가 내려진 <u>가운데</u> 2에서 4미터로 높게 <u>일겠고</u>, 동해안 지역에서는 너울에 <u>의해</u> <u>해안에서도</u> 높은 파도가 일겠습니다.

'가운데'와 '일겠고' 등으로 문장을 마구 이어간다. '너울에 의해'는 피동형이다. 동해안은 뭐고 '해안에서도'는 또 뭔가?

☞ 모든 해상에 풍랑주의보가 내려졌습니다. 바다의 물결은 2에서 4미터로 높겠습니다. 동해안에는 너울이 일겠습니다.

중부 내륙 지역 기온이 최저 영하 13도까지 내려가는 등 한파가 몰아친 <u>가운데</u> 동사로 의심되는 사망 사고가 잇따랐습니다.

☞ ~한파가 몰아쳐 동사로 의심되는 사망자가 많습니다.

'보인다'는 어떤 사안을 전망하거나 관측할 때는 적합하다. 날씨기사에서 감초다. 너무 반복하니 짜증스럽다.

'무더운 날씨를 보였습니다'나 '화창한 날씨를 보인 가운데~' 등의 문장을 보면 호응관계가 적확하지 않다. 무엇이 날씨를 보여주는 것일까?

보이다
• '보다'의 피동으로 '눈에 뜨이다(산이 보이다)'   '보다'의 사동으로 '보게 하다(장갑을 보이다, 헛점을 보이다)'라는 의미다. • 동사 어미 '~어', '~아' 뒤에 붙어 '남이 알도록 하여 보게 한다(글씨를 써 보이다, 웃어 보이다)'는 뜻이다.

서울 지방의 기온이 30도까지 치솟는 등 무더운 날씨를 보이겠습니다.

오늘은 화창한 날씨를 보이겠습니다.

'무덥겠습니다(화창하겠습니다)'라고 하면 될 것을 왜 굳이 '보이겠다'고 하는 걸까? '서울 지방'에서 '지방'은 사족이다.

교통뉴스

'빠져나갔습니다'

마치 '도주'하는 듯한 느낌이다. 신문의 '탈서울 귀성객 1,000만 명'등의 제목을 직역한 데서 비롯된 것으로 보인다. '떠난(떠났습니다)'이 맞다.

오늘까지 승용차 10만여 대가 서울을 빠져나갔습니다.

☞ 오늘까지 승용차 10만여 대가 서울을 떠났습니다.

☞ 오늘까지 서울을 떠난 차량은 10만여 대에 달합니다.

'가다서다(지체와 서행)를 반복'

'가다서다'라는 단어는 없다. '지체와 서행'을 반복한다는 것도 어색하게 들린다. 교통 방송에서 리포터들이 쓰기 시작한 표현이 굳었다.

차량들이 가다서다를(지체와 서행을) 반복하고 있습니다.
☞ 차량들이 제 속도를 내지(달리지) 못하고 기어가다시피 할 정돕니다.

'소통 원활'합니다

원활이란 단어가 거슬린다. 예보용어를 꼭 그대로 써야 한다는 원칙은 없다. 부드럽게 풀어쓰자.

☞ 통행이 순조롭습니다(순조로운 편입니다).

'정체현상을 빚고 있습니다'

정체현상(停滯現狀)이란 수요량이 수용 용량을 초과했을 때 나타나는 현상이다. 회선이 용량초과로 과부하에 걸릴 때를 말한다. 고속도로에서는 차가 많아 막힌다는 뜻이다. 풀어쓰자.

안성과 평택 구간이 극심한 정체현상을 빚고 있습니다.
☞ 안성과 평택 구간의 정체가 심합니다.
☞ 안성과 평택 구간이 심하게 막혀 있습니다(막혔습니다).

스포츠 뉴스

상투적인 표현이 많다. 특히 전투적인 표현이 너무 잦다. 스포츠란 이기고 지는 것이 전부는 아니다. 승부는 훈련과 도전과 성취 등이 어우러진 과정의 일부다. 지나치게 전투적인 용어는 이를 망각하게 할 뿐 아니라 귀에 거슬린다.

'입성'
- 축구 국가대표팀이 다음 달 11일 이란과의 월드컵 최종예선을 앞두고 전지훈련지인 두바이에 입성해 훈련을 시작했습니다.
- 월드베이스볼클래식 4강 신화 재현에 도전하는 야구대표팀이 아시아 예선이 열리는 일본 도쿄에 입성했습니다.
- 북한 축구대표팀이 결전을 앞두고 서울에 입성했습니다.

입성이라니 무슨 소린가? 입성(入城)이란 싸움에서 이겨 점령지에 진주하는 것을 뜻한다. '연합군의 베를린 입성'이 대표적인 용례이다.
경기를 하러 가는 도시에 입성한다는 것은 옳지 않은 표현이다. 특히 북한 선수단이 서울에 입성했다는 것은 불쾌하기까지 하다.

'격전지', '결전지'
- 하와이 전지훈련을 마친 야구대표팀이 마침내 결전지에 입성했습니다.
- 지난 시리아전에 이어 2경기 연속 무승부를 기록한 축구대표팀은 오늘 밤 격전지인 이란에 입성합니다.

너무 살벌하다.

☞ ~축구대표팀은 결승전이 열리는 이란에 오늘 밤 도착합니다.

'설욕전'
그랑프리 파이널을 내준 아사다 마오와는 두 번째 대결이자 설욕전이기도 합니다.

설욕(雪辱)이란 치욕스러운 부분을 눈으로 하얗게 덮는다는 의미다. 전에 패했던 부끄러움을 씻어내고 명예를 되찾는다는 뜻으로 쓴다. '~두 번째 대결이다'로 끊는 게 낫다.

과장된 군사용어
군대의 직책이나 폭력세계의 용어도 자주 등장한다. '용장', '패장', '수문장', '해결사', '대부' 등이다.

공간을 활용하는 유기적인 패스가 잘 이뤄지지 않아, 중원의 사령관 박지성의 공백을 절감했습니다.

'중원의 사령관'이라니. 박지성이 아무리 뛰어난 미드필더라도 이렇게 표현하는 것은 바람직하지 않다.

'원정'
허정무 감독은 이란 원정의 필승 해법을 찾겠다는 각오를 밝혔습니다.

원정경기란 영어로 'away' 경기를 말한다. 이를 줄여서 '이란 원정'이라고 말하는 것은 지나친 표현이다. '~하겠다는 각오'는 '~한 사고(사태)'처럼 중복 표현이다.

☞ 허정무 감독은 이란 원정 경기에서 반드시 이기기 위한 해법을 찾겠다고 밝혔습니다.

억지 비유

허정무호가 두바이 담금질에 들어갔습니다.

담금질이란 쇠를 불에 달궜다가 찬물 속에 담그는 일이다. 대표팀이 두바이에 도착해 훈련을 시작했다는 것인데 적절치 못한 비유다.

사격 10미터 권총에서 은메달을 따낸 진종오는 주 종목인 50미터 권총에 출전해 금메달 사냥에 나섭니다.

흔히 쓰는 '메달 사냥'은 글쎄…… 더욱이 '메달 사냥에 나선다'니 부자연스럽다.

☞ ~50미터 권총 금메달에 도전합니다.

이 밖에도 '무릎을 꿇었다(꿇게 했다)', '꺾었다', '대파했다', '격파했다' 등도 남용이 심하다.

'~며'의 남용

종목에 관계없이 전적을 묘사할 때 '~며(면서)'의 표현을 스포츠 뉴스 내

내 반복한다.

- 2연승을 <u>거두면서</u>(☞ 거둬) 챔피언 결승전 고지에 진출했다.
- 나란히 20점을 <u>넣으며</u>(☞ 넣어) 팀의 2연승을 이끌었다.
- 여자 선수 사상 첫 200점 달성에 <u>성공하며</u>(☞ 성공해)~
- 오늘만 5타를 <u>줄이며</u>(☞ 줄여) 14언더파를 친 카리웹에 역전패~
- 1승 1패를 <u>기록하며</u>(☞ 기록해) 승부를 원점으로 돌렸다.

4. 버려야 할 표현과 습관들

지금까지 기사의 나쁜 친구들을 유형별로 정리해봤다. 아직도 분류하기에 애매한 것이 많다. 문어체 표현이나 한자어를 이용한 무리한 축약 습관 그리고 당연한 듯 어렵게 쓰는 경제 용어 등이다.

문어체

'~함으로써'

민주당 측은 방통위가 원안대로 시행령을 의결한다면 상위법인 「방송법」을 개정해 (방송소유를 금지하는) 대기업 기준을 10조 원에서 5조 원으로 다시 <u>낮춤으로써</u> 시행령을 원천 <u>무력화시킨다는</u> 방침입니다.

'~으로써'는 방송 부적합 용어다. '~시킨다는 + 방침'도 생각 없이 쓰는 표현이다. '~할(ㄹ) 방침'으로 하면 깔끔하다.

☞ ~낮춰~ 시행령을 쓸모없게 만들 방침입니다.

'불구하고'

'불구(不拘)하다'는 거리끼지 않거나 구애받지 않는다는 어려운 한자어다. 보통 대화에서 아주 자주 쓴다. "공사다망한데도 불구하고 왕림해주신 데 대해 대단히 감사합니다"가 대표적인 표현이다.

방송기사에서도 거리낌 없이 쓰지만 듣기에 거북하다. 어감도 좋지 않다. 대부분 '~만'이나 '~도'로 바꾸면 부드럽다.

태국 방콕 외곽의 수완나품 국제공항이 반정부 시위대의 난입으로 폐쇄 결정이 내려졌음에도 불구하고 대한항공과 아시아나항공 여객기는 정상운행하고 있습니다.

'불구하고'는 '~에도'와 조합을 이룬다. '~음에도'는 일본식 표현이다. 말을 발음하기 좋게 풀자.

☞ (시위대가 난입한) 태국 방콕의 수완나품 국제공항에~ 내려졌어도~

> **태국 반정부 시위**
> 탈세 혐의로 축출된 탁신 전 총리가 내세운 후보가 총선에서 승리한 뒤 망명 갔던 탁신이 귀국하자 2008년 8월 벌어진 대규모 반정부 시위. 시위대가 공항을 점거해 수백 명의 여행객들이 공항에서 큰 곤욕을 치렀다.

국민권익위원회는 금리인하와 유동성 확대에도 불구하고 은행권의 대출이 원활하게 이뤄지지 않고 있는데다 중소기업에 대한 대출 보증액 삭감이나 부당한 대출 거부 등 기업인과 일반 국민이 겪는 불편 사항이 잇따르고 있다고 지적했습니다.

'불구하고'도 문제려니와 전반적으로 한자어투성이다. 내용이 어렵다.

☞ 국민권익위원회는 금리가 내리고 유동성이 늘었는데도 은행들이 중소기업에 대출을 거부하거나 대출 보증금을 깎는 등~

이렇게 수익성이 악화된 것은 매출 호조에도 **불구하고** 원자재 가격 상승 등으로 원가 부담이 늘어났고 외화 부채에 대한 평가 손실 등 영업 외 비용이 크게 늘었기 때문인 것으로 분석됐습니다.
☞ ~매출이 늘어도 원자재 가격이 올라 원가 부담과 외화 부채에 대한 평가 손실 등 영업 외 비용이 크게 늘었기~

뉴욕 증시는 당국의 확고한 경기부양 의지에도 **불구하고** 어제 급등에 따른 여파로 오늘은 하락세를 보였습니다.
☞ 뉴욕 증시는 당국이 경기부양 의지를 확고히 했어도 어제의 급등 영향으로 오늘은 떨어졌습니다.

전국교수모임은 당시 한국건설기술연구원이 징계의사가 없음을 밝혔음에도 **불구하고** 7개월 뒤에 뒤늦게 징계를 거론하는 것은 한반도 대운하를 다시 추진하기 위해 걸림돌을 제거하려는 보복행위에 불과하다고 주장했습니다.

'없음을 밝혔음에도 불구하고~'는 표현이 어이없을 지경이다. 다시는 보지 않았으면 좋겠다.

☞ ~징계의사가 없다고 했는데도 7개월 뒤에야 징계하려는 것은 대운하의 걸

림돌을 없애려는 보복행위라고 주장했습니다.

석유수출국기구의 감산 결정에도 <u>불구</u>하고 유가가 떨어진 것은 공급 과잉이 <u>해소되지</u> 않을 것이라는 전망과 <u>함</u>께 미국의 원유재고 증가 소식이 전해졌기 때문인 것으로 분석됩니다.

'불구하고'는 추방하고 '해소되지'와 같은 피동형은 능동형으로 바꾸자.

☞ 석유수출국기구의 감산 결정에도 유가가 떨어진 것은 공급 과잉이 계속될 것이라는 전망과 미국의 원유 재고가 늘었기 때문입니다.

'~을 골자로'
　~을 골자로 하는 종합대책을 마련했다　☞　~이 주요 내용인~

'~일환으로'
　정책개발의(위기해소책의) 일환으로　☞　~의 하나로

한자어를 이용한 무리한 축약

　대표적인 뜻글자인 한자는 한글의 4분의 1로 축약된다. 즉, A4 용지 4장 분량의 한글을 중국어로 옮기면 1장에 해당한다. 한자의 이런 유혹에 빠지다 보면 어법에 맞지 않는 무리한 축약이 생긴다. 이런 표현들을 무심코 쓰는 기자들이 너무 많다. 경제적인 표현이라지만 잘못이다.

(형용사, 명사 + 명사)'에(를)'의 형태나 '~의'로 연결한 형태가 많다.

시급한 처리에 동의했습니다. ☞ 빨리 처리하기로 동의~

남북교류사업 전면차단에 나섰습니다. ☞ ~사업을 모두 중단했습니다.

제도 도입에 합의했습니다. ☞ 제도를 도입하기로 합의~

본격적인 대책 마련에 나섰습니다. / 대책 마련에 본격 착수했습니다.
　　☞ 대책을 본격적으로 마련하기 시작했습니다.

혐의 입증에 주력해왔습니다. ☞ 혐의를 입증하는 데 힘써왔습니다.

국가 경쟁력 강화에 합의했습니다. ☞ 국가의 경쟁력을 키우기로 합의~

시급한 처리를 요구했습니다. ☞ 시급히 처리해줄 것을(처리해달라고) 요구~

시스템 구축을 추진하기로 했습니다. ☞ 시스템을 구축하기로 했습니다.

민영화 연기를 요구했습니다. ☞ 민영화를 연기하자고(하라고) 요구했습니다.

주택 압류의 급증을 막기 위해~ ☞ 압류주택이 크게 늘지 않도록~

관광 상품의 보존을 위해~ ☞ 관광 상품을 보존하기 위해~

현안이나 회의 제목 등에서 한자어를 덕지덕지 이어붙이기도 한다. 숨 막힌다. 사이에 '의', '을' 등의 조사를 끼워 숨통을 터주자.

쌀 직불금 부당 수령 의심자 명단 제출을 놓고~
　☞ 쌀 직불금을 부당하게 탄 것으로 의심되는 사람들의 명단을 제출하는 문제를 놓고~

해외순방을 마치고 어젯밤 귀국한 이명박 대통령은 오늘 경제상황 점검회의를 주재하는 등 <u>경제난국 극복 대책 마련</u>에 나섭니다.

☞ ~경제난국을 이겨낼 대책을 마련할 방침입니다.

쌀 직불금 국정조사 특별위원회는 오늘 전체회의를 열고 청문회 일정 연기와 특위 활동 기간 연장 여부 등을 논의합니다.
　☞ ~청문회 일정과 특위 활동 기간의 연장 여부를 논의합니다.

경주 감포 어선 전복 사고 실종자 수색 사흘째를 맞았지만~

무려 여덟 단어가 마라톤 식으로 붙었다.

☞ 경주 감포에서 뒤집힌 어선의 실종자 수색작업이 사흘째인데도~

이처럼 조사나 어미를 생략하고 단어를 이어붙인 덩어리를 마치 한 단어인 양 잘못 쓰는 어법이 흔하다. 앞뒤를 봐가며 조사를 붙여 풀어줘야 한다. 조사는 양념같이 말을 부드럽게도 만들고 때론 쓰게도 하고 달게도 한다.

- 중징계 처분의 철회를 촉구했습니다.
- 군사행동 중단을 통보했습니다.

'중징계 처분이 철회되는 상황'과 '군사행동이 중단되는 상황'을 각각 한 단어인 양 처리한 뒤 그것을 촉구·통보했다는 것이다. 문법에도 안 맞는 엉터리 짜깁기다.

☞ 중징계를 철회하라고 촉구했습니다.

☞ 군사행동을 멈추겠다고 통보했습니다.

얼마나 매끄러운가. 글이 길어지지도 않았다.

서울의 한 외교소식통은 오늘 최근 북한이 우리 측에 남북관계 개선을 명분으로 일부 납북자와 국군포로를 송환할 의향이 있음을 밝혀온 것으로 알고 있다고 말했습니다.

'남북관계 개선을 명분으로'라는 말이 어디 있는가? '남북관계 + 개선'을 한 단어처럼 취급한 것이다.
'오늘 최근'과 같이 시제가 잇따르는 표현도 피해야 한다.

☞ 서울의 한 외교소식통은 오늘 북한이 최근 우리 측에 남북관계를 개선하자는 명분으로 일부 납북자와 국군포로를 송환할 뜻을 전한 사실을 안다고 말했습니다.

어려운 한자와 억지 직역

어려운 한자어를 그대로 쓰는가 하면 너무 친절히 풀어써 어색한 것도 많다. 억지 직역이다. 방송 초창기에 주로 신문기사를 무조건 풀어쓰다 굳은 어법으로 보인다.

어려운 한자

만끽, 방불, 관건, 급기야, 부심, 골자, 배제, 분수령, 역학조사, 쾌척, 투척, 전대미문, 불법 반입, 무단 왕래, 기폭제, 폭풍전야, 제거, 후폭풍, 쇄신, 경색, 분발,

직격탄, 분발, 주도면밀, 아비규환, 사면초가, 망연자실, 예의주시 등이다.

〈앵커 멘트〉 여행사는 사망한 관광객 가족들에게 피해 사실을 알리는 등 긴급 대책을 세우면서 <u>분주하게</u> 움직였습니다.
<u>사고 소식을 접한</u> 유가족들은 갑작스러운 비보에 망연자실했습니다.
취재기자 연결합니다. ○○○ 기자!

〈리포트〉 여행사<u>로부터</u> 사고 소식을 들은 여행자 가족들이 <u>황망한</u> 표정으로 여행사를 방문하고 있습니다.

2009년 3월 15일 여행 제한 지역인 예멘에서 폭발물이 터져 한국 관광객 4명이 숨진 사건 이후 국내 여행사의 움직임을 보도하는 기사다. 큰 사고 때 유가족에 대한 리포트만 하면 나오는 것이 '갑작스러운 비보'와 '망연자실'이다. 망연자실(茫然自失)은 멍하니 정신을 잃는다는 뜻인데 상투적인 표현이다. '사고 소식을 접한'과 '갑작스런 비보'는 중복이다. '분주하게'는 '바쁘게'로, '~로부터'는 '~한테서(에게서)'로 순화하자.

여행경보
정부에서 우리 국민의 안전을 위해 4단계로 분류한 권고 사항으로 보험 가입 등에 차등이 있다. • 1단계 '여행 유의' 지역(국가): 미얀마, 인도, 파키스탄 등 • 2단계 '여행 자제' 지역(국가): 네팔, 스리랑카, 인도 등 13곳 • 3단계 '여행 제한' 지역(국가): 나이지리아, 팔레스타인 가자 지역, 레바논 등 • 4단계 '여행 금지' 지역(국가): 이라크, 소말리아, 아프가니스탄

이 대통령은 경제난을 극복하는 데 <u>각료들의 분발을</u> 촉구했습니다.

'각료들의 분발'을 한 단어로 취급했다. '각료들이 분발해줄 것을' 촉구하는 것이다. 분발(奮發)이란 마음과 힘을 떨쳐 일으킨다는 뜻의 어려운 한자다. '힘쓸' 또는 '힘써' 정도가 좋다.

☞ 이 대통령은 경제난을 극복하는 데 각료들이 더욱 힘써달라고 촉구했습니다.

안경을 낚아채자 주먹질과 욕설이 <u>날아들고</u> <u>급기야</u> 허공을 향해 가스총을 <u>발사하는 사태까지</u> 번졌습니다.

주먹질과 욕설이 '날아들었다'는 표현은 점잖지 못하다. '급기야~'는 오래 전에 사망 선고를 받은 말이다. '발사하는 사태'는 중복 표현인 '~ㄴ + 사태'의 형태다.

☞ 주먹질과 욕설이 오가고 마침내 허공에 가스총을 쏘기도 했습니다.

방영 4주 만에 <u>가히</u> 신드롬이라 할 만큼 <u>폭발적인 인기</u>입니다.

'가(可)히'는 '능히', '넉넉히', '틀림없이' 등의 뜻으로 고어에 가깝다. 방송에서는 추방해야 할 말이다. '인기'가 나오면 붙는 '폭발적'도 상투어다.

☞ 방영 4주 만에 신드롬이라 할 정도로 인깁니다(인기가 높습니다).

억지 직역

신문의 표현을 무리하게 직역해 방송에 써온 표현들이다. 너무 낡은 표현이라 순화할 필요가 있다.

- 현장 사망

  그 자리에서 숨졌다. ☞ 숨졌다.

- 주거 부정

  사는 곳이 일정치 않은 ☞ 거주지가 없는

- 조사 착수

  조사에 들어갔다. ☞ 조사하기 시작했다. / 조사한다.

- 무직

  하는 일이 없는 ☞ 직업이 없는

- 신원미상

  신원이 확인되지 않은 ☞ 누군가가

회의, 성명, 회견, 보도자료

전체회의를 열고~(☞ 열어~)

기자회견을 갖고~(☞ 열어~)

협의를 가졌다고 NHK가 보도~ ☞ 협의했다고 NHK가 보도~

월간지 ≪KM≫과 가진 인터뷰에서~ ☞ 월간지 ≪KM≫과의 인터뷰에서

성명을 내고 ~라고 비난했다. ☞ 성명을 내 ~라고 비난했다. / ~비난하는 성명을 냈다.

어제 보도자료를 내고~ ☞ 생략(특별한 사안이 아니면 불필요하다)

어려운 경제 용어

경제기사의 맹점은 내용도 내용이려니와 어려운 용어들을 남발한다는 점이다. 되도록 말하듯 쉽게 풀어야 한다.

~수익성이 악화된 것은 매출 호조에도 불구하고 원자재 가격 상승 등으로 원가 부담이 늘어났고 외화 부채에 대한 평가 손실 등 영업 외 비용이 크게 늘었기 때문인 것으로 분석됐습니다.

매출 호조, 원자재 가격 상승, 원가 부담, 외화 부채, 평가 손실, 영업 외 비용 등 전문용어투성이다. '불구하고'도 끼어 있다.
너무 어렵다. 시청자를 전혀 고려하지 않은 기사다. 내용을 소화해 압축하자.

☞ 수익성이 나쁜 것은 매출은 늘었어도 원자재 값이 오르고 외화 부채에 따른 손실이 컸기 때문입니다.

앵커 멘트의 일부다.

급격한 경기후퇴와 엄청난 규모로 발행되는 구제금융, 이로 인한 막대한 재정 적자까지 안게 돼 달러가치 하락은 불가피하게 됐습니다.

'급격한', '엄청난', '막대한', '불가피' 등 최상급(?)의 강한 톤을 즐겨 썼다. 다 버려야 할 표현들이다.

☞ 경기침체와 대규모 구제금융에 따른 재정적자로 달러가치가 떨어질 것으로 보입니다.

리포트 기사도 알아듣기 어렵다.

파운드화 대 달러화도 한때 1.55달러까지 올랐고, 엔화도 달러화 대비 13년래 최고치까지 상승하며 달러화 대 엔화의 비율은 87엔대로 내려앉았습니다.

'고', '며'로 문장을 이어가는 습관은 버려야 한다. 파운드와 엔화 가치가 달러화에 대해 올랐다는 내용이다. 처음엔 올랐다고 하다가 나중엔 '비율이 내려앉았다'고 표현하니 헷갈린다. 일관되게 '달러화에 대한 외환 가치의 기준'으로 설명해야 이해가 쉽다.

☞ 달러화에 대한 파운드화 가치가 한때 1.55달러로 올랐습니다. 달러화에 대한 엔화 가치도 13년 만에 가장 높게 뛰어 87엔대에 거래됐습니다.

한자투성이의 용어를 억지로 엮어놓은 기사도 허다하다.

금융위원회와 지식경제부에 따르면 정부는 자동차 업종을 경제위기 상황에서 지켜내야 할 성장 산업으로 보고 부품업체에 대한 유동성 지원과 함께 자동차 판매 증진을 위한 할부 금융 시장 활성화를 추진키로 했습니다.

유동성은 포괄적으로 자금이라는 뜻인데 버려야 하지 않을까.

☞ ~따르면 정부는 (자동차 업종을 지켜야 할 성장 산업으로 보고) 자동차 부품업체에 자금을 지원하고 할부 금융을 활성화해 차량 판매에 도움을 주기로 했습니다.

국세청은 지난해 연말정산 신고가 집계된 국내 외국인 근로자 수는 모두 28만 2,064명으로 이들 가운데 최소 연봉 1억 원인 과표 8,000만 원 이상인 외국인 근로자는 전체의 1%인 3,113명으로 나타났다고 밝혔습니다.

길고 숫자투성이다. 욕심을 버리고 나눠야 한다. '나타나다'니 무엇이 어디서 불쑥 나타났는가?

☞ 국세청은 지난해 연말정산으로 집계한 국내 외국인 근로자 28만 2,000여 명 가운데 연봉 1억 원 이상이 1%인 3,000여 명이라고 밝혔습니다.

감사원은 공적 자금이 투입된 광주은행과 경남은행에 대한 감사 결과 회수 가능성이 낮은 위험 채권을 정상으로 분류해 당기 순이익을 부풀린 것으로 나타났으며 적절한 채권관리 방안을 마련하라고 은행 측에 통보했습니다.

용어가 어렵다. '나타났으며'와 '방안을 마련하라고~'는 내용이 연결되지 않는다.

☞ ~감사 결과 회수 가능성이 낮은 채권을 정상으로 분류해 당기 순이익을 부풀린 사실이 드러나 은행 측에 채권관리 방안을 마련하라고 통보했습니다.

주식·환율 기사의 표현

날씨기사처럼 날마다 듣는 증권시세와 환율기사에는 너무 고정적인 표현들이 많다. 경제 용어이기 때문에 그대로 써야 한다는 주장도 있지만 되도록 풀어가는 노력이 필요하다.

- 폭등했다. ☞ 큰 폭으로 올랐다.
- 반등했다. ☞ 오름세로 돌아섰다. 다시 올랐다.
- 장중 한때 ☞ 한때
- 하락세를 보였다. ☞ 하락세였다.
- 만기가 도래해 ☞ 만기가 돼(다돼)
- ~에 힘입어 ☞ (외국인 투자가들이) 많이 사들여
- 대 달러 환율은 ☞ 달러에 대한 원화의 환율은
- 달러당 ☞ 1달러에
- 1달러당 ☞ 틀린 표현
- 100엔당 ☞ 100엔에('당'은 일본식 표현)

경제 용어를 무조건 직역하는 것은 곤란하다. 이는 '자살'을 '스스로 목숨을 끊었다'로 직역한 것과 같다.

'급등(락)했다'를 '순식간에 올랐다(내렸다)'고 쓰면 어색하다. 바람직하지 않다. 현재의 언어감각상 그대로 쓰는 게 나을 듯하다.

'순매도액'은 '총 거래에서 산 주식을 빼고 순수하게 판 액수'다. 이런 경제 용어는 풀어쓰기 곤란한 측면이 있다. 문장이 길어지는 역효과가 나기도 한다.

종합 클리닉

앞에서 여러 가지 유형의 나쁜 기사들을 살펴봤다. 사실 유형을 정확하게 나누기란 어렵다. 나쁜 기사들은 복합적인 독소를 품고 있기 때문이다. 지금까지는 되도록 분류한 유형에 초점을 맞춰 설명했다. 다른 문제에 대해서는 설명을 자제했다. 이제부터는 종합적으로 설명하고자 한다.

먼저 핵심을 놓친 기사, 즉 주제 파악이 안 된 기사들부터 손보자. 다음에 나오는 세 가지 예문이 그런 기사들이다.

취재를 하다 보면 두세 가지 팩트가 오락가락해 헷갈릴 때가 많다. 시간은 없고 속이 탄다. 무엇을 핵심 내용으로 할 것인지를 빠르고 정확하게 판단하는 것이 기자의 능력이다.

"택시 승객, 여운전사 납치 강도"

한낮에 택시기사 납치사건이 발생해 경찰이 헬기까지 동원했지만 검거에 실패했습니다.

어제 춘천시 중앙 시장 부근에서 59세 김 모 여인이 운전하는 택시를 탄 남자 승객이 춘천초등학교 앞에 도착할 즈음 김 씨를 위협해 차량 트렁크에 가두고 신용카드를 빼앗아 달아났습니다.

진단

이 사건은 여자 택시운전사를 남자 승객이 납치해 신용카드를 빼앗아 달아났다는 것이 핵심이다. 경찰 헬기가 동원했지만 실패했다는 사실이 주제가 돼서는 곤란하다.

'부근에서', '도착할 즈음' 등 적합하지 않은 용어까지 있다. 경찰이 헬기까지 동원하고 법석을 떨었지만 놓쳤다는 사실을 강조하고 싶은 의도로 보인다. 이는 맨 뒤로 돌려야 한다. 자연스러운 리드는 이것이다.

☞ 남자 승객이 여자 택시운전사를 납치해 신용카드를 빼앗아 달아났습니다.

"새벽 가정집에 불, 4남매 숨져"
오늘 새벽 6시쯤 경기도 부천시 고강동 43살 조 모 씨의 1층 한옥에서 불이 나 조 씨의 아들 9살 조주현 군과 7살 난 딸 조영현 양, 5살 조종현 군, 3살 조병현 군 등 남매 4명이 모두 질식해 숨졌습니다.
화재가 난 주택은 재개발 지역 내 철거 대상 주택으로 화재 당시 아버지 조 씨와 일본인인 어머니는 신문 배달을 나가, 집 안에 아이들만 있는 상황에서 아이들이 잠을 자던 이른 시간에 피해가 커진 것으로 알려졌습니다.
경찰은 조 씨 부부가 새벽 촛불을 켜놓고 기도를 한 뒤 신문 배달을 갔다고 밝힘에 따라 촛불에 의해 불이 난 것으로 보고 정확한 사고 원인을 조사하고 있습니다.

진단
리드 문장에 숫자가 무려 8번이나 들어 있다. 취재를 매우 충실하게 한 기자다. 취재한 것을 모두 기사화할 수는 없다. 가지치기해야 한다.
두 번째 문장은 여러 가지 팩트를 나열하며 중언부언이다.
'촛불에 의해'는 피동형이다. '~불이 난 것으로 보고 정확한 원인을 조사~'는 상투적이다.
이 사건의 핵심은 부부가 새벽 신문을 배달하러 나간 사이 불이 나 4남매가 숨졌다는 사실과 이 부부가 신앙인으로 촛불을 켜고 새벽 기도를 하다 불을 낸 것으로 추정된다는 것이 전부다. 철거 대상 집이니 어머니가 일본인이니 등은 곁가지다.

☞ 가정집에서 불이 나 어린 4남매가 숨졌습니다.

오늘 아침 6시쯤 경기도 부천시 고강동 43살 조 모 씨 집에서 불이 나 아들 9살 주현 군 등 4남매가 모두 질식해 숨졌습니다.

조 씨 부부는 아이들이 잠든 사이 새벽 일찍 신문을 배달하러 나갔습니다.

경찰은 신앙인인 조 씨 부부가 촛불을 켜고 기도했다는 말에 따라 불이 가재도구에 옮겨 붙은 것으로 보고 있습니다.

팩트를 빨리 파악한 다음 이를 단순화하는 작업에 능하지 못하면 좋은 기사를 쓰기 어렵다. 재능도 다소 필요하지만 이는 훈련을 통해 극복해야 한다.

"이라크 파견 병력 귀국"

지난 2004년 이라크 아르빌과 쿠웨이트로 각각 파병돼 이라크 평화와 재건 지원 임무를 수행했던 자이툰과 다이만 부대원들이 오늘 귀국합니다.

국방부는 자이툰과 다이만 부대 장병들의 환영식이 오늘 오후 국군 체육부대에서 열릴 예정이라며 국방장관은 환영식에 앞서 서울공항에서 장병들을 맞이할 계획이라고 밝혔습니다.

철수하는 장병들은 지난 5월과 9월에 파병돼 현지에서 임무를 마무리하고 돌아오는 마지막 부대원들로 바그다드의 한국 대사관 경비를 맡았던 해병대원 10여 명을 포함한 자이툰 부대 장병 519명과 다이만 부대원 102명 등 모두 621명입니다.

진단

핵심이 빗나갔다. 기사 요건이 아닌 부스러기들을 기사처럼 요란하게 꾸몄다. 나쁜 기술(?)이다.

리드에서부터 파병시기가 헷갈린다. 첫 파병이 2004년이고 이번엔 지난 5월과 9월 마지막 파견된 병력이 돌아오는 것이다.

두 번째 문장은 왜 기사가 되는지 궁금하다. 국방장관이 공항에 나가 장병들을 맞는 것은 의례적인 행사지 기삿거리는 아니다. '열릴 예정이라며'는 뭐고 '맞이할 계획이라고 밝혔다'는 또 뭔가.

세 번째 문장은 너무 장황하다. 숫자도 많고 100자가 넘는다. '바그다드 한국대사관 경비병력'을 굳이 언급할 필요가 있을까.

아주 간단한 예고기사다.

☞ 이라크에 주둔해온 한국군 병력이 오늘 모두 귀국합니다.

이들은 지난 5월과 9월 이라크 아르빌에 파견된 자이툰 부대원 500여 명과 다이만 부대원 100여 명 등 모두 621명입니다.

국방부는 오늘 오후 국군체육공원에서 장병들의 환영식을 엽니다.

다음은 정리가 덜돼 어수선한 기사들이다. '며', '면서', '나', '데', '고' 등으로 얽혀 어지럽다. 예문들을 보자.

"검찰, 우리들 병원 탈세 수사"

우리들 의료재단 이상호 이사장의 부인 김수경 씨가 운영하는 제약회사 '우리들 생명과학'의 탈세 의혹에 대해 검찰이 수사에 착수했습니다.

서울중앙지검 금융조사2부는 국세청으로부터 '우리들 생명과학'과 그 관계회사들의 탈세 혐의와 관련한 자료를 넘겨받아 검토에 들어갔으며 <u>조만간 관련자들을 소환할 예정입니다.</u>

국세청은 지난 8월부터 우리들 의료재단과 계열사들에 대해 세무조사를 벌<u>였으며 이 과정에서</u> '우리들 생명과학' 등이 10억여 원의 세금을 포탈한 정황을 잡고 검찰에 고발한 것으로 <u>알려졌습니다.</u>

진단

리드가 간결하지 않다. 이사장에다 부인까지 거론해 아주 복잡하다. 의혹은 곧 혐의다. '~혐의로 검찰의 수사를 받는다'는 틀이 리드 문장으로서 적절하다.

'검토에 들어갔으며'가 우선 거슬린다. '조만간'은 버리자. 검토한다는 내용과 관련자 소환과는 전혀 동떨어진 내용을 억지로 붙여놨다.

'~며'로 늘어뜨린 데다 '이 과정에서'란 군더더기를 섞어 문장이 꼬였다. 알려진 것은 고발한 사실보다 '10억 원을 탈세한 정황을 잡았다'는 사실이다.

☞ 우리들 의료재단 계열사인 '우리들 생명과학'이 탈세 혐의로 검찰의 수사를 받고 있습니다.

서울중앙지검 금융조사2부는~ 탈세의혹 자료를 넘겨받아 검토 중입니다.

국세청은 지난 8월부터 우리들 의료재단 계열사에 대해 세무조사를 벌여 '우리들 생명과학' 등이 10억여 원을 탈루한 정황을 잡은 것으로 알려졌습니다.

"대북 전단 살포 몸싸움"

일부 민간단체가 대북 전단을 살포하려 하자 진보단체들이 이를 <u>제지하면서</u> 양측 간의 충돌이 빚어졌습니다.

자유북한운동연합과 납북자가족모임은 오늘 오전 경기도 파주시 임진각 <u>인</u>

근에서 대북 전단 10만 장을 살포할 예정이었으나 한국진보연대 등 진보단체 회원들이 이를 제지하면서 양측 간의 심한 몸싸움이 벌어졌습니다.

　이 과정에서 박상학 자유북한운동연합 대표는 허공을 향해 가스총을 발사했으며 자유북한운동연합 회원이 휘두른 둔기에 진보단체 회원 1명이 부상을 입기도 했습니다.

진단

'빚어졌다'보다 '빚었다'가 힘차다. 한 문장에 팩트가 여러 개다. '~나' 와 '~서' 등으로 이어 너저분하다.

☞ 북한에 유인물을 날려 보내려는 단체와 반대 단체가 충돌을 빚었습니다.
　오늘 오전 경기도 파주시 임진각에서 자유북한운동연합 회원들이 유인물 10만 장을 북한으로 날려 보내려는 것을 한국진보연대 회원들이 막자 몸싸움이 심하게 벌어졌습니다.
　이 과정에서 진보단체 회원 1명이 둔기에 맞아 다쳤습니다. 박상학 자유북한운동연합 대표는 공포탄을 쏘기도 했습니다.

"박연차 회장 탈세 수사"

박 회장은 이와 관련해 100억여 원은 회사 돈이 아니라 박 회장 개인 돈이며 베트남 공장 등 해외사업을 확장하면서 사용하기 위해 마련한 돈이라며 비자금 조성 의혹을 부인한 것으로 알려졌습니다.

진단

'관련해'를 버리자. '박 회장'이 두 번이나 나오고 '돈이며', '돈이라며'도

겹친다. '하면서'도 거슬린다. 검찰수사에는 이런 기사가 태반이다.

☞ 박 회장은 100억 원이 베트남 공장 등 해외사업을 위해 마련한 개인 돈이지 비자금이 아니라고 말한 것으로 알려졌습니다.

복문인 날씨기사

날씨기사는 대표적인 복문이다. 맑겠지만 흐린 곳도 있다거나 흐리고 오후 한때 비가 오겠다는 등의 표현을 하기 때문이다.

오늘 밤과 토요일인 내일은 <u>전국이</u> 대체로 <u>맑겠지만</u> 바람이 <u>다소</u> 강하게 불겠습니다.
　기상청은 특히 강원 영동 지역과 영남 지방엔 건조주의보가 <u>발효 중이고</u>, 경북 영덕과 울진에는 강풍주의보까지 <u>내려졌다며</u> 화재 예방에 유의해줄 것을 당부했습니다.
　내일 아침 기온은 오늘과 <u>비슷하겠고</u> 낮 기온은 서울이 11도 등 전국이 8도에서 16도로 오늘보다 높겠습니다.

진단

'전국에'는 굳이 안 써도 통한다고 했다. '맑겠지만'은 흐름을 끊는다.
두 번째 문장은 복잡하다. '발효 중이고'와 '내려졌다며'로 이어간다. 정작 하고자 하는 말은 '화재 예방에 유의해줄 것을 당부'한다는 것이다. '당부'라는 표현을 고집할 필요는 없다. '경고했다'가 어떤가.
'비슷하겠고'도 되도록 쓰지 않는 게 바람직하다.

☞ 오늘 밤과 내일은 대체로 맑은 날씨에 바람이 세게 불겠습니다.

　기상청은 특히 건조주의보가 발효 중인 영동·영남 지역과 강풍주의보가 내려진 경북 지방에 화재 위험이 크다고 경고했습니다.

　내일 아침 기온은 오늘과 비슷하겠습니다. 낮 기온은 서울 11도 등 전국이 8도에서 16도로 오늘보다 높겠습니다.

어순을 반복해 맛이 안 나는 기사도 많다. 다음을 보자.

"전방 초소 내무반 폭발사고"
　강원도 최전방 초소 내무반에서 수류탄이 폭발해 잠을 자던 병사 5명이 중경상을 입었습니다.
　육군은 오늘 오전 1시 50분쯤 강원도 철원군 동송읍 육군 모 사단 예하 전방 초소 내무반에서 수류탄 1발이 폭발해 21살 이 모 이병이 머리 등에 중상을 입었고 21살 허 모 병장 등 4명은 경상을 입어 국군수도병원에서 치료를 받고 있습니다.
　육군은 병사 22명이 잠을 자고 있던 전방 초소 내무반에서 살상범위가 큰 세열수류탄 1발이 원인미상으로 폭발해 사고가 일어났다고 전했습니다.
　육군은 현재까지 조사 결과 대공 용의점은 없는 것으로 파악됐으며 정확한 사고 경위를 조사하고 있다고 밝혔습니다.

진단

'내무반에서~'가 3차례 잇따라 나온다. 어순을 똑같이 배열하고 살만 덧붙였기 때문이다. 이런 글은 매우 따분하다. 맛이 없다.
　'예하'나 '원인미상으로 폭발'은 군의 발표문을 그대로 옮긴 것이다.
　이 사안이야말로 군 당국이 정확히 밝혀야 '전할' 정도로 가볍지 않다.

마지막 문장의 '대공 용의점 없는 것으로 파악'과 '사고 경위 조사 중'은 내용상 매끄럽지 않은 연결이다.

☞ 육군 최전방 초소 내무반에 수류탄이 터져 잠자던 병사 5명이 중경상을 입었습니다.

오늘 새벽 1시 50분쯤 강원도 철원군 동송읍 육군 모 사단 소속 전방 초소 내무반에서 수류탄 1발이 폭발했습니다.

이 사고로 21살 이 모 이병이 머리를 크게 다쳤고 21살 허 모 병장 등 4명은 경상을 입었습니다.

육군은 사고 당시 내무반에는 병사 22명이 잠자고 있었고 폭발물은 살상범위가 넓은 세열수류탄이라고 밝혔습니다.

군 당국은 지금까지 조사한 결과 이 사건에 대공 용의점은 없다고 밝혔습니다.

정확한 사고 경위를 조사하는 것은 너무나 당연하다. 중문을 피하기 위해 생략하는 게 바람직하다.

다음은 어색한 진행형이나 한자어를 이용한 무리한 축약 어법을 남용한 예다.

"일제고사 반대 기자회견 잇따라"
내일 중학 1, 2학년생을 대상으로 하는 전국연합학력평가가 ① <u>치러질 예정인 가운데</u> 이른바 일제고사에 반대하는 단체들의 ② <u>기자회견이 잇따랐습니다</u>.

민주화를 위한 전국교수협의회와 교수노조 등 5개 교수단체는 오늘 ③ <u>서울시교육청 앞에서 기자회견을 열고</u> 일제고사 전면폐지와 교사에 대한 ④ <u>중징계 처분의 철회를 촉구했습니다</u>.

참가단체들은 현재 초·중등 교육에서 경쟁은 ⑤ **충분하다 못해 넘쳐나고 있고** 학생들이 <u>진이 빠진 채</u> 대학에 <u>진학해</u> 국가 경쟁력을 오히려 떨어뜨리고 있다고 지적했습니다.

진단

① '시험이 치러질 예정인 가운데'는 부자연스럽다. '치러질 예정인 상황이' 이어지고 있다는 뜻이겠지만 억지다. '치러질'은 어색한 피동형이다. 피하는 게 좋다.

② '기자회견이 잇따랐다'가 어떻게 리드의 주제가 되나? 기자회견이 열리는 게 중요한 게 아니라 시험을 취소하라고 촉구한 것이 핵심이다.

③ 기자회견은 '열어'라고 해야 부드럽다. 회견 장소는 그다지 중요하지 않다.

④ '중징계 처분의 철회를 촉구했다'는 잘못된 축약 습관이다.

⑤ '충분하다 못해 넘쳐난다'와 '진이 빠진 채'는 발표문에 의존한 결과다.

☞ 내일 중학교 1, 2학년생들이 볼 전국연합학력고사를 앞두고 반대하는 단체들이 시험을 폐지하라고 촉구했습니다.

민주화를 요구하는 전국교수협의회와 교수노조 등 5개 교수단체는 오늘 기자회견을 열어 이른바 '일제고사'를 폐지하고 교사에 대한 중징계를 철회하라고 요구했습니다.

단체들은 학생들이 지금도 지나친 교육 경쟁에 시달리다 대학에 진학해 국가 경쟁력을 떨어뜨린다고 지적했습니다.

유명인의 말을 전할 때 '면서'의 남용은 외신에도 많다. 팩트를 있는 대로 구겨 담는 대표적인 기사가 외신이다. 다음을 보자.

"버냉키, 주택압류 방지 추가조치 필요"

벤 버냉키 미 연방준비제도이사회 의장은 정부가 <u>주택압류의 급증을</u> 막기 위해 <u>부실 모기지 채권</u> 매입과 채무 재조정에 대한 인센티브 제공 등을 포함한 추가조치를 취해야 <u>한다면서</u> 주택압류 증가가 미국 경제침체를 부추기는 가장 중요한 요인의 하나라고 지목했습니다.

버냉키 의장은 FRB가 주최한 포럼에서 연설을 <u>통해</u> 중앙은행이 혼자 경제를 되살릴 수 <u>없다며</u> 올해는 금융위기 이전보다 배 이상 많은 225만 채의 주택이 압류절차에 <u>들어갈 수 있다면서</u> <u>이 같이 말했습니다.</u>

진단

나쁜 기사의 종합판이다. 길다. '~면서', '~며' 등으로 엮은 복문이다. '이 같이 말했다'까지 곁들여 엉망이 됐다. 몇 가지 팩트가 들었는지 모를 지경이다.

주택압류가 늘지 않게 하는 조치를 취하는 것이 중요하다는 것인지, 추가 조처가 중요하다는 것인지, 주택압류 증가가 경제침체의 적이라는 것이 중요하다는 것인지 모르겠다. 100자가 넘는다. 한 가지만 택하고 나머지는 버리든가 축약하자.

'통해', '~수 없다며', '~수 있다면서', '이 같이 말했다' 등 폐품이 누더기처럼 붙었다.

첫 번째 문장을 고쳐보자.

☞ 버냉키 미~ 주택압류를 줄이기 위해 정부에서 부실한 모기지 채권을 사들이는 등 추가 조처를 해야 한다고 강조했습니다.

☞ 버냉키 미~ 주택압류가 늘면 미국 경제가 침체된다고 지적하고 정부에서 모기지 채권을 사들이는 등 추가 조처를 해야 한다고 강조했습니다.

두 번째 문장도 서로 다른 팩트가 어색하게 얽혔다. 이렇게 고치면 어떤가.

☞ 버냉키 의장은 FRB 주최 포럼에서 올해는 금융위기 이전보다 배 이상 많은 225만 채가 압류될 것으로 예상돼 중앙은행만으로는 경제를 되살리기 힘들다고 말했습니다.

정치기사는 '들어갔다', '~면서' 등 상투적인 표현의 보고(?)다. 길어야 중후하다고 여기는 것인지 도무지 납득이 안 된다.

"국회 예산안 막판 줄다리기"
① 한나라당과 민주당, 선진·창조의 모임 원내대표는 잠시 뒤 9시 반부터 <u>최종 협상에 들어갑니다</u>.
② 사회간접자본 예산의 삭감 폭을 놓고 여야 대치가 <u>이어지면서</u>, 예결위 회의조차 열리지 못하자, 여야 대표가 <u>직접협상에 나선 겁니다</u>.
③ 25조 원에 달하는 사회간접자본 예산을 놓고, 당초 3조 원은 깎아야겠다던 민주당은 1조 원 삭감으로 한발 <u>물러났지만</u>, 대운하 의심 예산 일부와 대통령의 형 이상득 의원의 지역구 포항에 배정된 도로 예산은 반드시 삭감해야 한다고 주장하고 있습니다.
④ <u>하지만</u> 한나라당은 경기부양을 위해 사회간접자본 예산의 삭감액이 6,000억 원을 넘어서는 안 된다는 입장을 <u>고수하면서</u> 협상은 진통이 이어졌습니다.

진단
문장 전체가 '들어가고~, 이어지고~, 나서고~, 고수하면서~' 등으로 엮였다. 너무 어수선하다. 대조가 명쾌하지 않은가 하면 주어와 서술어도 호응하지 않는다. 과감하게 줄이자.

☞ ① ~마지막 협상을 합니다.

② 여야 대표는 사회간접자본 예산 삭감 폭을 놓고 여야가 계속 대치하자 직접 협상을 시작했습니다.

③ 민주당은 사회간접자본 예산 25조 원 가운데 3조 원을 깎으려다 1조 원 삭감으로 한발 물러났습니다.

민주당은 그러나 대운하 예산으로 의심되는 일부와 대통령의 형 이상득 의원의 지역구인 포항에 배정한 도로 예산을 반드시 깎아야 한다고 주장하고 있습니다.

④ '하지만'은 삭제하고 '고수하면서'는 '굽히지 않아~'로 바꾸는 게 낫다.

군의 보도자료에 의존하다 보면 그들만의 용어를 무분별하게 쓰게 된다. 다음을 보자.

"비무장 지대 초소서 술판"

비무장 지대 내 전방 초소에서 초소장과 부대원들이 술을 마시고 부대를 <u>무단 왕래한</u> 것으로 <u>드러났습니다</u>.

국방부는 강원도 철원 육군 3사단 전방 초소 부대원들이 지난해 12월부터 지난달까지 최소 3차례에 걸쳐 <u>불법 반입한</u> 술을 마신 것으로 <u>드러났다고</u> <u>밝혔습니다</u>.

초소장 송 모 중위는 휴가를 나간 소대원들을 통해 술을 몰래 들여와 옆 GP 초소장 임 모 중위의 생일 축하를 <u>핑계로</u> 술판을 벌인 것으로 <u>드러났습니다</u>.

육군 검찰단은 송 중위와 임 중위 등 GP 초소장 2명과 한 모 중사 등 부초소장 3명을 <u>경계근무명령 위반 혐의로</u> 구속하고 분대장 4명을 불구속 입건했습니다.

진단

말끝마다 '드러났다'고 한다. 3차례나 잇따라 썼다. '무단 왕래'니 '불법 반입'이니 군에서 제공한 보도자료에 나온 단어도 그대로 나열했다. '핑계'는 기사에 담기 민망한 용어다.

누가 그랬는지, 그래서 어떻게 됐는지가 궁금한데 맨 뒤로 돌려놨다. 미묘한 사건도 아닌데 군법위반 혐의까지 적을 필요는 없다.

☞ 육군 최전방 초소에서 장병들이 자주 술판을 벌이다 적발됐습니다.
　육군 검찰단은 강원도 철원에 있는 육군 3사단 전방 초소 소속 송 모 중위 등 초소장 2명과 한 모 중사 등 부초소장 3명을 구속하고 분대장 4명을 불구속 입건했습니다.
　이들은 지난해 12월부터 외부에서 술을 몰래 들여와 생일 파티를 하는 등 3차례나 술판을 벌인 혐의입니다.

"LG전자 일본서 냉장고 리콜"
　LG전자가 일본 시장에서 판매한 일부 모델 냉장고 4만 8,500여 대에 대해 리콜 조치를 취했습니다.
　LG전자 일본법인은 최근 홈페이지를 통해 소비자들에게 <u>이 같은</u> 리콜 사실을 공지했습니다.
　LG전자 관계자는 "문제가 된 제품은 일본에서만 판매된 것"<u>이라며</u> "콘덴서 결함에 따른 화재 위험이 <u>지적됨에</u> 따라 리콜 결정을 내렸다"고 설명했습니다.
　일본에서 LG전자 냉장고로 인한 화재는 지금까지 모두 7건이 <u>보고된 것으로</u> 알려졌습니다.

진단

'이 같은', '이라며', '지적됨에 따라', '보고된 것으로' 등 지저분하다. 특히 두 번째 문장은 별도로 쓸 필요 없다.

☞ LG전자는 일본에서 판 일부 모델 냉장고 4만 8,500여 대에 대해 리콜 조처했습니다.
　LG전자 측은 리콜된 냉장고 모델이 콘덴서의 결함으로 화재 위험이 지적됐다고 밝혔습니다.
　LG전자의 냉장고 화재는 지금까지 7건으로 알려졌습니다.

"겨울철 재개발 지역 철거 금지"
　① 겨울철에는 뉴타운 등 서울 지역의 주택 재개발이나 도시 환경 정비 사업 대상지에서 세입자들이 살고 있는 건물에 대한 강제 철거가 금지됩니다.
　② 서울시는 이 같은 내용을 담은 세입자 보호 대책을 마련해 다음 달부터 시행한다고 밝혔습니다.
　③ 이에 따라 재개발사업조합은 겨울철인 12월부터 이듬해 2월까지 세입자가 있는 주택을 원칙적으로 철거할 수 없게 되고, 철거 작업을 하려면 사업구역 내의 일정 장소로 세입자들을 임시 이주시켜야 합니다.

진단

　① 리드에서 '~됩니다'형은 되도록 능동으로 바꾸자. 주어인 건물에 대한 수식이 너무 장황하다.
　② '이 같은 내용을 담은'과 '밝혔다'도 부적절하다. 시정 뉴스를 거창하게 밝힐 필요까지는 없다.

③ '철거할 수 없게 되고'는 부정적인 가능성이다. 버려야 할 표현이다.

간단한 내용이다. 겨울엔 강제 철거하지 않고 부득이한 경우엔 임시 거주 시설을 마련해준다는 소외계층 보호책이다.

☞ 재개발이나 도시 환경 정비 사업 대상지의 건물은 겨울철엔 강제로 철거하지 않습니다.
　서울시는 재개발사업조합이 다음 달부터 내년 2월까지 세입자가 있는 주택을 철거하지 못하게 하고 불가피할 땐 임시 거주 시설을 제공하도록 했습니다.

정부 부처의 보도자료를 별 생각 없이 그대로 옮겨놓은 기사도 있다. 관보인지 기사인지 분간이 안 간다. 다음을 보자.

"산재 예방 소홀 사업장 공개"
　① 노동부가 산업 재해 예방을 소홀히 한 사업장 228개의 명단을 노동부 홈페이지를 통해 공개했습니다.
　　② 이번에 공표된 산재 예방 불량 사업장은 2007년 기준으로 동종 업종 평균 재해율 이상인 사업장 가운데 재해율 상위 5% 사업장이 176개, 사망 재해 2명 이상 또는 중대 재해 2건 이상이 발생한 사업장이 38개, 산재 발생 보고 의무를 2회 이상 위반한 사업장이 9개, 주민과 환경에까지 영향을 미친 중대 산업 사고가 발생한 사업장이 5개 등입니다.
　　③ 지난 2004년 산재 예방 불량 사업장 명단 공표제도가 시작된 이후 지금까지 불량 사업장으로 발표된 사업장은 모두 920개 업체입니다.
　　④ 노동부는 공표제도의 실효성을 높이기 위해 발표 시기를 7월 초로 앞당기

고 해당 사업장에 대한 사법처리를 강화하며 안전보건 개선 계획을 수립하도록 지도할 방침입니다.

진단

한 기사에서 '사업장'이 9번이나 나왔다. 두 번째 문장에서만 5번, 세 번째에서도 2번이다. 숫자투성이다. 기사가 아니다. 관보도 이보다는 낫다.

① 리드 문장으로 부적절하다.
② 이렇게 긴 문장을 본 적이 있는가? 150자가 넘는다. 아마 사상 최장 기사문장이 아닐까 싶다. 기네스북 감이다. 나누고 또 나누고 줄여야 한다.
③ 주어 '사업장'을 길게 수식했다.
④ '앞당기고', '강화하며', '안전보건 개선 계획을 수립하도록' 등이 얽히고설켰다.

☞ 지난해 산재 예방을 소홀히 한 업체가 200여 군데에 달했습니다.
　노동부가 오늘 홈페이지에 공개한 산재 예방 불량 사업장은 재해율이 동종 업종에서 평균을 넘는 업소로 모두 228개입니다.
　이 가운데 176개 사업장이 상위 5%에 들고 사망 재해 2명 이상 또는 중대 재해 2건 이상인 곳이 38개, 산재발생 보고 의무를 2회 이상 위반한 곳이 9개 등입니다.
　불량 사업장으로 공개된 업체는 지난 2004년부터 지금까지 920개에 달합니다.
　노동부는 공표제도의 실효성을 높이기 위해 발표 시기를 7월 초로 앞당기고 사법처리를 강화할 방침입니다.

5. "고치지 않으면 고쳐지지 않아"

지금까지 기사를 나쁘게 만드는 요소들을 추려 다듬는 훈련을 했다. 공감하는 부분도, 그렇지 않은 부분도 있을 것이다. 사람마다 감이 다르기 때문이다.

예컨대 "물가가 올랐는데도 불구하고 봉급은 인상되지 않았다"는 문장에서 '불구하고'가 거슬리는 사람이 있는가 하면 대수롭지 않다고 여기는 사람도 있다. "오늘은 전국이 맑은 가운데 곳에 따라 흐린 곳도 있겠습니다"라는 기사에서 '가운데'와 '곳도 있겠습니다'가 듣기 거북한 사람이 있는가 하면 뭐 날씨기사 다 그런 것 아니냐고 여기기도 할 것이다.

사람마다 감이 다르다는 것을 글도 '제멋대로' 써도 되는 것으로 오해해서는 곤란하다. 감이 그런 사람들은 얼른 생각을 고치기 바란다. 고치지 않으면 고쳐지지 않는다.

지난 1996년 도쿄 거리에서는 매우 흥미 있는 광고가 보였다. 대형 스크린에서 반복하던 내용은 이렇다.

> 젊은이 : 아직 인터넷 모르는데 너무 늦지 않았나요?
> 내레이션 : 시작하지 않으면 시작되지 않아!
>
> 주부 : 이 아이에게 컴퓨터 사주면 성공할까요?
> 내레이션 : 시작하지 않으면 시작되지 않아!

한 컴퓨터 생산업체가 PC 신제품을 선전한 광고였다. 당시만 해도 컴퓨터 사용이 보편화되지 않았던 시절의 얘기다.

글 습관이야말로 고치지 않으면 고쳐지지 않는다. 잘 굳어버리는 병이다. 단신에 자신이 없으면 다음 리포트 편으로 들어가지 말아야 한다. 기초를 다지지 않고 리포트를 하는 것은 '천자문'을 익히지 않고 『명심보감』이나 『논어』를 읽는 것과 같다.

다음의 두 리포트를 보면 기본기가 얼마나 중요한지를 알게 될 것이다.

"때 아닌 '곤쟁이 떼' 출현"
〈앵커 멘트〉 한겨울 서해안 백사장에 작은 새우처럼 생긴 곤쟁이 떼가 몰려드는 진풍경이 펼쳐졌습니다. 수천 마리 갈매기 떼와 관광객들이 횡재를 했습니다. ○○○ 기자가 취재했습니다.

〈리포트〉 새우와 비슷하게 생긴 붉고 투명한 곤쟁이가 그물마다 ① <u>넘쳐납니다</u>.
때 아닌 곤쟁이 떼 출현에 ② <u>수천 마리의 갈매기가</u> ③ <u>먹이 사냥에 나서</u> 바다 위를 가득 메웠습니다.

뜰채에 바구니까지…… 주민들은 곤쟁이 잡이에 신이 났습니다.

〈인터뷰〉 김복순: 새해에 이렇게 복을 많이 주시니 감사하죠. 좋은 일이 생기려고 그렇겠죠. 안 그러나요?

즉석에서 부쳐 먹는 부침개는 별미 중에 별미입니다.
관광객들도 가던 길을 멈추고 톡톡 튀어 오르는 곤쟁이 ④ <u>구경에 나섰습니다</u>.

〈인터뷰〉 신동주: 처음엔 징그러워서 싫었는데 이제는 재밌어요.

곤쟁이 떼는 주로 3~4월경 경북 포항과 울진 앞바다에서 ⑤ 목격됩니다.
한겨울에 서해안까지 떼로 몰려온 것은 매우 드문 일입니다.
수산연구소는 바다의 고수온과 관계가 있는 것으로 ⑥ 보고 있습니다.

〈인터뷰〉 김종빈(국립수산과학원 어업자원과): 지금 연안 수온이 11도 정도로 평균 수온보다 약간 높은 상태고……

수산연구소는 산란기를 맞은 곤쟁이 떼가 강한 파도에 떠밀려 해변과 백사장으로까지 올라온 것으로 ⑦ 보고 있습니다.

진단

세련미가 없다. 부적절한 표현들을 그대로 답습했다. 구성도 허술하다.

① '넘칩니다'로 하면 그만이다. '넘쳐'에 늘 '나다'를 붙이는데 상투적이다. 화면도 썩 넘쳐 보이지 않았다.

② 정확성이 없다. 그냥 '갈매기 떼'로 표현하면 적절하다. 앞에 (곤쟁이) 떼가 있으니 '갈매기들'로 하는 게 적절하다.

③, ④ '먹이 사냥에 나서고', '구경에 나서다'는 무턱대고 쓰는 상투어 답습이다. 가던 길을 멈추고 어떻게 나서나?

☞ 먹이 사냥을 하느라
☞ 풍경을 즐깁니다.

⑤ 한자어 '목격'에 피동형 '되다'는 자주 쓰는 잘못이다. '나타납니다'로 하면 끝이다.

⑥, ⑦ '보고 있습니다'를 반복 사용했다. 한 번은 다른 표현을 쓰는 게 낫다. "~고수온의 영향 때문으로 추정했습니다"라고 하면 어떨까.

"'고속도로 마비'… 화 키운 늑장 대응"
〈앵커 멘트〉 설 연휴 귀성길에 고속도로에 갇혀 고생하신 분들 많으시죠. 폭설 탓도 있지만 도로공사의 허둥지둥 늑장 대처가 화를 키웠다는 비판이 높습니다. ○○○ 기자입니다.

〈리포트〉 서울에서 목포까지 17시간이 걸린 최악의 귀성길, 꽉 막힌 고속도로는 ① <u>말 그대로 거대한 주차장</u>이었습니다.

〈인터뷰〉 송하빈(경기도 김포시): 저속도로지 이게 무슨 고속도로예요. 이럴 거면 요금을 받지 말든가 합리적으로 해야죠.

② <u>이 같은 교통대란은 도로공사의 늑장 대응이 한몫했습니다.</u>
   ③ <u>폭설이 시작된 건 24일 새벽 6시쯤.</u> ④ 하지만 한국도로공사는 눈이 이미 30cm 넘게 쌓인 오후 2시에야 본격적인 제설작업을 위한 직원 비상소집을 시작했습니다.
   ④ <u>게다가</u> ⑤ <u>시기를 놓친 요금소 진입 통제</u>는 상황을 더욱 악화시켰습니다.

〈인터뷰〉 도로공사: 눈이 50cm 이상 와서 제설 장비를 많이 투입했지만 지연된 측면이 있습니다.

국도에서는 관리기관 간에 관할구역을 따지다 장비와 인력이 효율적으로 투입되지 못했습니다.

⑥ 피해가 집중된 ○○ 지역의 총 국도 연장은 600km가 넘지만 제설을 위해 투입된 중장비는 서부지역을 관할하는 ○○ 국도유지관리사무소가 보유한 15대뿐이었습니다.

인접한 ○○ 국도유지관리사무소의 인력과 장비를 지원받지 못했기 때문입니다.

⑦ 이 때문에 이번 폭설기간 동안 피해가 집중된 ○○ 지역에 ⑧ 뿌려진 염화칼슘은 불과 210톤, 비축분의 10분의 1에도 못 미칩니다. 모래나 소금 등 다른 제설자재도 마찬가지입니다.

〈인터뷰〉 박웅구(국토관리청 주무관): 눈이 너무 많이 오면서 저희가 가진 장비를 모두 투입했음에도 못 미친 감이 있습니다.

⑨ 지난 2004년에도 폭설로 교통대란을 겪은 도로공사와 국토관리청.
⑩ 하지만 ⑪ 경험을 살리지 못하고 이번에도 여전히 우왕좌왕하며 ⑫ 늑장대응과 안이한 대처를 되풀이해 귀성길을 더욱 힘들게 했습니다.

진단
① 낡은 상투적 표현이다.
② 자주 쓰는 나쁜 표현이다. 주어와 서술어가 분명하지 않다.
☞ 도로공사의 늑장 대응이 교통난의 한 원인이었습니다.

③ 사고 시각으로 토막 낸 문장이다.
☞ 폭설은 24일 새벽 6시쯤부터 내렸습니다.

④, ⑦, ⑩ '하지만', '이 때문에', '게다가' 등의 접속사는 불필요하다.
⑤ 어법에 안 맞는 나쁜 표현이다.
☞ 요금소 통제시기를 놓쳐 상황이 더 악화됐습니다.

⑥ 팩트가 뒤죽박죽 섞였다.
☞ 서해안 국도 600여km에 투입된 제설용 중장비는 15대에 지나지 않았습니다. ○○ 국도유지관리사무소가 인접한 ○○ 관리사무소의 지원을 받지 못한 탓입니다.

⑧ 피동형이다.
⑨ 문장 토막 내기다.
☞ 도공과 국토관리청은 지난 2004년에도 교통대란을 겪었습니다.

⑪ 좋은 일도 아닌데 '경험을 살리지' 못했다니 어색하다. 생략하자.
⑫ 자주 쓰는 나쁜 표현이다. 문어체도 아니고 구어체도 아니다.
☞ 이번에도 효과적으로 대처하지 못해~

이상의 두 리포트에서 봤듯이 단신기사를 다듬지 않으면 리포트가 무너진다. 구성은 그 다음에 논할 문제다. 단신이 자신 없는 사람은 다시 처음으로 되돌아가 복습하기 바란다. 아니 더 후진해 글쓰기 기본부터 익혀야 한다.

여기서 이외수 씨가 권하는 특이한 글쓰기 훈련법을 소개한다.

그는 처음 글을 배우기 시작했을 때 그의 스승에게 황당한 과제를 받았다고 한다.

'나는 깃발이다', '나는 달팽이다', '나는 사막이다' 등의 문장으로 시작되는 글을 노트 한 장 분량으로 써내라는 것이었다. 그는 골방 구석에서 끙끙대고 이 작업을 반복했다고 한다. 그 결과 어느 날 자신은 유력 일간지의 신춘문예 당선작가로 변신해 있더라는 얘기다.

그는 깃발이 되어 펄럭거리며 바람의 온도를 느꼈고, 달팽이가 돼 피부에 말려드는 모래알의 감촉을 느꼈고, 사막이 돼 바람에게 등을 내어줄 때의 고요함을 맛봤다고 한다.•

그의 글쓰기 훈련은 감성과 감각이 터질 때까지 풍부하게 키워야 한다는 가르침이다. 정말 놀랍다. 글이란 그런 혹독한 훈련까지 받은 뒤에야 쓰는 것이라는 데 고개를 숙인다.

잘못된 글쓰기 습관을 고치려 애써야 한다. 그래야 진도가 나간다. 아무리 늦어도 늦지 않다.

"고치지 않으면 고쳐지지 않아!"

• 이외수, 『글쓰기 공중부양』, 302쪽.

03 리포트 문장론

단신이 문장이라면 리포트는 책이다. 문장을 적절하게 활용해 구성해야 책이 된다. 기승전결을 어떻게 하느냐에 따라 글의 맛이 다르다.

리포트 기사와 단신기사는 어떻게 다를까? 한마디로 말하면 크게 다르지 않다. 기본은 '글쓰기'와 '단신기사' 작성 테크닉이다. 앞서 지적했던 모든 원칙이 포함된다. 단문과 수식어 그리고 가끔은 중문 등을 잘 배열해야 한다는 점이 다르다. 리듬감을 살리기 위해서다. 글자 수로 보면 15자, 10자, 25자, 12자 등으로 조화를 이뤄야 한다. 다음 스케치 기사를 보자.

눈이 온 산을 덮었습니다.
모든 길이 끊겼습니다.
어디가 어딘지 모릅니다.
인적도 끊겼습니다.
새들도 모두 자취를 감췄습니다.
설국입니다.

이렇게 기사가 짧으면 그림이 쫓아가기 어렵다. 생각도 따라가기 힘들다. 호흡 조절도 쉽지 않다. 그림과 그림 전환을 염두에 두고 길이를 어느 정도 조절해야 한다. 좋은 그림이 있는 부분은 문장을 추가하거나 포즈를 두고 음악이나 현장 음을 삽입하기도 한다.

약간 늘려 보자.

온 산이 하룻밤 사이 흰 옷으로 갈아입었습니다.
길이 끊겨 어디가 어딘지 분간이 안 갑니다.
(잠시 포즈: 음악 삽입)
인적이 끊긴 데 이어 새들의 날갯짓도 멈췄습니다.
설국…… 말 그대로 눈천지입니다.

여기서 주의해야 할 것은 '~고'나 '~에 이어' 등을 쓰면서 두 가지 사실을 연결할 때다. '~이 없고, ~도 없다'에서 없다는 사실은 두 가지여도 그림은 한 가지로 가능하다.

'~이 있고, ~도 있다'의 형태는 다르다. 서로 다른 그림 두 가지를 이어붙여야 하기 때문에 단절감을 준다. 이럴 때는 문장을 나눠야 한다.

예를 들면 '인적이 끊긴 데 이어 새들의 날갯짓도 멈췄다'는 둘 다 '없는 상황'이라 그림이 튈 염려가 없다.

반대로 '인적이 나타난 데 이어 새들도 보인다'의 화면은 사람과 새가 잇따라 붙게 돼 단절감을 준다는 얘기다. 따로 취급해야 맛이 산다. 이런 것은 감각적으로 판단해야 한다. 글은 읽는 사람의 머릿속에 그림을 그리게 한다는 점을 잊지 말자.

1. 리포트 문장의 나쁜 친구들

리포트 기사를 매끄럽게 구사하려면 당연히 단신기사 실력이 탄탄해야 한다. 리포트를 듣다 보면 주어와 서술어가 애매하거나 상투적인 표현이 뒤범벅된 '까칠한' 문장이 많다. 이미 낡을 대로 낡아빠진 표현들을 흉내 내기도 한다. 다음에 소개하는 것들은 정석처럼 쓰는 '비정석' 표현들이다.

토막 난 첫 문장

첫 문장의 서술부 어미를 싹둑 잘라버리는 기법이 언제부턴가 리포트의 정석처럼 굳었다. 전체 리포트의 절반가량이 이런 토막 문장으로 시작한다. 귀에 거슬린다. 공손해 보이지 않는다. 시청자에 대한 예의에도 어긋난다.

어느 기자에게 왜 그러는지 물었더니 '읽기가 편해서'라고 했다. 방송을 자기 편한 대로 한다는 뜻인지 납득하기 어렵다.

토막 문장은 주로 장소나 인물을 설명할 때가 많다. 시각이나 대상, 심지어 상황을 설명할 때도 자주 등장한다. 단순히 읽기가 편해서일까? 달리 표현할 묘수를 찾지 못해서일 것이다.

장소 묘사
- 서울의 한 대학병원.
- 기암괴석들이 가을 색으로 단장한 속리산 정상.
- 마치 폭격을 맞은 듯 처참하게 파괴된 도시.
- 설원으로 뒤덮인 지구 최남단 남극.
- 내년 10월 입주를 앞두고 공사가 한창인 경기도 고양시의 한 아파트.

- 운동신경이 서서히 마비되는 희귀 불치병과 싸우던 유어트 씨.

인물 묘사

- 병원에 입원 중인 홍길동 씨.
- 이명박 정권 창출의 일등공신이면서도 총선에서 패한 이재오 전 의원.
- 머리에서 가슴까지 사랑이 내려앉는 데 70년이 걸렸다는 김 추기경.
- 빼어난 외모로 뭇 여성들의 마음을 빼앗고 있는 네 남자.

대상이나 분위기 묘사

- 신라인의 혼이 깃들어 있는 석굴암.
- 반도체 경기침체 등으로 큰 어려움을 겪고 있는 하이닉스반도체.
- 여성 팬들의 몰려드는 사인 공세와 이용대를 연호하는 응원의 목소리.

시각 묘사

- 사고가 난 건 새벽 2시쯤.
- 불이 난 시각은 밤 11시쯤.

기본적으로는 도입부에 고민을 하지 않기 때문에 생기는 문제다. 리포트의 첫 문장을 쓰는 것이 얼마나 어려운지를 반증하기도 한다. 남들과 다른 참신한 시도가 아쉽다. "내가 가니 길이 됐다"고 한 알렉산더의 명언이 떠오른다. 다음 예문들을 고쳐보자.

"장애인 등친 분양 투기꾼 적발"
부부가 함께 짊어진 장애 때문에 10년 가까이 한 달 40여 만 원의 정부 지원금에만 의지해 생활해온 유 모 씨.
☞ 다리가 불편한 유 모 씨는 한 손을 못 쓰는 아내와 함께 한 달에 40여 만 원씩 정부 지원금을 받습니다. 벌써 10년째입니다.

"아파트 공사 중단 속출"
1,000여 세대가 살던 경기도 부천의 한 아파트 재건축 공사 현장, 철거된 잔재만 곳곳에 쌓여 있습니다.
☞ 1,000여 가구 주민이 살던 아파트의 재건축 공사장이 철거 잔해만 쌓인 채 조용합니다. 석 달 전에 공사가 중단됐기 때문입니다.

"기부 문화, 생활 속 나눔 실천"
강원도 횡성의 시골 마을. 10살 현진이가 휠체어에 몸을 뉘인 채 방문교사와 공부를 하고 있습니다.

첫 화면에 마을 전경이 나와야 하기 때문에 주어를 되도록 문장의 뒤로 돌리는 게 낫다.

☞ 강원도 횡성의 한 산골 마을에는 몸이 불편해도 꿈 많은 어린이가 있습니다. 10살 현진입니다. 방문 교사와 공부하는 시간이 더없이 행복합니다.

"英, 안락사 장면 방영 '논란'"
영국의 스카이 리얼 라이브즈 채널을 통해 방영된 다큐멘터리 〈죽을 권리〉의

주인공 59살 <u>크레이그 유어트 씨.</u>
　2년 전부터 불치의 운동신경세포 병으로 전신이 마비돼 고통을 겪다 스위스로 건너가 존엄사를 택했습니다.

스케치가 전혀 없어 낙제점이다. 주인공의 죽기 직전의 모습을 잠깐 묘사해야 한다. 사연은 나중이다.

☞ 다큐멘터리의 주인공인 59살 크레이그 유어트 씨가 숨을 거두기 사흘 전의 모습입니다. 얼굴은 몰라보게 야위었습니다. 산소호흡기가 유일한 생명선입니다.
　그는 2년 전 불치의 운동신경세포 병으로 전신이 마비됐습니다.

"물을 지켜라"
저수용량 3,100만 톤의 <u>하동호</u>. 지리산 줄기를 흐르던 넓은 계곡은 이제 실개천이 돼버렸습니다.(중략)
　경남 창녕의 한 <u>저수지</u>. 저수지 바닥을 주민들이 길로 이용합니다.

현재의 저수량이 없어 아쉽다. 있다면 3,000만 톤이 넘지만 요즘엔 (얼마도) 안 된다는 등으로 도입하면 좋았을 것이다.

☞ 하동호의 저수용량은 3,000만 톤이 넘지만 (몇 년) 전부터는 절반 수준으로 떨어졌습니다. 지리산의 넓은 계곡이 메말라 실개천으로 변한 탓입니다.(중략)
　경남 창녕의 이 저수지도 오래전에 바닥을 드러냈습니다. 이젠 주민들이 다니는 길입니다.

"강호순, 7명 연쇄살인 자백"
여대생을 납치 살해한 뒤 증거를 없애기 위해 시신까지 훼손하는 주도면밀함을 보인 피의자 강호순, 그의 손에 살해된 사람이 여섯 명이나 더 있었습니다.

가장 나쁜 도입이다. 도입이 잘못되니 문장도 나오지 않는다. 첫 문장은 무의미한 설명이고 두 번째 문장은 바로 앞 앵커 멘트에서 나온 얘기다. 이 리포트의 도입은 당연히 추가 발굴 현장에서 시작해야 한다.

☞ 비탈진 야산을 파자 심하게 훼손된 시신이 나옵니다. 2년 전에 실종된 40살 백 모씹니다. 여기서 (얼마쯤) 떨어진 산 등 다른 3군데에서도 시신들이 나왔습니다. 모두 강호순이 자백한 장솝니다.

흉악범의 얼굴 공개

연쇄살인범 강호순의 범죄행각이 드러나자 흉악범의 얼굴을 공개하고 사형에 처해야 한다는 여론이 들끓었다. 경찰은 국가인권위원회의 권고에 따라 경찰청 훈령으로 공개를 거부했다.
　언론사들이 다투어 강호순의 얼굴을 공개하자 또 다른 부작용이 생겼다. 그 자녀들에 대한 '연좌제'라는 비난과 함께 '혐오감'을 준다는 점이었다. 이 문제는 국민감정과 인권 사이에 아직 정리되지 않은 갈등이다.

상황까지도 토막 내 반복하는 리포트도 많다. 어이없다.

"여야 진통 끝에 예산안 처리 합의"
① 어제 하루만 다섯 번에 걸친 협상과 결렬이 이어진 상황.

〈녹취〉 홍준표(한나라당 원내대표): 예산안 처리 내년쯤 하겠다는 것이나 마찬가집니다.

⟨녹취⟩ 원혜영(민주당 원내대표): 협상을 안 하겠다는 겁니다.

오는 9일 처리를 주장한 한나라당과 선진·창조의 모임이 이를 반대하는 민주당과 맞서면서 ② <u>급기야</u> 충돌이 벌어집니다.

  ③ <u>어제 오후 기획재정위 앞 소동.</u>

  국회의장이 중재에 나서면서 여야는 오는 12일 예산안을 처리하기로 잠정 합의했습니다.

진단

① 리포트를 시작하자마자 '~한 상황'이라고 싹둑 자르더니 녹취로 이어진다. ③ 중간쯤 가서는 '~한 소동'이라고 마침표를 찍었다. 매우 어색한 리포트다. ② '급기야'라는 한자어도 거슬린다.

말꼬리를 자르면 아이템에 따라 어울리는 것도 있다. 특히 중간에 한 번쯤 쓰면 박진감을 주기도 한다.

~그러기를 10여 차례. 김 씨는 마침내 실행에 옮기기로 결심합니다.

전체 리포트의 반 가까운 토막 문장

이 책을 쓰면서 가장 고민스러운 부분은 바로 '토막 문장'이다. 상당수의 기자들 사이에 '정석'처럼 통용되고 있는 기법을 어떤 논리로 달리 설득해야 할지 난감하다. 중요한 것은 그런 리포트가 너무 많아 하룻밤 뉴스에서만 수

차례 들어야 한다는 점이다.

  다음은 2009년 3월 중순 어느 날 K사의 9시 뉴스에 나온 실례다. 전체 리포트 아이템 33개 가운데 13개에서 이런 기사를 구사했다. 전체의 절반에 가깝다(번호는 리포트 아이템의 순서).

⑫ 이 때문에 오늘 열린 한국은행의 금융통화위원회.
  두 시간 가까운 치열한 토론 끝에 기준금리 2%의 동결을 결정했습니다.

⑮ 농협이 운영하는 충북 옥천의 '포도주스' 제조공장.
  식약청 단속반원들이 공장 내부를 수색하자 '적색 2호 색소'가 발견됩니다.

⑯ 울산 삼성정밀화학에서 불이 난 것은 오늘 오후 3시 20분쯤.

⑰ 불이 난 시각은 어제 낮 12시 52분.

⑲ 사고가 난 것은 오늘 새벽 0시 45분쯤.
  렌터카인 사고 차량에는 6명이 타고 있었습니다.

㉓ 간부의 성폭력 사건으로 지도부 총사퇴라는 초유의 사태를 겪은 민주노총.
  안팎에서 높아진 위기의식은 오늘 열린 대토론회에 그대로 반영됐습니다.

㉕ 서울 강북에서 성업 중인 한 안마시술소.

〈녹취〉 ○○ 안마시술소 직원: 서비스 한번 받아보세요. 사우나에서 확인을 다

해드려요. 원하는 스타일 다 말씀하시면 저희가 (맞춰드려요.)

성매매를 권합니다.
   4층짜리 건물에 방은 수십 개, 여자 직원만 수십 명입니다.

㉗ 매년 수만 마리의 철새들이 쉬어가는 인천 송도 습지.
   갈대숲을 헤치고 들어가자 죽은 새들이 널려 있습니다.
   2시간 동안 수거한 철새 사체만 100여 마리.

〈인터뷰〉 환경단체 관계자: 3~4일에 한 번씩 나와보면 수십 마리씩 많게는 수백 마리씩 죽어 있어서 자루로 수거합니다. 새들이 너무 많이 죽어요.

철새들이 죽어나가기 시작한 것은 지난해 10월부터.
   무려 3,000마리가 넘습니다.

㉚ 다달이 55만 원.
   월세를 줄여보려고 8평 남짓한 원룸에 세 학생이 모여 삽니다.
   관리비는 철저히 N분의 1.

〈인터뷰〉 밖에 나가서 사먹으면 돈이 많이 드니까 집에서 어머니가 보내주신 음식 같은 거, 반찬 같은 거 해서 집에서 직접 해먹고 그래요.

어떻게든 아끼고 줄이려는 짠돌이 짠순이 대학생들.
   새 학기를 맞은 캠퍼스의 쓸쓸한 풍경입니다.

㉝ 이변이 속출하고 있는 만큼 강자도 약자도 없는 WBC 2라운드.

우리 시간으로 오는 16일부터 열전에 돌입합니다.

㉞ 경기 중반까지 최하위 KTF에 끌려간 삼성.

7연패를 끊고 오랜만에 연승 중인 KTF의 상승세는 매서웠습니다.

3위부터 7위까지 단 두 경기차.

5팀 중 탈락 팀 하나를 가려내는 6강 진출 경쟁은 여전히 안갯속입니다.

㊲ 신들의 정원으로 일컬어지는 세계의 지붕 히말라야 산맥.

이곳에 있는 8,000미터급 14개 봉우리는 아직 여성에게 정복이 허락되지 않은 미지의 영역입니다.

이 영광을 꿈꾸며 우리나라의 오은선 대장이 또 한발을 내딛습니다.

당면한 목표는 다음 주 칸첸중가 원정.

㊴ 오늘의 피겨여왕 김연아를 있게 한 캐나다 출신의 오서 코치.

세계 피겨 스케이팅 명예의 전당에 가입하는 영광을 안았습니다.

32득점으로 펄펄 날며 보스턴 전 승리를 이끈 마이애미의 드웨인 웨이드.

속공 기회에서 앨리웁 덩크로 연결하는 감각적인 패스까지 돋보였습니다.

토막 문장이 틀렸다고 말하기는 어렵다. 남발이 심하니 지양하고 다른 표현을 찾으려 노력할 것을 권유한다.

앵커 멘트와 겹치는 첫 문장

앵커의 멘트는 아이템을 소개하는 핵심적인 내용이다. 단신기사의 리드와 같은 맥락이다. 이는 사실 취재기자가 가장 하고 싶은 말이다. 남에게 주기에 아깝다. 그렇다고 리포트를 시작하자마자 앵커와 똑같은 말을 반복해서는 절대 안 된다. 시청자를 괴롭히는 일이다.

〈앵커 멘트〉 한국은행이 오늘 오전 긴급 금융통화위원회를 열어 금융시장 안정 대책을 논의합니다. 금리인하방안 등이 논의될 전망입니다. ○○○ 기자의 보돕니다.

〈리포트〉 한국은행이 오늘 오전 예정에 없던 긴급 금융통화위원회를 열어 금융시장 안정 대책을 논의합니다.

'예정에 없던'이라는 한마디가 덧붙었다.

〈앵커 멘트〉 검찰에서 12시간 동안 '마라톤' 조사를 받은 노무현 전 대통령의 친형 건평 씨에 대해 사전 구속영장이 청구됐습니다.
혐의를 전면 부인했지만, 검찰은 사안이 중대하고 증거 인멸 우려가 있다고 밝혔습니다. ○○○ 기자입니다.

〈리포트〉 검찰이 노건평 씨에 대해 사전구속영장을 청구했습니다. 구속 여부는 모레 영장실질심사를 거쳐 결정됩니다.

앵커 멘트에서는 '영장이 청구됐다'로 하고 리포트에서는 '영장을 청구했다'라고 주어만 바꿨다.

〈앵커 멘트〉 노무현 전 대통령 친형인 건평 씨가 세종증권 '매각 비리' 의혹에 연루돼 구속 수감됐습니다. 영장전담 판사는 범죄를 의심할 만한 상당한 이유가 있다고 판단했습니다. ○○○ 기자입니다.

〈리포트〉 노건평 씨가 오늘 저녁 서울구치소에 구속 수감됐습니다. 검찰조사 직후 혐의를 끝까지 부인하던 때와는 달리 체념한 듯 깊은 한숨을 내쉬었습니다.

〈앵커 멘트〉 이명박 대통령 취임 1주년을 앞두고 KBS가 여론조사를 실시했습니다. 이 대통령의 국정 지지도는 36.3%였습니다. 먼저 ○○○ 기자가 전합니다.

〈리포트〉 취임 1주년을 맞는 이명박 대통령의 국정지지도는 36.3%입니다.

〈앵커 멘트〉 유럽 중앙은행들이 경기 부양을 위해 일제히 기준금리를 인하했습니다. 유럽증시는 약보합으로 마감했습니다. ○○○ 특파원의 보돕니다.

〈리포트〉 유럽의 중앙은행들이 일제히 금리를 내렸습니다.

케케묵은 표현

진부한 표현들이 너무 많아 듣기에 민망하다. 신문에서도 이미 버린 표현들이 뉴스에는 아직도 남아 있는 것이 많다. 다른 표현을 개발해야 할 대상들이다.

초미의 관심사 ☞ 초미(焦眉)는 눈썹에 불이 붙은 위급한 상황이다.

초읽기에 들어갔다

공공연한 비밀

극심한 + 체증/침체/혼잡 ☞ 과장된 표현임. '큰' 또는 '심한' 정도가 무방함.

귀성/청약/전세 + 대란 ☞ 과장되고 선정적이며 객관성을 상실한 표현임.

비난이 빗발치다 ☞ 과장된 표현임. '비난하는 목소리가 높다'

귀가/입시/예매 + 전쟁 ☞ 과장된 표현임.

엄청난 ☞ 과장된 표현임.

스케치 때 빠짐없는 '만끽'

어린이들이 즐거워하면 '마냥~'

교통이 막히면 어김없는 '극심한 정체'

몸싸움이나 항의가 나오면 '격렬한'

붕괴사고 나면 어김없는 '폭격을 맞은 듯~'

귀성길에 어김없는 '고속도로가 거대한 주차장으로 변해~'

혼란한 상황이 나오면 '실전을(전쟁을) 방불케~' ☞ '방불(彷彿)'이란 거의 비슷하다는 뜻의 어려운 한자이다.

소비자 피해 하면 나오는 '피해는 고스란히~'

부족하면 '턱없이~'

수사를 확대하고 있다

온도를 나타낼 때 '기록했다'

범죄 수법에서 '치밀함을 보였다'

현장검증 때 '태연히 재연'

결사항전에 나서다

더위·추위가 '기승을 부린다'

해돋이 하면 '<u>장관을 연출한다</u>'

쟁점 하면 '<u>뜨거운 감자</u>'

인정이 <u>넘쳐난다</u>

대책 마련 하면 '<u>부심</u>~'

<u>폭발적인</u> 인기

승리를 <u>거머쥐었다</u>

역전승을 <u>거뒀다</u>

드라마에서 '<u>좌충우돌</u>' 인생사

넝마 같은 접속사

단신기사에서 설명했듯이 접속사를 슈아내야 글이 힘차다. 이 훈련이 안 되면 리포트에서는 더 자주 접속사를 남발한다.

"이천 냉동창고 불"

불은 지하 1층 냉장실에서 용접작업 중 튄 불꽃이 샌드위치 패널에 옮겨 붙어 일어났습니다.

　<u>그런데</u> 냉기가 새어나가지 않도록 하기 위해 창고의 모든 셔터문은 닫힌 상태였습니다.

　<u>이 때문에</u> 10미터짜리 통로를 사이에 두고 맞은편에 있던 냉장실 인부들은 불이 난 사실조차 몰랐을 것으로 보입니다.

　사방이 밀폐된 공간에서 패널 안 스티로폼이 내뿜는 검은 연기와 유독가스에 속수무책으로 당할 수밖에 없었습니다.

〈녹취〉 최진종(경기재난소방본부장): 셔터 문이 닫히면 완전 밀폐됩니다. 그래서 인명피해가 많은 이유가 출입 배기통로가 없다는 겁니다.

지난 1월에도 이곳에서 얼마 떨어지지 않은 냉동창고에서 불이 나 마흔 명의 사망자를 포함해 50여 명의 인명피해를 내는 등 최근 10년 동안 12건의 냉동창고 대형화재가 발생했습니다.
　<u>그러나</u> 여전히 냉동창고는 불길이 쉽게 번지는 샌드위치 패널로 지어지고 있고, 단열재인 우레탄폼이 유증기를 만들어내 불이 나면 속수무책입니다.
　<u>또</u> 냉동창고는 창문이 없는 폐쇄구조인 데다 보온을 위해 출입구를 닫은 채 작업합니다.

접속사가 너무 많다. 일단 모두 떼어내 버리자. 의미 전달에 아무런 문제가 없다는 걸 알게 된다. 다음엔 문장을 다듬어야 한다. 접속사를 안 쓰기로 원칙을 정하고 표현 방법을 바꾸면 답이 나온다.

☞ 불은 지하 1층 냉장실에서 용접작업 중 튄 불꽃이 샌드위치 패널에 옮겨 붙어 났습니다.
　창고 안의 냉기가 새어나가지 않게 모든 셔터는 닫힌 상태였습니다.
　10미터의 통로 맞은편에 있던 냉장실 인부들은 불이 난지도 몰랐을 것으로 보입니다.
　인부들은 스티로폼이 내뿜는 유독가스를 피하지 못합니다.

〈녹취〉 최진종(경기재난소방본부장): 셔터 문이 닫히면 완전 밀폐됩니다. 그래서 인명피해가 많은 이유가 출입 배기통로가 없다는 겁니다.

지난 1월에도 근처 다른 냉동창고에서 불이 나 40명이 숨졌습니다. 최근 10년 동안 냉동창고 화재가 12건이나 났습니다.

　창고 자재가 샌드위치 패널이고 단열재인 우레탄폼이 유증기를 만들어내기 때문에 불이 나면 손을 쓰지 못합니다.

　구조도 창문이 없는 데다 출입구를 닫고 작업을 합니다.

> **이천 냉동창고 화재 참사**
>
> 2008년 1월 경기도 이천에 있는 '코리아 2000' 냉동창고 지하실에서 유증기가 폭발해 불이 나 작업인부 40명이 목숨을 잃었다. 냉동실은 구조 특성상 출입문이 없고 완전 밀폐가 돼 대피통로가 없기 때문에 인명피해가 컸다. 안전 불감증이 빚은 대형 참사였다.

"한국 자동차 부품산업 저조"

〈앵커 멘트〉 우리나라는 생산량 세계 5위의 자동차 산업 강국입니다.

　하지만 자동차 성능을 결정하는 부품 산업은 선진국 수준과는 동떨어져 있습니다.

　우리 자동차 산업 성장의 발목을 잡고 있는 자동차 제작사와 부품회사 간의 왜곡된 시장 구조를 ○○○ 기자가 취재했습니다.

〈리포트〉 4년 동안 7만 킬로미터를 달린 차, 엔진 열이 급하게 올라가는 문제가 발생했습니다.

　냉각수를 순환시켜주는 워터펌프를 뜯어보니 날개가 시뻘겋게 녹슬어 있습니다.

　하지만 3배 가까이 더 주행한 외제차 워터펌프는 새것처럼 멀쩡합니다.

앞 문장과 역접을 할 때 '그러나'와 '하지만'을 자주 쓴다. 쓰지 않고도 문장 표현이 얼마든지 가능하다.

☞ 〈앵커 멘트〉 우리나라는 생산량 세계 5위인 자동차 산업 강국인데도 부품 산업은 선진국 수준과 거리가 멉니다.
　자동차 제작사와 부품회사 간의 왜곡된 시장구조 때문입니다. ○○○ 기자가 취재했습니다.

〈리포트〉 나온 지 4년 된 이 차는 최근 엔진 열이 급하게 올라가 애를 먹입니다. 주행거리는 7만 킬로미텁니다.
　냉각수를 돌려주는 워터펌프를 뜯어보니 날개가 시뻘겋게 녹슬었습니다.
　3배 가까이 더 달린 이 외제차의 워터펌프는 새것이나 다름없습니다.

'나와 있다'는 중계차

방송 뉴스에서 중계차는 현장감을 신속하게 전하는 대표적인 첨단장비다. SNG(Satellite News Gatherings)는 웬만한 오지라도 위성과 통할 수 있는 곳이면 전파가 터진다. 대형 사건사고 시 위력을 유감없이 발휘한다. 인쇄매체가 흉내조차 내기 어려운 영역이다.

중계차가 출동했을 때 뉴스를 보면 한결같은 말이 오간다. 어디에 중계차가 '나가 있다'는 앵커 멘트에 이어 어디에 '나와 있다'고 받는 기자의 멘트다. 식상할 수밖에 없다.

과거 중계 장비가 시원치 않았을 땐 방송사들이 타 방송사나 인쇄 매체를 의식해 의도적으로 그런 생색용 멘트를 썼다. 지금은 다르다. 방송 중계 장비가 첨단화됐고 시청자들의 수준도 크게 높아졌다. 굳이 생색을 내지 않아도 된다.

여의도 거리에서 추위나 눈 소식 등을 방송할 때를 보자.

〈앵커 멘트〉 기온이 크게 떨어졌습니다. 내일은 더 춥겠다는 예봅니다. 여의도에 중계차가 나가 있습니다. ○○○ 기자!

〈기자 멘트〉 네, 여의도에 나와 있습니다.

넌센스다. 방송국이 여의도에 있고 중계차도 여의도에 나갔다니 싱겁다. 기자는 장소를 언급하지 않는 센스가 아쉽다. "네, 추위가 아주 매섭습니다"는 식으로 받으면 어떨까.

"국회에 나와 있습니다"도 어색하다. 국회는 뜬금없는 장소가 아니라 아예 중계차가 상주하다시피 하는 곳이고 또 거리상으로도 가깝다. 산간오지 등 멀리 떨어진 현장에서 생방송을 할 때가 아니면 '나가 있다 + 나와 있다'는 표현을 피하는 게 좋다.

군더더기

<u>중계차가 나와 있는</u> 충남 보령의 현재 기온은 영하 13도, 부여는 영하 14도 <u>등이며</u> 대전 충남 지역은 대부분 영하의 기온을 <u>보이고 있는 가운데</u> 충남 보령, 부여, 서천 등은 한파주의보까지 내려졌습니다.

'중계차가 나와 있는~'은 군더더기다. '등이며', '보이고 있는 가운데' 등 중언부언이다. 단신기사 훈련이 더 필요하다.

중계차는 왜 갔는지?

왜 중계차가 동원됐는지 애매한 리포트도 허다하다. 중계차는 현장감을 100% 살리기 위해 출동한다. 도입부에서 현장 상황에 대한 스케치가 반드시 필요하다.

이 중계차 리포트는 사무실에서 미리 써온 기사를 그대로 줄줄 낭독하는 데 그쳤다.

네, <u>중계차가 나와 있는</u> 이곳 속초에는 현재 눈발이 많이 약해진 <u>상태입니다</u>.
　<u>하지만 일부 산간지역을 중심으로 여전히 굵은 눈발이 이어지고 있습니다.</u>
　현재 강릉과 동해, 삼척 등 강원 동해안과 산간 등 모두 13개 시·군에 대설주의보가 발효된 <u>상태입니다</u>.

'현재 눈발이 많이 약해진 상태'라는 표현 외에 생동감 넘치는 현장 스케치가 없다. 무엇이 그리 바쁜지 다음 문장이 멀리 산간 지역으로 가버렸다. 어떤 글이라도 이런 공간 개념을 머리에 그리며 써야 한다. 강릉 시내 도로에서 산간 지역에 굵은 눈발을 현재 진행형으로 말하는 것은 아무래도 어색하다. '~상태'는 버리자.

나쁜 온 마이크

온 마이크(브리지나 클로징)는 현장보도의 강점이자 방송기자의 매력이다.
즉석에서 해결해야 하는 시간적·상황적 제약이 따르기 때문에 고도의 감각이 필요하다. 시청자들은 이를 가볍게 듣지만 기자들의 중압감은 크다.
중요한 것은 기자의 온 마이크 역시 리포트에 포함될 문장이라는 점이다. 앞뒤의 연결 관계나 길이 등을 고려하는 순발력이 필요하다. 아주 어려운 일이다.

실패한 온 마이크들은 이렇다.

'따로국밥' 형

멘트 따로 현장 따로 형이다. 기자가 등장하는 현장과 멘트를 되도록 접목해야 한다. 약간의 액션을 곁들여야 자연스럽다. 청와대 뜰이나 국회 그리고 정부 부처 현판 앞은 별 의미가 없다.

거리에 서서 어려운 기사를 잔뜩 늘어놓는 기자도 있다. 현장은 내팽개치고 내용만 생각하고 기사를 써온 다음 적당한 장소에서 읽는 수법이다.

'스테레오타입' 형

- 문제는 ~하다는 데 그 심각성이 있습니다.
- 피해는 고스란히 소비자의 몫으로 돌아갑니다.

이런 온 마이크는 온 마이크로서의 가치가 없다.

'반 토막' 형

문장의 중간을 자르고 뒷부분만으로 시작하는 방식도 간혹 등장한다. 미리 써놨다가 너무 길었던지 앞부분을 생략한 것이다.

(민원인들의 편의는 무시한 채 잇속 챙기기에 급급한) 비양심적인 공무원들 때문에 국민의 혈세만 낭비되고 있습니다.

괄호 안을 생략하고 밖의 내용만 온 마이크 했다. 리포트 때는 앞부분을 녹음해 이어붙이다 보니 오디오의 높낮이가 일정치 않다. 이를 방송 속어로 '튄다'고 한다.

'접속사' 형

접속사로 시작하는 형태다. 이 방식도 원고를 미리 써온 결과다. 앞 문장을 모르고 어떻게 접속사를 생각해내겠는가? 원고를 쓴 다음에 하는 온 마이크는 현장감이 없다. 오직 연결만 생각한 것이다. '하지만', '그러나', '게다가' 등이 단골메뉴다.

- <u>하지만</u> 경찰은 ~할 입장임을 밝혀 ~가 불가피할 것으로 보입니다.
- <u>게다가</u> 주거용 비닐하우스 대부분은 보온용 천으로 덮여 있어 불이 나도 쉽게 대피하기가 어렵습니다.
- <u>하지만</u> 정부는 부동산 시장이 연착륙하지 않고 다시 급락세를 보이면, 언제든 이들 규제완화 카드를 주저 없이 빼들겠다는 입장입니다.

무의미한 내용

- 지금 경찰의 단속이 시작됐습니다. 따라가 보겠습니다.
- 시내 곳곳에서도 어린이날을 기념하는 다양한 행사가 이어졌습니다.
- 기자가 직접 해보겠습니다.
- 취재헬기는 경부고속도로 상공을 날고 있습니다.

2. 좋은 리포트의 조건

방송뉴스 리포트는 남이 평가하기 어려운 맹점이 있다. 스타일이 다양하다. 일종의 창작물이기 때문이다. 잘 보이지는 않아도 룰은 있다. 그것을 간파하지 못하면 평생 고생을 면하기 어렵다.

뉴스 리포트는 한 편의 짧은 영화와 같다. 구색을 갖춰야 한다. 매끄러운 기사에 영상과 인터뷰, 온 마이크 등이 적절하게 조화를 이뤄야 한다. 수필도 소설도 뜯어보면 장소와 상황과 직·간접 화법의 조화다.

잘못된 리포트들은 이런 공통점이 있다.

- 미숙한 기사
- 인터뷰 배치 실패
- 식상한 온 마이크
- 허술한 구성

모든 TV 제작물의 바탕은 영상이다. 화면에 맞춰 내용을 담는 형식이다. 기본적으로 화면이 먼저라는 얘기다. 뉴스는 좀 다른 구석이 있다. 영상과 조화를 이루면 좋아도 영상에만 의지하기 어렵다. 내용이 중요한 것도 많기 때문이다.

사건사고는 늘 현장 화면이 있기 때문에 우선 구성을 잘하는 게 중요하다. 그렇지 않을 때가 더 문제다. 즉, 화면은 없고 팩트만 있는 경우다. 사실 이런 리포트를 쓰기가 더 괴롭다.

뉴스 리포트는 보통 1분 남짓한 시간에 스치듯 흘러간다. 주의 깊게 보고 듣지 않으면 무슨 내용인지 모른다. 뉴스를 공부하듯이 눈이 빠지도록 들여다보는 시청자는 단 한 명도 없다. 슬쩍슬쩍 본다는 얘기다.

리포트 제작에 하루를 매달렸던 기자로서는 허탈한 일이다. 어쩔 수 없는 노릇이다. 방송의 속성과 시청자의 행태를 꿰뚫어야 극복할 길이 열린다. 시청자들이 주의를 기울이게끔 만드는 테크닉이 필요하다.

흔히 기자들은 기사 작성에 집착한 나머지 내용을 두고두고 볼 수 있는 것으로 착각하는 경향이 있다. 막상 방송이 될 때는 1회성으로 흘러가버린다는 사실을 망각한다. 기사 자체는 논리를 충분히 갖췄어도 방송을 통했을 때 흡인력이 없거나 전달력이 떨어지면 실패다.

TV 리포트는 영상을 염두에 두고 취재해야 한다. 취재한 영상은 기사에 충실히 반영해야 한다. 메시지는 특별하지 않더라도 영상이 썩 뛰어날 때도 많다. 그럴 땐 다른 내용을 과감히 줄이고 좋은 화면을 길게 쓸 방도를 찾아야 한다. 기사를 늘여야 한다.

좋은 리포트의 조건을 축약하면 다음과 같다.

❶ 시청자를 끌어야 한다(흡인력)
❷ 그림이 좋아야 한다(영상의 반영)
❸ 듣기 쉬워야 한다(매끄러운 기사)

여기에 '인상적인 멘트'가 한 번쯤 들어간다면 더없이 좋다. 뉴스가 끝나면 그 한마디만이 남을 때가 많다.

라디오 리포트는 어떨까? 사실은 TV보다 더 어려울 때가 많다. 그림이 흐르듯 문장을 매끄럽게 이어가야 한다. TV는 화면에 함몰되다 보면 정작 멘트는 잘 들어오지 않고 별로 남는 게 없다. 라디오는 소리만의 매체이기 때문에 전달력이 매우 강하다. 귀로는 듣고 눈이 아니라 머리로 상황을 그린다. 소설이나 수필 역시 같은 맥락이다. 독자의 머릿속에 그려질 영상을 생각하지 않으면 아름답고 논리적인 글을 쓰지 못한다.

도입부에서 판가름

영화나 연극에서 가장 중요한 것은 도입부다. 일단 관객을 끌어야 하기 때문이다. 시작할 때 관객의 눈을 사로잡지 못하면 이미 실패작이다.

뉴스 리포트도 마찬가지다. 도입부가 시원찮으면 채널은 이미 돌아간다. 시청자가 없는 방송은 무의미하다. 어떻게 해서든 시선을 잡아놔야 한다. 그러기 위해서는 첫 멘트를 어떻게 써야 할지, 첫 화면을 어떻게 꾸며야 할지가 가장 중요하다. 이를 흔히 피라미드 형과 역피라미드 형, 다이아몬드 형 등으로 설명한다. 그런 구도를 그림을 그려가며 외울 필요는 없다. 센스가 중요하지 '피라미드'가 중요하지 않다.

도입부가 제대로 잡히면 다음은 술술 풀린다. 기사 작성 시간이 1시간이라면 절반은 도입부를 구상하는 데 써야 한다. 고민하다 보면 30여 분을 한 줄도 못 쓰고 헤매기 일쑤다.

고민을 안 하면 이런 리포트가 나온다.

"겨울철 낙상환자 급증"
〈앵커 멘트〉 요즘처럼 날씨가 춥고 길이 얼어붙으면 낙상환자가 많습니다. 특히 뼈가 약한 노인, 그 가운데서도 여성이 많이 다치고 있습니다. ○○○ 기자가 보도합니다.

〈리포트〉 한 대학병원 응급실입니다.

요즘 이 응급실을 찾는 낙상 환자는 하루에 7명 정도. 여름철보다 2배 가까이 늘었습니다.

현장 취재를 전혀 하지 않았다. 이런 리포트가 의외로 많다. 적어도 변두리 비탈길을 찾아가 노인들이 어렵게 걷거나 미끄러지는 모습 등을 촬영하고 인터뷰도 해야 한다. 노인이 안 보이면 나타날 때까지 기다려야 한다. 미끄러운 빙판이나 연탄재를 뿌려놓은 언덕길 등을 화면에 담아 와야 한다. 그런 모습이 안 보이면 다른 동네로 가 찾아야 한다. 이것이 방송기자의 숙명이다. 병원은 그 다음이다.

이렇듯 도입부는 리포트의 기초다. 기본은 화끈한 것부터 던지거나 궁금증을 자아내면서 시작해야 한다. 또는 "아이구, 저게 뭐야?" 하고 혀를 끌끌 차는 안타까운 모습이 나와야 한다.

방송은 일방적인 전달 매체이기 때문에 다음에 나올 화면이나 내용까지 한눈에 들어오지 않는다. 지금 보이는 것, 그 가운데서도 처음 보이는 것이 가장 중요하다는 얘기다.

자 그럼 어떻게 시작해야 할까?

색다른 현장
'폐암환자 급증'이라는 주제로 리포트를 만든다고 하자. 도입부를 구상해 보면 여러 가지가 떠오른다.

㉠ 술자리에서 마구 피워대는 골초들
㉡ 사형선고를 받고 입원 중인 폐암환자

ⓒ 담배 공장의 생산라인
　　ⓔ 고 이주일 씨의 금연 광고

　확보된 화면이 어떤 것이냐에 따라 다르기는 해도 ⓒ을 제외하고는 일단 평범하다. ㉠, ㉡, ㉣은 누구나 생각하기 쉬운 구태의연한 화면이다. 그런 방식으로는 아무리 탄탄한 리포트를 해도 먹히지 않는다.
　ⓒ으로 시작하면 그림이 일단 색다르고 생동감을 준다. 하루에 몇 만 개비, 몇 만 갑이 생산된다는 등 얘깃거리도 나온다. 시청자들은 세상에 저 많은 담배를 누가 다 피우나 하고 혀를 끌끌 찰 것이다. 성공이다. 관심을 끌지 않았는가.

궁금증 유발

　다음은 궁금증을 불러일으키는 방식이다. '애완견 암매장 많다'는 뉴스라면 어떻게 시작하는 게 좋을까?

　　㉠ 죽은 애완견
　　㉡ 귀여운 애완견들
　　ⓒ 밤에 산에서 뭔가 작업하는 광경
　　ⓔ 동물병원의 병든 애완견

　무조건 화끈한 것부터 시작하는 것은 아니다. 이 리포트의 경우 화끈한 것은 암매장하는 모습이지만 아껴둘 필요가 있다. 그 그림을 써버리면 더 할 말이 없다. 이럴 땐 '진액(津液)' 공개를 잠시 미뤄야 손님을 더 끈다. 이것이 바로 글쓰기에서 언급한 '유혹'이다.

ⓒ으로 도입하면 궁금증을 자아낸다. 캄캄한 밤에 한 남자가 야산 기슭에서 삽질을 하고 있는 장면에 "한 남자가 구덩이를 파고 있습니다. 무슨 일일까요?"라는 멘트를 하면 호기심을 끌게 된다. 이어 "자루에서 뭔가를 꺼내 묻습니다. 죽은 애완견입니다"라는 멘트가 그림과 함께 나가면 시청자들은 '세상에~' 하면서 놀랄 것이다. ⓒ, ⓒ, ⓒ로는 그런 효과를 내기 어렵다.

모든 리포트에 이런 공식을 적용하기는 어렵다. 기획 리포트 외에 발표 리포트도 많기 때문이다. '정부는~'이나 '검찰은~' 식의 리포트가 그런 종류다. 이런 뉴스를 기획 취재하기란 여간 번거롭고 어려운 일이 아니다. 그렇다고 성의 없이 스트레이트 기사를 줄줄 읽어대는 리포트는 피해야 한다. 연결된 현장을 찾아가 취재한 다음 도입해야 관심을 끈다. 이 부분은 다음에 설명한다.

인터뷰의 적절한 배치

적어도 두세 문장 뒤에는 반드시 이를 뒷받침하는 인터뷰가 나와야 한다. 그렇지 않고 내레이션으로만 이어가면 지루하고 신뢰도가 떨어진다. 인터뷰 대상은 그 현장의 당사자나 관계자여야 한다. 일반 글을 쓸 때도 중간 중간 앞의 내용을 뒷받침하는 다른 사람의 코멘트나 일화 등을 삽입해야 고급스럽다.

앞서 '폐암 급증'의 경우에서 담배 공장으로 도입했다고 하자. 하루에 몇만 갑을 만든다는 등의 내용 뒤에 공장장이나 근로자의 인터뷰를 곁들어야 현장감을 준다.

"생산량이 지난해에 비해 5% 늘었습니다. 일손이 달려요."
"이렇게 많은 담배를 누가 다 피우는지 모르겠네요."

이것이 당사자의 인터뷰다. 물론 병원 환자부터 시작했다면 환자 인터뷰가 나와야 한다.

'애완견 암매장'의 경우엔 밤에 삽질하는 사람의 인터뷰가 있어야 한다.

"지금 뭐 하시는 거예요?" 등으로 기자가 급히 묻는 것이 자연스럽다. 답은 순순히 나오지 않을 것이다. 남의 산에 몰래 죽은 개를 묻는 것을 떳떳하게 말해줄 사람은 없다.

"예? 왜 이러세요. 찍지 마세요"라고 답한다면 만족스럽다. 혹시 취재진을 보고 도망이라도 가면 뒤쫓으며 질문을 던지는 녹취라도 잡아야 한다.

정리 부분의 당국자 인터뷰는 뒤로 돌려야 한다. 폐암 리포트에서는 의사가 될 것이다. 암매장은 수의사로부터 적절한 처리법을 듣거나 산림청 관계자에게 불법이니 단속한다는 등의 방침을 끌어내도 좋다.

감각적인 온 마이크

온 마이크는 현장 상황에 따라 브리지가 어울리는지 클로징이 나온지 즉흥적으로 판단을 해야 한다. 그러려면 도입부가 먼저 떠오르고 전체적으로 대강의 구도를 머릿속에 그려야 한다. 멘트가 현장 상황과 잘 맞아야 한다.

전기밥통이 위험한 것은 내장된 열선이 <u>이처럼</u> 부실하게 꼬여 있기 때문입니다.

전기밥통에 내장된 열선은 <u>보시는 것처럼</u> 검증필 사인이 없는 제품이 사용되고 있습니다.

'이처럼'이나 '보시는 것처럼'에서 자연스럽게 손이나 몸 또는 시선을 바꾸는 동작이 필요하다.

다만 기획 리포트가 아니고 관급 발표 리포트의 경우엔 사정이 좀 다르다. 어쩔 수 없기는 해도 국회 앞이나 검찰청사, 정부 부처 현판 앞에서의 온 마이크는 지양해야 한다. 하루 저녁 뉴스에 국회를 배경으로 한 온 마이크가 여러 번 등장하기도 한다. 탈피하려는 노력이 필요하다. 시청자를 염두에 두자.

리포트의 비결 7선

리포트는 여러 종류가 있어 일률적으로 말하기 어렵다. 발표성 리포트가 많은 정치나 경제 분야가 사실은 제작하기가 더 어려운데도 크게 고민하지 않는다. 그러다 보니 누구나 쉽다고 여겨 천편일률적인 리포트가 양산된다.

일부분이라도 현장 취재를 포함하려 머리를 써야 한다. 기획 리포트를 잘하는 기자는 여건이 아무리 어려워도 발표 기사를 줄줄 읽는 식의 리포트를 만들지 않는다.

그렇다면 좋은 리포트를 쓰는 비결이 있을까? 대답이 쉽지 않다. 취재를 하기 전이나 취재 후 기사 작성에 앞서 다음의 사항을 고민하면 어느 정도 가닥이 잡힌다.

제목을 뽑아볼 것

취재할 아이템을 한마디로 요약해보자. 도대체 무엇이 어쨌다는 것인지의 질문을 자신에게 던져보자. 신문기사의 제목을 뽑듯 타이틀을 정해보자.

요약하기 어렵거나 제목이 잘 뽑히지 않으면 주제가 뚜렷하지 못하다는 증거다. 이런 상태에서는 우선 무엇을 취재해야 할지 헷갈린다. 우왕좌왕 취재를 마치고 와 기사를 쓰려면 도무지 가닥이 잡히지 않기 일쑤다. 시간은 흐르고 속이 타지만 도와줄 사람은 없다. 그렇다고 무턱대고 쓰다보면 중언부언 혹은 엉뚱한 방향으로 빠지기 쉽다.

각을 세울 것

여러 가지 팩트가 혼재된 사안은 주제를 한 가지로 선명히 부각해야 한다. 부수적인 것들은 과감히 버리거나 곁가지로 쓴다. 주된 내용에 3분의 2를 투자하고 나머지를 부스러기로 채우자.

앵커 멘트를 던져버려라

도입부를 고민하기에 앞서 해야 할 일이 앵커 멘트 작성이다. 방송 순서로 봐도 앵커의 멘트가 나간 뒤에 기자 리포트가 나간다. 별개라는 얘기다. 많은 기자들이 이를 망각하거나 지키지 않는다. 아예 중요하지 않다고 여기는 기자도 많은 듯하다.

멘트는 앵커에게 건네고 기자는 리포트를 해야 한다.

첫 문장 고민에 반을 투자하라

도입부가 결정되면 리포트는 반이 끝난다. 앵커 멘트를 떼어내고 무슨 말로 시작해야 할지가 사실 난감하다. 그렇다고 멘트와 똑같이 시작하거나 주제어를 길게 수식해서 어미를 자르는 수법을 써서는 곤란하다.

다음과 같은 도입이 태반이다.

주어를 설명하면서 토막 냄

전 세계적인 수요 감소로 올 3분기 매출이 지난해 같은 기간보다 14.5%나 줄어든 <u>현대자동차</u>.

스케치 아닌 스케치

처음 신입생을 모집하는 국제중학교의 면접시험에 대한 리포트를 예로 들어보자. 첫 화면에 시험을 마치고 나오는 학생들을 보여주면서 기사를 이렇게 썼다.

<u>국제중학교 면접시험을 마친 초등학생들이 학교를 빠져 나옵니다.</u>
　나의 생각이라는 이름으로 자기소개서를 쓰라는 요구 때문에 당황했다고 합니다.

이것은 스케치가 아니다. '시험을 마치고 나온다'가 무슨 기사인가? 하다 못해 '~아직 긴장감이 풀리지 않은 표정들입니다'라고 해야 스케치 기사가 된다.
'빠져 나온다'니 학교에 억류됐다가 도망 나오나?

이른 아침 등굣길의 학생들. 이들의 교복을 보면 어딘지 꽉 끼는 듯한 모습이 답답해 보이기까지 합니다.

'등굣길의 학생들'하고 뚝 끊더니 '이들의 교복이 답답하게 보인다'고 했다. 연결이 안 된다. 첫 문장 처리에 자신이 없다 보면 이런 형태가 나온다. '등굣길의 학생들'이란 말은 필요 없다. 그런 말보다 스케치에 더 할애해야 한다.

'사고가 난 건 ○○시'

시각을 지칭하는 방식이 언제부터인가 사건사고 기사에서 주로 두세 번째 문장을 장식한다. 도대체 어디서 이런 기법이 나왔는가? 아예 도입부를 시각으로 하는 리포트도 흔하다.

〈앵커 멘트〉 구치소 수감 중이던 한국가스공사 전 건설 본부장이 스스로 목숨을 끊었습니다. 이틀 전 국가보안법 위반 혐의로 복역 중이던 원정화 씨가 자살을 기도한 곳과 같은 구치소에서 일어난 일입니다. ○○○ 기자의 보돕니다.

〈리포트〉 한국가스공사 전 건설 본부장 남운성 씨가 수원 구치소에서 스스로 목숨을 끊은 건 어제 오후 5시쯤입니다.

첫 문장을 고민한 흔적이 전혀 없다. 앵커 멘트와 겹친 말을 하면서 그것은 몇 시쯤이라고 했다.

〈앵커 멘트〉 경기도 의정부에서 초등학생 남매가 집에서 함께 숨진 채 발견됐습니다. ○○○ 기자의 보돕니다.

〈리포트〉 경기도 의정부의 한 주택에서 11살 김 모 군과 9살 여동생이 함께 숨진 채 발견된 건 지난달 28일 밤 9시쯤. 경찰은 이틀째 수사를 벌였지만 뚜렷한 단서를 찾지 못했습니다.

시각으로 시작하는 것도 모자라 싹둑 토막을 냈다. 사건 사고 리포트에서 크게 유행하는 스타일이다. 느닷없이 경찰의 수사가 성과 없다고 한다. 흐름이 좋지 않다. 앵커 멘트에선 '~에서'가 겹친다.

인터뷰(녹취, 이펙트)와 내레이션의 배분

취재할 땐 대략적인 인터뷰 위치와 내용을 머릿속에 그려야 한다. '<워낭소리> 관객 200만 돌파'라는 아이템을 취재한다고 치자.

인터뷰만 생각해보면 적어도 관객 두 사람에 제작자나 평론가 또는 둘 다 필요하다.

관객 1(극장 매표소 앞): "입소문에 큰 기대를 갖고 왔다."
관객 2(영화 포스터 앞): "소의 눈물을 보고 눈시울이 뜨거웠다."
제작자: "아버지에 대한 얘기를 담으려 했다."
평론가: "한국 독립영화의 가능성을 보여줬다."

이런 인터뷰를 염두에 두고 그 사이사이에 들어갈 내레이션(기사)을 생각하며 취재해야 한다. 온 마이크까지 해결해야 한다. 평론가와 겹치는 말을 해서는 안 된다. '독립영화에 대한 관심과 지원'에 초점을 맞춰도 좋을 듯하다.

만일 딱 맞는 인터뷰를 못했다면 그 내용에 어울리게 기사를 풀어가야 한다.

내용을 3~4등분할 것

TV 뉴스는 화면이 바뀌지 않으면 바로 지루해진다. 이를 피하려면 사안을 3토막 이상 나눌 줄 알아야 한다. 토막을 바꿀 때는 반드시 인터뷰를 받쳐줘야 자연스럽다. 여기서 토막이란 글의 문단이다.

> ❶ 현장 스케치로 도입한 다음
> ❷ 왜 이런 일이?
> ❸ 일반화 또는 심화한 뒤
> ❹ 그럼 어떻게 되나?

이러한 형식을 상황에 따라 조금씩 다르게 응용하는 감각과 훈련이 필요하다. 이런 기본 틀이 머릿속에 정리돼 있지 않으면 취재 자체가 겁난다. 아이템을 보면 어렴풋이 그 토막들이 떠올라야 한다. 훈련을 꾸준히 하지 않으면 불가능하다.

다른 모든 글도 마찬가지다. 소풍에 대한 글을 쓴다고 할 때 적어도 3~4가지 문단이 떠올라야 한다. 가기 전날의 설렘, 가는 길과 목적지의 풍경, 있었던 일들, 특별한 느낌 등이 아른거려야 표현이 가능하다. 막연히 덤비면 이 한마디 밖에 못쓴다. "나는 오늘 소풍을 다녀왔다."

CG의 활용과 편집기교

텔레비전은 종합 예술이다. 한 사람이 아니라 팀이 힘을 합쳐 드라마나 쇼 등의 프로그램을 만들어낸다. 카메라, 조명, 기술, 음향, 세트, 분장사 등이 어울려 하나의 작품을 만든다. 그 총책임자가 PD다.

뉴스도 마찬가지다. 촬영 기자, 기술, 편집, 그래픽 등이 어우러져 한 '꼭지(아이템)'의 뉴스가 제작된다. 기자가 총책인 PD의 역할을 맡는다. 종합적인 작업을 하려면 서로 상대의 업무를 어느 정도 이해해야 한다. 특히 기자는 ENG카메라의 기능을 이해해야 하고 편집기도 다룰 줄 알아야 한다. 더 알아야 할 분야가 컴퓨터 그래픽이다. 뉴스에서 점점 활용도가 높기 때문이다.

CG는 대형사고 시 이미 사라져버린 현장을 복원해 그 과정을 알기 쉽게 보여줄 수 있다. 건물이 무너지거나 폭발물이 터지는 상황도 재현한다. 그뿐 아니다. 실사 화면과 그래픽을 합성해 실제 상황이 벌어지는 것처럼 만들기도 한다. 과거엔 상상도 못했던 기교다. 장비가 날로 발달해 이제는 거의 영화 수준이 되어 활용도가 높다. 이런 기법을 잘 활용하는 것도 기자의 능력이다. 그러기 위해서는 기자도 날로 발전하는 장비의 성능을 상당한 수준까지 익혀야 한다.

3. 기형적인 리포팅

지금까지 살펴본 리포트들과는 달리 '기형적인' 리포트도 심심찮게 나온다. 창의력을 발휘해본다는 차원에서는 나무랄 게 없지만 도를 넘는 '넌센스'나 '어법 파괴' 등은 곤란하다.

내레이션 멈추기

주로 스케치 리포트에서 '단풍은 붉게 물들고~ 계곡물은 청량하다'는 내용이라면 '~고'에서 내레이션을 멈추고 그림을 한참 보여준 다음 내레이션을 이어가는 방식이다. 방송 사고가 난 것 같은 느낌을 준다.

기사를 작성할 때 '단풍'과 '계곡'의 두 가지 팩트를 한 문장에 담아 생긴 문제다. 한 문장에 한 가지 팩트만 담아야 한다는 원칙을 무시했다. 중문을 써 녹음한 뒤 막상 편집할 때는 앞부분 그림이 아까웠는지 '일단 정지'한 것이다. 이럴 땐 편집을 중단하고 녹음을 다시 해와야 한다. 혹시 일부러 그럴 요량으로 기사를 썼다면 생각을 바꿔야 한다. 듣는 시청자가 불안하기 때문이다.

"백두산 관광 중단"
궂은 날씨 속에도 장엄한 백두산은 여전히 기백을 뽐내고, 민족혼의 상징인 천지는 웅혼한 자태를 지키고 있습니다.

백두산과 천지 스케치를 한 문장에 묶었다. 방송될 때는 '~뽐내고' 다음에 내레이션이 일시 정지되고 한동안 장엄한 산자락 화면만 이어졌다. 그림을 충분히 고려하지 않고 기사를 쓴 것인지 그래도 무방하다고 여긴 것인지 궁금하다.

"하늘에서 본 한반도"
지상 2,000미터 상공, 땅 위에선 일상적인 것들이 한 폭의 그림처럼 펼쳐집니다. 다시마를 말리는 작업은 색감 넘치는 추상화가 되었고, 시끌벅적한 회사원들의 회식 자리는 재밌는 구성이 됐습니다.

'다시마 건조작업'과 '회사원들의 회식'을 한 문장으로 처리했다. 방송은 '~되었고'에서 내레이션이 정지되고 그림만 더 흘렀다.
첫 문장을 토막 낸 것도 거슬린다. 이렇게 하면 더 낫겠다.

☞ 땅에선 일상적인 것들이 하늘에서 내려다보면 그림 같습니다.
　 지상 2,000미터 상공.
　 다시마를 말리는 풍경은 색감 넘치는 추상홉니다. 회사원들의 정겨운 회식 모습도 재미있는 구성거립니다.

2,000미터 상공을 뒤로 돌리니 박진감을 준다. 무턱대고 앞에서 자르지 말

자. 어감과 리듬감을 생각하자.

"휴일 스케치"
<u>사진작가는</u> 곧 사라질 단풍을 담느라 손길이 분주하고, <u>남녀는</u> 다정하게 포즈를 잡아봅니다.

사진작가의 움직임과 남녀의 포즈가 한 묶음이다. '~분주하고'에서 리포트가 일시 멈추니 어색하다. 나눠야 할 문장이다.

인용문 변칙처리

유명인의 발언을 인용할 때 이런 리포트도 있다.
"김영삼 대통령은 '지금 우리가 직면한 문제들을 잘 풀어나가야 해요'라고 말했습니다."
기사를 이렇게 쓴 다음 방송할 때는 '김영삼 대통령은~'에서 내레이션을 멈추고 대통령의 녹취를 내보낸 다음 끝내버린다. 넌센스다. 원고대로라면 그의 말이 끝난 뒤 '~라고 말했습니다'까지 방송해야 한다.
정말 그렇게 한 리포트도 있었다.

처음엔 자신이 없었던 아이들도……

〈인터뷰〉 이인철(승주분교 5학년): 잘할 수 있을지가 좀 그래요. 아, 미치겠다.

차츰 예술가가 돼갔습니다.

기자는 원고대로 '아이들도'에서 내레이션을 멈추고 인터뷰가 나간 뒤 '차츰 예술가가 돼갔습니다'라고 내레이션을 했다.

넌센스의 극치다. 멋을 부렸다고 여길지 모르지만 말도 아니고 글도 아니다.

이 리포트는 약간 다른 형태이기는 해도 비슷하다.

신영철 대법관이 사표를 썼나, 안 썼나를 두고 어제 밤새 대법원 안팎에선 소동이 벌어졌습니다. 그리고 오늘 아침.

〈녹취〉 이용훈(대법원장): (사직서가 반려됐다는 이야기가 있는데 보고 들으셨어요?) 그런 이야기 못 들었어요.

결국 대법원장의 공식 부인으로 소동은 가라앉았고, 조사는 재개됐습니다.

'그리고 오늘 아침'에서 뚝 그치더니 인터뷰가 나오고 다음 문장으로 이어간다. 기존의 내용과 형식을 피한다고 다 옳은 것은 아니다. 그럼 무엇이 옳다는 말인가? 그것은 반복적인 훈련을 통해 깨우치지 않으면 보이지 않는다.

두 문장 합치기

두 문장을 한 문장으로 합쳐버린다. 나눠도 시원찮을 판에 일부러 합치다니 무모하다.

종부세를 놓고도 한나라당은 과세기준을 6억 원으로 하고 1가구 1주택자에 대해서는 3억 원을 기초공제하고 세율도 1.5%로 낮추는 방안을 내놨지만, 민주당은 3억 원 공제와 세율 인하 가운데 한 가지만 수용하겠다고 맞선 것으로 알려졌습니다.(103자)

민주당 의원과 당직자들은 회의가 시작되지도 않았는데 벌써부터 주변을 통제한다고 반발하면서 위원장실과 회의장에 들어가겠다고 주장하고 있어서, 이 과정에서 민주당 의원들과 경위들 사이에 몸싸움이 벌어지고 고성이 오가고 있습니다.(98자)

한나라당은 오늘 의사일정이 비준안을 통과시키겠다는 것도 아니고 단순히 상정인 만큼 야당이 반대할 명분이 없다고 주장하고 있고, 민주당은 질서유지권까지 발동해 비준안을 상정하려는 것은 결국 비준안을 통과시키겠다는 선전포고라며 반발하고 있습니다.(106자)

AP통신은 김연아가 여왕의 호칭에 걸맞은 세계 챔피언의 자리에 올랐다고 보도했고, 유니버설스포츠는 "여왕 폐하 만세"라는 제목으로 우승 소식을 전했습니다.

종합클리닉

나쁜 리포트가 양산되는 데는 컴퓨터의 영향이 가장 크다. 모든 기사와 리포트가 저장돼 있는 탓이다. 리포트를 제작하기 위해 머리를 끙끙 짜기보다 남의 것을 흉내 내는 기술을 더 빨리 익힌다. 많은 기자들이 비슷한 유형의 기사를 뽑아 대입만 하는 식으로 리포트를 제작하기 일쑤다. 이는 엄격히 말하면 표절이다.

훌륭한 모델을 고르면 좋은 방법이 되기도 하겠지만 그게 쉽지 않다. 그러다 보니 '모방의 악순환'에 빠진다.

1. 스케치

스케치란 묘사다. 방송에서는 스케치 기사가 가장 어렵다. 온 마이크와 스케치가 되면 방송기자는 더 배울 게 없다는 말이 있을 정도다. 기본적으로는 영상에 의존해야 한다. 글을 맛깔스러우면서도 유치하지 않게 쓸 줄 알아야 한다. 정해진 영상을 놓고 어떻게 묘사하느냐는 기자에 따라 크게 다르다. 같아서는 안 될 일이다.

신문과는 달리 방송기자는 스케치를 해야 할 때가 많다. 명절이나 귀성, 폭설, 폭우, 폭서 등의 방송뉴스에는 스케치가 필수적이다. 다른 기획 취재도 스케치로 도입하는 것이 대부분이다.

지켜야 할 원칙 몇 가지를 들어보자.

스케치 하면 무작정 그림 자체를 설명만 하려는 기자가 많다. 이런 표현이다.

어린이날을 맞아 엄마 아빠 손을 잡고 나들이 온 어린이들은 마냥 즐겁기만 합니다.

기사가 아니라 초등학생의 일기에 가깝다. '마냥 즐겁다'는 표현은 치졸하기 짝이 없다. 폐기처분이라도 해야 할 표현이다. 뉴스 가치가 무엇인지 고민해야 한다. 이렇게 하면 어떨까.

☞ 엄마 아빠의 손은 오늘따라 더없이 따뜻합니다. 함박웃음이 터지는 입가엔 기쁨이 평소의 두 배로 번집니다. 손꼽아 기다려온 날이기 때문입니다.

확 달라졌다. 화면에 의미를 불어넣은 것이 스케치 기사다. 이런 표현을 구사하려면 좋은 글을 많이 읽고 꾸준히 훈련해야 한다. 지름길이 없다.

"휴일 스케치"
  기암괴석들이 ① <u>가을 색으로 단장한 도봉산 정상.</u>
    농익은 계절을 즐기려는 등산객들이 ② <u>꼬리에</u> 꼬리를 물고 이어집니다.
    정상에 오르니 깊어진 가을이 다 내 것 같습니다.
    사진작가는 곧 사라질 단풍을 담느라 손길이 ③ <u>분주하고</u>, 남녀는 다정하게 포즈를 잡아봅니다.
    노란 은행잎으로 뒤덮인 길은 ④ <u>더없는 산책로.</u>
    빨간 단풍을 낀 도로는 운치 있는 드라이브 코습니다.
    북쪽으로 올라가자 산은 벌써 겨울옷으로 갈아입을 ⑤ <u>채비를 합니다.</u>
    짧은 가을이 아쉽다는 듯 알록달록 마지막 가을 빛깔을 뽐냅니다.
    올해 단풍은 이번 주 기온이 ⑥ <u>떨어지며</u> 급속히 남쪽으로 ⑦ <u>번지며</u> 내장산 등 남부 지방에는 다음 주 절정에 이를 것으로 보입니다.
    관악산에 5만 명, 속리산에 약 2만 명 등 전국 유명산은 오늘 하루 ⑧ <u>짧은 단풍 구경</u>을 놓치지 않으려는 등산객들로 붐볐습니다.

진단

① 바위가 어떻게 색으로 단장한다는 것인가? 첫 문장을 토막 낸 것도 거슬린다.

② 삭제해야 한다. 말을 절약하자.

③ 중문이다. 사진작가와 남녀의 동작을 한 문장에 담았다. 내레이션을 '분주하고'에서 멈췄다가 다시 이어갔다. 어색하다. 앞서 설명했다.

④ 또 문장을 토막 냈다.

⑤ '채빕니다'로 축약하자.

⑥, ⑦ '떨어지며', '번지며'를 잇따라 썼다.

⑧ '짧은 단풍'이란 없다. 이를 놓치지 않으려 한다니 무슨 말인가?

2. 중립성

기자는 보이지 않아야 한다는 말이 있다. 기사에서 자신의 색깔을 드러내선 안 된다는 얘기다. 색깔은 크게는 정치적·이념적·사상적 주관 등을 말한다. 작게는 국가 정책이나 지자체의 시책 또는 시민단체의 주장 등에 관한 자신의 입장이다.

기자들의 성향은 대체로 강자보다는 약자 편에 가깝다. 자칫 짓밟히기 쉬운 사람들의 권익을 옹호해야 하는 사명감에서다. 과거 권위주의 시대에 대부분의 언론은 소외계층 사람들에게 눈을 돌리는 데 인색했다.

민주화 과정을 거치며 그런 보도 행태는 많이 개선됐다. 물론 완전하다는 얘기는 아니다. 기자가 지나치게 약자 편에 서다 보면 중립성을 잃는다. 노동이나 시민운동 등에 관한 것이 많이 그렇다.

"극단으로 치닫는 비정규직 문제"

〈앵커 멘트〉 ① 비정규직 문제와 관련해 이명박 대통령이 최근 노사정 간의 사회적 합의를 강조했지만 민주노총은 지도부의 수배나 봉쇄부터 풀어야 대화가 가능할 것이라고 주장했습니다. ○○○ 기자입니다.

〈리포트〉 ② 기륭전자의 비정규직 노동자가 단식농성을 계속한 지 94일째. KTX 전 승무원들은 직접고용을 요구하며 쇠사슬로 온몸을 묶었습니다.

〈녹취〉 전 KTX 승무원: 하루라도 빨리 해결돼서 저희가 직접 고용돼서 현장으로 돌아가서 일하기만을 바랄 뿐입니다.

이 같은 비정규직 문제 해결을 위해 이명박 대통령도 사회적 합의를 강조했습니다.

〈녹취〉 이명박(대통령/지난 9일 대통령과의 대화): 이해당사자인 기업, 비정규직, 정부 등이 모여서 사회적 합의를 이룰 필요가 있다고 생각합니다.

③ 문제는 사회적 합의의 당사자인 민주노총이 배제되면서 대화 분위기가 조성되지 않고 있다는 점입니다.
경찰은 이석행 위원장 등 민주노총 지도부에 체포영장을 발부한 채 50일 넘게 건물을 봉쇄하고 있습니다.

〈인터뷰〉 이석행(민주노총 위원장): 민주노총 수뇌부를 완전히 수배해놓고 구속시켜놓은 상태에서 어떤 사회적 합의를 할 수 있겠는가……

그동안 경찰의 수배를 피해온 이석행 위원장은 ④ ABC와의 인터뷰에서 정부가 경제를 살린다면서 핵심주체인 노동자는 배제하고 있어 투쟁이 불가피하다고 주장했습니다.

〈인터뷰〉이석행(민주노총 위원장): 추석을 쇠고 적절한 시기에 공개된 장소, 민주노총 사무실을 포함해서 들어가서 직접 투쟁을 진두지휘할 생각……

⑤ 정부가 경찰력으로 민주노총의 발을 묶는 데는 성공했습니다.
　하지만 이런 상황에서 민주노총의 반발이 계속되고 있어서 사회적 합의가 가능할지 의문이 커지고 있습니다.

진단
치우친 감이 있다. 감정적인 뉘앙스도 풍긴다.

① '관련해' 남용이다. '비정규직 문제를 풀기 위해~'로 고쳐야 한다.
② 기륭전자 비정규직 노동자 농성 94일째와 KTX 전 승무원들의 농성을 연결한 것이 어쩐지 어색하다. '쇠사슬로 온몸을 묶었다'는 표현도 거슬린다.
③ '문제는 ~이다'는 낡을 대로 낡은 표현이다. '배제되면서'는 '~서'의 남용이다.
☞ 사회적 합의의 당사자인 민주노총이 제외돼 대화 분위기가 이뤄지지 못한 것이 문젭니다.

④ 큰 특종도 아닌데 생략하자.
⑤ '경찰력으로 ~발을 묶는 데 성공했다'니 탄압적인 뉘앙스가 짙다.

2008년 미국산 쇠고기 수입협상 과정에서 터진 촛불시위는 전국을 뜨겁게 달궜다. 시위대와 진압경찰 사이에 연일 '거리 전투'가 벌어졌다. 많은 사람이 다쳤다. 공공기물들이 파손됐다. 6·29 이후 최대의 시민운동으로 기록됐다.

민심이 요동치는 거대한 운동은 이미 초법적인 상황이다. 폴리스라인이 유명무실해지고 금지된 정치구호가 보편화된다. 경찰이 막을 수 없는 선에 이르면 이미 그것은 법리적인 상황을 떠난 이른바 '의거'다. 이런 상황에서 언론의 태도가 중요하다.

'의거'로 지칭되는 시민운동에 대해 중립성 여부를 논하기란 매우 어렵다. 어떤 상황에서도 객관적인 표현을 잊지 않는 것이 중요하다. 시위대의 입장과 동일한 맥락에서 어휘나 화면을 선택하거나 그 반대의 입장을 취하거나 모두 위험하다.

"① 물대포에 특공대까지, 부상자 속출"

〈앵커 멘트〉② 쇠파이프도 화염병도 없는 시위현장에 경찰 특공대까지 투입된 건 이례적입니다. 시민들의 부상이 속출했고, 경찰도 다쳤습니다. ○○○ 기자입니다.

〈리포트〉 청와대로 향하는 시위대와 이를 막으려는 경찰 사이의 대치가 계속되던 순간. ③ 시위대를 향해 물대포가 쏟아지기 시작합니다.

④ 이어 버스 위로 올라간 시위대를 향해 물대포가 계속 발사되면서 아찔한 장면이 잇따라 연출됩니다.

⑤ 촛불 집회 해산 과정에서 도로를 향해 물대포가 사용된 적은 있지만 시위대를 직접 겨냥한 것은 이번이 처음입니다.

⑥ 〈인터뷰〉 김진주(순천시 매곡동): 진짜 쏠 줄은 몰랐다. 우리는 비폭력이었는데 이렇게 무자비하게 할 수 있느냐.

오늘 새벽 4시 20분쯤 경찰 특공대가 시위대 해산에 투입됐습니다.
⑦ 곳곳에서 육탄전을 방불케 하는 몸싸움이 벌어지며 부상자가 급증했습니다.

⑧ 〈인터뷰〉 민지원(부상자): 경찰들이 저를 들어서 내팽개치면서 군홧발로 5분 정도 저를 사정없이 내려치는데……

⑨ 경찰은 시위대의 안전을 위해서는 특공대 투입이 불가피했다고 해명했습니다.

⑩ 〈인터뷰〉 명영수(경찰청 경비1과장): 5명밖에 없다. 그 사람들은 버스 위에 올라간 사람들 끌어내리려고 투입된 것이다.

밤새 격렬했던 충돌로 시민과 전경 등 60여 명이 다쳤고 시위대 200여 명이 경찰에 연행됐습니다.

진단

리포트의 90%를 '평화 시민들의 억울한 참상'에 할애했다. 시위대의 불법성에 대해서는 침묵이다.

① 제목부터 치우친 느낌이 든다.
② 앵커가 '무리한 진압'이라는 점을 암시한다. 쇠파이프도 화염병도 없는 시위에 '이례적으로' 특공대가 투입됐다고 강조한다.

③, ④ 버스 위의 시위대에게 물대포가 쏟아져 시위대가 위험해졌다고 한다. 시위대가 버스에 오르는 것은 당연한 일로 접어뒀다.

⑤ '시위대를 직접 겨냥한 것이 처음'은 경찰의 과잉진압을 강조한다.

⑥ 인터뷰이(interviewee, 인터뷰에 응하는 사람)가 스스로 비폭력이라 하고 경찰이 무자비하다고 하는 주장을 그대로 반영했다.

⑦ 육탄전 하면 양측이 대등하게 싸운다기보다 연약한 시민들과 특공대가 싸운다는 의미다. 무자비함이 내포됐다.

⑧ 인터뷰이가 또 군홧발 운운하며 경찰의 폭력성을 성토한다.

⑨ 경찰이 불가피성을 해명했다고 했다. 무슨 잘못을 저지른 뒤에 쓰는 표현이다. 경찰로서는 해명할 일이 아니라 공권력 행사다.

⑩ 당연한 인터뷰인데도 맨 뒤에 해명으로 그쳤다.

중립적으로 다듬어보자.

〈앵커 멘트〉 촛불시위 현장에 처음으로 경찰 특공대가 투입됐습니다. 시위 진압 과정에서 양측의 부상자가 속출했습니다.

〈리포트〉 청와대로 향하는 시위대와 이를 막는 경찰 사이의 대치가 팽팽합니다.
경찰이 시위대에 물대포를 쏘며 해산작전을 시작합니다. 경찰버스 위에 올라와 있던 일부 시위대는 물대포에 맞아 위험한 순간을 맞습니다.
경찰은 그동안 물대포를 도로에다 쏜 것과는 달리 오늘은 시위대를 겨냥했습니다. 시위대는 과잉진압이라고 주장했습니다.

〈인터뷰〉 (시위대)

오늘 새벽에는 경찰 특공대가 투입돼 시위대를 해산시켰습니다. 시위대의 격렬한 저항으로 곳곳에서 심한 몸싸움이 벌어졌습니다. 양측에서 60여 명이 다쳤습니다.

〈인터뷰〉(경찰)

경찰은 시위대 200여 명을 연행했습니다. 경찰은 앞으로 불법으로 도로를 점거하고 청와대로 행진하려는 시위대를 강제 해산하겠다고 밝혔습니다.

시위대 인터뷰는 한 명만 쓰거나 아니면 잇따라 합쳐 쓰는 편이 낫겠다. 다만 내용이 지나치게 주관적이고 과격해서는 곤란하다. 진압전경의 어려움도 반영하면 좋겠다.

촛불사태를 둘러싸고 일었던 편파보도 시비는 시각을 달리하는 입장에서 보면 당연하다. 기자가 리포트를 통해 자신의 입장을 내비치는 보도는 경계해야 한다. 당시 공중파들이 편파보도 시비에 휘말린 것은 이 때문일 것이다. 논란이 됐지만 공정언론시민연대(공언련)는 2008년 말 발표한 공영방송의 '4대 사건'(병풍 사건, 대통령 탄핵, BBK 사건, 촛불시위) 보도가 크게 편파적이었다고 지적했다.

다음 노점상 단속 리포트를 분석해보자.

"① 무리한 노점상 단속 … 피해 속출"
〈앵커 멘트〉② 김밥 할머니 폭행 사건과 같은 노점상 단속 과정에서의 폭력 행위, 어느 정도일까요? 전국 곳곳에서 이로 인해 빈번히 부상자가 속출하고 있습니다. 그 실태를 ○○○ 기자가 취재했습니다.

〈리포트〉 ③ 대낮 도심 한가운데에 갑자기 용역업체 직원 수십 명이 들이닥쳤습니다. 노점상들을 억지로 끌어내더니 물건을 마구 집어 트럭에 싣습니다.

④ 대부분 50~60대의 여성들로 거세게 맞서기도 하지만 20대 용역직원들을 상대할 수 없습니다. 한바탕 격한 충돌이 지난 뒤 부상자가 속출해 10여 명에 이릅니다. 갈비뼈에 금이 가고 손가락이 부러지기도 했습니다.

⑤ 〈인터뷰〉 한진영(노점상인): 넘어지면 무조건 밟아요. 발로 차고 때리고 여자분이 많아요. 나오면 욕부터 나와요. 누가 노점상 해처먹으라고 하냐고……

지난 주 서울에서도 비슷한 일이 벌어졌습니다.

⑥ 새벽에 성북구청과 노원구청의 용역 직원들이 포클레인까지 동원해 기습적으로 들이닥쳤습니다. 여기서도 노점상 7명이 다쳤습니다.

⑦ 〈인터뷰〉 이명금(노점상인): 용역이 발길로 차가지고 길에 그대로 떨어져서 병원에 실려 갔어요.

⑧ 무리한 노점 단속으로 이처럼 피해가 속출하고 있지만 지자체는 도시 정비를 위해 불가피하다는 입장입니다.

⑨ 〈인터뷰〉 이병인(광명시 지도민원과 과장): 물건을 집어던지고 도로를 점거하고 저항을 합니다. 그런 과정에서 벌어질 수 있는 일입니다.

⑩ 구시대적인 단속 방법이 지속되면서 애꿎은 노점상들의 피해만 늘고 있습니다.

진단

이 리포트는 '김밥 할머니 폭행' 사건을 계기로 단속실태를 취재한 것으로 보인다.

① 제목에서 보듯 '무리한 단속'과 그로 인한 '피해 속출'이 주제다.
② 앵커 멘트도 감정적이고 자극적이다.
③ 철거반원들이 갑자기 들이닥쳤다는 표현은 아무런 예고도 없이 무력이 행사됐다는 의미다.
④ 50~60대 여성들과 20대 철거반원과의 몸싸움은 잔혹하다는 뜻이다.
⑤ 무조건 밟고 차고 때리는 무자비한 단속이라는 주장을 그대로 반영했다.
⑥ 기습적이란 예고 없는 공격을 말한다.
⑦ 인터뷰이의 주장이 일방적이다.
⑧ 기자의 색깔이 드러나지 않았으면 좋겠다.
⑨ 시 당국의 입장은 맨 뒤로 돌려져 해명성으로 비친다.
⑩ '구시대적인 단속 방법이 지속되면서'도 주관적이다. 객관성을 유지하면서 우회적인 방법을 찾아야 한다.

좀 더 형평성을 살려보자.

〈앵커 멘트〉 최근 김밥 할머니 폭행 사건을 계기로 노점상 단속이 어떻게 이뤄지고 있는지 점검해봤습니다. 법을 집행하는 입장과 생계를 지키려는 처지 사이의 충돌입니다. ○○○ 기자의 보돕니다.

〈리포트〉 노점상들이 즐비한 도심 거리에 철거반원들이 나타납니다. 노점상들을 끌어내고 집기들을 차에 싣습니다. 노점상들이 드세게 저항하지만 역부족입니다. 한바탕 충돌로 10여 명이 다쳤습니다. 갈비뼈에 금이 가고 손가락이 부러지기도 했습니다.

〈인터뷰〉 노점상: 발로 차고 때리고……

지난주 서울에서도 그랬습니다. 성북구와 노원구의 용역 직원들이 포클레인을 동원해 노점을 철거했습니다. 7명이 다쳤습니다.

〈인터뷰〉 노점상: 먹고살게는 해줘야 할 거 아니에요……

노점 철거를 둘러싼 갈등은 어제오늘의 얘기가 아닙니다. 인도를 불법으로 점거한 노점들을 시 당국으로서는 방치하기 어려운 게 사실입니다.

〈인터뷰〉 시 관계자: 던지고 점거하고…… 그 과정에서 일이 납니다.

노점 철거는 생존권과 도시정비 시책이 부딪치는 문젭니다. 이를 아우르는 합의점을 찾아야 풀 수 있습니다.

양측의 입장이 다소 형평을 되찾았다. 노점상 인터뷰도 잔혹한 부분은 덜어내는 게 바람직하다. 원색적인 표현 등엔 신중해야 한다. 잔인한 욕설을 했더라도 사실이니까 그대로 방송해도 되는 것은 아니다.

3. 논리 전개

얘기를 풀어나가는 데 논리가 맞아야 한다. 기사는 물론이거니와 화면도 마찬가지다. 문장을 토막 내듯 그림도 잘라버리면 의미 전달이 자연스럽지 않다.

가장 나쁜 것이 기사를 엉뚱하게 껑충 뛰어넘는 비약적인 전개다. 취재를 해야 알 법한 내용을 미리 단정하고 시작하는 것도 논리의 비약이고 모순이다. 2장에서 지적했던 리포트 구성을 염두에 두고 다음 두 리포트를 보자.

"기름 유출 1년, 여전한 악몽과 고통"

〈앵커 멘트〉 태안 기름 유출 사고, 오늘로 꼭 1년이 됐습니다. 100만 자원봉사자들이 기적을 만들어냈다지만, 바다와 주민들 모두 여전히 신음하고 있습니다. ○○○ 기자가 현지를 둘러봤습니다.

〈리포트〉 ① 겉보기에 평온을 되찾은 듯 맑고 깨끗해진 바다. 아이들의 얼굴도 다시 밝아졌습니다.

② 〈인터뷰〉 임승희(모항초등학교 2학년): 만리포 해수욕장은 우리나라 사람들의 사랑을 한꺼번에 받았다.

100만 자원봉사자의 도움으로 바다는 푸른빛을 되찾았지만, 기름띠가 할퀴고 간 상처는 아직도 주민들을 괴롭히고 있습니다.
　③ 1년째 이어진 방제작업도 눈앞에 보이는 기름띠를 그대로 둔 채 지난 5일 모두 끝이 났습니다. 예산 부족이 이유입니다.

〈인터뷰〉 가재분(62세, 주민): 살기가 어려우니까 노인네들도 다 나왔잖아요. 바람이 이렇게 부는데. 이것도 못하게 하면 우리는 어떻게 살아.

④ 방제작업을 서둘러 마치면서까지 일찌감치 개장을 했지만, 해수욕장 주변 상가들도 올 한 해 된서리를 맞았습니다.
　⑤ 수산물 안정성에 대한 논란이 이어지는 가운데 조업도 재개됐지만, 가까운 바다에 나가던 작은 배들은 일 년째 발이 묶였습니다.

〈인터뷰〉 문장석(어민): 나가봤지만, 전혀 고기가 없습니다. 바다에 기름이 쫙 깔려서. 고기가 잡히질 않아요. 2마일 안에는.

⑥ 가해자의 사과는커녕 앞으로의 생계 대책에 대해서도 가타부타 말이 없는 정부에 주민들은 지쳐갑니다.

〈인터뷰〉 홍정자(상인): 얼른 빨리빨리 기름 좀 닦아서 생태계가 살고, 고기도 살아야 사람들 와서, 이 동네는 먹고살지.

사고 1년 만에 바다는 거의 옛 모습을 찾았습니다.
　⑦ 하지만 주민들의 삶의 시계는 아직도 사고가 났던 그날, 그 시각에 멈춰 있습니다.

진단
흐름이 매끄럽지 않다. 문장 하나하나의 앞뒤가 안 맞거나 복문이 태반이기 때문이다.

① 바다가 겉모습은 깨끗해졌고 아이들의 표정도 밝아졌다는 비교는 이상하다. 화면도 바다에서 갑자기 교실로 넘어갔다.

② "만리포 해수욕장이 사랑을 받았다"는 어린이 인터뷰도 무슨 의미인지 모호하다.

③ '1년째 이어진 방제작업, 눈앞의 기름띠 둔 채 작업 끝내~'로 엮여 있다. 기름띠가 뻔히 남아 있는 것을 보면서도 작업을 끝냈다는 의미를 복잡하게 꼬았다.

④ 주어와 서술어가 명확하지 않다. 방제작업을 서둘러 끝낸 데 따라 해수욕장을 개장했어도 상가들이 재미를 못 봤다는 뜻인 것 같다.

⑤ 무슨 말인지 모르겠다. 조업을 재개했는데 배는 발이 묶였다니 논리가 안 맞는다. 뒤이어 인터뷰에서는 '나가봤더니 고기가 안 잡힌다. 기름띠가 있다'는 내용이 나와 헷갈린다.

⑥ '~한 정부에 주민이 지쳐간다'는 어법이 안 맞을뿐더러 정부의 처사를 앞에서 길게 설명하고 있다. 주민의 감정적인 얘기를 검증 없이 전해선 곤란하다.

⑦ 클로징이 너무 거창하고 추상적이다. '그 시각에 멈춰 있다'는 표현은 어색하기 그지없다. 바다는 옛 모습을 되찾았어도 주민들의 삶은 회복되지 않고 사고 당시와 같다는 내용이다.

다시 써보자.

처방

☞ ① 태안 앞바다의 겨울이 깊어갑니다. 바닷물은 속이 들여다보일 정도로 맑습니다.

어린이들의 표정을 담으려면 자연학습 등의 명분을 만들어 해변가로 끌고 나와야 한다. 거기서 인터뷰를 곁들어야 한다.

☞ 겨울 해변은 더없이 좋은 자연학습장이기도 합니다.

〈인터뷰〉 어린이들: 좋아요……

② 모든 게 제 모습을 찾은 것은 아닙니다. 아직도 해변 곳곳엔 기름띠가 남아 주민들의 애를 태웁니다.
③ 1년 동안 지속해온 방제작업은 지난 5일 끝났습니다. 예산이 부족해 더 끌기 어려웠기 때문입니다.
④ 올 여름 해수욕장을 서둘러 개장했어도 주변 상가엔 발길이 끊겨 장사를 망쳤습니다.
⑤ 수산물의 안전성 논란 속에 조업은 재개됐어도 어민들의 실망이 이만저만이 아닙니다.
⑥ 생략(필요 없는 말들이다)
⑦ 주민들의 삶은 생태계가 복원되기 전에는 정상으로 돌아가기 어려운 실정입니다. 100만 자원봉사자에게 한없이 고마움을 느끼면서도 시름을 벗기까지는 상당한 시일이 걸릴 것으로 보입니다.

"직불금 땅 투기"
〈앵커 멘트〉 상당수가 땅 투기로 위장하기 위해 직불금을 악용하는데도 정작 농민들은 땅주인 눈치 보느라 아무 말도 못하고 있습니다. ○○○ 기자의 보돕니다.

〈리포트〉 ① 전남 영암의 한 농촌 마을, 전체 농지의 60%가 외지인 소유입니다. 대부분 현지 농민들이 소작으로 농사를 짓고 있습니다.

하지만 쌀 소득 직불금을 신청하는 경우는 거의 없습니다.

직불금을 신청할 경우 땅 주인으로부터 논을 재임대할 수 없기 때문입니다.

〈인터뷰〉 임대 농민: 지주가 "(직불금) 자기 주라" 하죠. 그리고 나는 농사만 지으라고…… 내가 한다고(직불금 탄다고) 하면 나는 떨어져나가죠(임대 못하죠).

② 간혹 직불금을 직접 수령하는 농민도 있지만, 땅주인이 그만큼 더 소작료를 올리기 때문에 아무런 도움이 되지 않습니다.

〈브리지〉 ③ 문제는 직불금을 꼭 받기 위해서가 아니라 실제 영농 사실을 위장하는 수단으로 직불금을 신청하고 있다는 것입니다.

농민이 직불금을 신청하면 토지 소유자가 직접 농사를 짓지 않는다는 사실이 입증됩니다.

결국 직불금 제도가 땅 투기를 감추는 수단으로 악용되는 셈이지만, 정작 농민들 대부분은 아무런 소리도 내지 못하고 있습니다.

〈인터뷰〉 임대 농민: 직불금을 못 타면 (토지)소유자가 직접 경작하지 않는 것으로 되기 때문에 우리 임대 농민들이 (토지)소유자가 직불금을 타가도 거기에 따를 수밖에 없습니다.

④ 불법 농지투기의 악순환 속에 허술한 법망은 아무 역할을 하지 못하고 있습니다.

진단

스케치로 도입해 심화 또는 일반화하고 결론으로 끌어가야 하는 원칙에서 크게 어긋났다. 화면도 처음부터 끝까지 벌판뿐이다. 화면 전환을 위해 3~4 토막으로 끊어 구성해야 한다.

① 도입부에서 아무런 호기심을 주지 않고 단정한 것이 큰 잘못이다.
'영암의 한 농촌 마을 농지의 60%가 외지인 소유'라는 사실이 어떻게 나온 것인지 신뢰가 가지 않는다. 손님을 끌지 못한다.
② 첫 번째 사례가 직불금을 신청하지 못하는 경우인 데 비해 두 번째는 타는 경우다. 그렇다면 당연히 당사자를 찾아 인터뷰를 해야 한다.
③ 이 브리지는 미리 써서 벌판을 배경으로 해 무의미하다. '문제는~'이라는 표현도 낡았다.
④ 후반부에 심층화·일반화하는 취재가 전혀 없다. 클로징도 썰렁하다. '허술한 법망이 역할을 못하다'니 말도 안 된다. '법이 허술해 망으로서의 역할을 못하고 있다'는 뜻 아닌가.

이 리포트는 취재를 처음부터 다시 해야 한다. 기사도 다시 써야 할 판이다. 일단 화면을 염두에 두고 내용을 토막을 내본다면 '들판(농부 1) + 농가(농부 2) + 군청(관계자, 세무관계자) + 들판(클로징)'이 되면 적당하다. 화면이 다양하게 바뀌어야 리포트가 알차고 고급스럽다.

처방

① 전남 영암에서 대대로 농사를 짓고 사는 김 모 씨는 요즘 속이 상합니다. 직불금이라도 타면 어려운 형편에 도움이 될 듯싶어도 그렇지 못합니다.

땅주인의 반대 때문입니다.(농부 1 인터뷰)

② 이 모 할아버지도 사정이 비슷합니다. 직불금을 타지만 그만큼 소작료를 더 내기 때문에 별 도움이 안 됩니다.(농부 2 인터뷰)

③ 이 지역 농지의 60%는 외지인 소유입니다. 대부분 소작농이지만 지난해 직불금을 신청한 사람은 ○○명뿐입니다.(군 관계자 인터뷰)

④ 땅주인들이 직불금을 고집하는 것은 팔 때 양도세를 감면받기 위해서입니다. 8년 이상 농사를 지으면 세금을 한 푼도 안 냅니다.(세무서 관계자 인터뷰)

⑤ 〈클로징〉 직불금 제도의 맹점을 바로잡기 위한 개정안이 국회에 계류 중입니다. 투기 목적을 뿌리 뽑고 돈이 농민에게 돌아가도록 개정되기를 바랍니다.

논리가 탄탄해졌다. 이것이 기획 리포트의 기본 틀이다.

4. 구성

방송 리포트는 구성이 생명이다. 무엇을 먼저 보여주고 어떤 멘트로 시작할 것인지가 가장 중요하다.

화려하고 쇼킹한 화면이 있다면 별로 고민이 안 된다. 현장이 없어진 사건 등이 어렵다. 흥분해서 달려갔더니 이미 상황이 끝나버린 때가 많다. 머리를 짜내야 한다.

"호랑이, 사자에 물려 죽어"

〈앵커 멘트〉 동물원에서 호랑이가 옆 우리의 사자에게 물려 죽는 <u>일이 일어났습니다</u>.

전북 전주의 동물원에서 벌어진 <u>일입니다</u>. ○○○ 기자가 보도합니다.

〈리포트〉 ① 동물원의 맹수 우리입니다.

관람객을 보호하기 위해 우리 앞에 5미터 정도 되는 깊이의 함정을 만들어놓았습니다.

오늘 오후 이 함정에서 6년생 암호랑이가 5년생 수사자에게 목을 물려 죽었습니다.

사육사가 던져준 먹이를 받아먹으려던 사자가 중심을 잃으면서 함정에 빠지자 옆 우리에 있던 호랑이가 흥분해서 사자가 빠진 함정으로 뛰어들었다가 일어난 일입니다.

순식간에 벌어진 일이라 사육사들도 손쓸 틈이 없었습니다.

〈녹취〉 전주 동물원 사육팀 직원: 숨통을 물린 다음에 먹이도 던지고, 위에서 떼어내려고 막대기로 쳐서 분리하려고 했지만 숨통을 끝까지 놓지 않았습니다.

② 죽은 시베리아 호랑이는 100킬로그램이 넘는 무게였지만 다 자란 사자의 상대가 되지 못했습니다.

〈인터뷰〉 김범석(전북대 수의과대 교수): 호랑이는 경동맥이 절단이 돼서 과다 출혈로 사인에 이른 것 같습니다.

③ 전주 동물원은 죽은 호랑이를 학술용으로 전북대에 기증하는 한편, 만일에 대비해 현재 1.5미터 높이인 맹수 우리의 안전 울타리를 더 높이기로 했습니다.

진단

앵커 멘트의 '~죽는 일이 일어났다'는 '~한 사고'와 같은 형태의 중복 표현이다. 리포트를 보면 첫 문장부터 인터뷰가 나오기까지 화면에 동물은 보이지 않는다. 어두컴컴한 우리를 두고 장황하게 설명했다. 마지막 부분에서 한 커트 나온 동물은 사자였다. 정작 죽은 호랑이는 어디로 갔나?

시청자가 가장 궁금한 것은 죽은 호랑이의 모습이다. 다음이 가해자(?)인 사자다.

끝나버린 상황에 대해 리포트 할 때 흔히 이런 넌센스를 범한다. 그림이 없는데 기사는 그림이 있는 것처럼 쓰면 어쩌란 말인가? 도입을 대표적으로 잘못한 탓이다. 도입부가 반을 결정한다고 강조한 바 있다. 화끈한 것부터 치고 들어가라고도 했다. 이 리포트는 전혀 손님을 끌지 못한다. 아무것도 보이지 않기 때문이다.

처방

① 이 리포트의 시작 부분에는 반드시 동물이 나와야 한다. 그런 전제가 머릿속에 떠오르지 않으면 방송기자로서 자격 미달이다. 동물은 두 마리다. 두 마리 가운데 호랑이를 먼저 낼 것인지 사자를 앞세울 것인지도 고민거리다.

아무래도 호랑이가 먼저인 것이 낫다. 이 스토리의 중심축은 '호랑이의 죽음'이지 '사자의 승리'가 아니다. 그렇다면 축 늘어진 호랑이의 시신부터 스케치하고 시작해야 한다. 다음엔 사자가 나와야 한다.

사고 경위는 뒤로 돌려도 늦지 않다. 당시 상황은 그래픽 등을 활용해 실감

나게 한다.

② '호랑이는 덩치가 커도 사자의 적수가 되지 못했다'는 뉘앙스가 풍긴다. 시청자들은 일반적으로 호랑이와 사자는 맞수라고 인식한다. 왜 호랑이가 일방적으로 당했는지가 궁금하다. 이에 대한 설명이 부족하다. <동물의 왕국> 자료를 활용하는 것도 좋은 아이디어다.

③ '~한편'을 삭제하고 두 문장으로 나눠야 한다.

다시 구성해보면 '호랑이 시신 + 사자, 어떻게 이런 일이?(사고 경위를 소개하며 그래픽 등 활용), 야생 호랑이와 사자의 관계(일반화), 시신 기증 + 안전대책' 등으로 정리한다.

"대학로 지하 공간 의문의 유해 14구 발굴"
〈앵커 멘트〉 서울 도심의 한 건물 철거 현장에서 유해 14구가 ① <u>쏟아져 나왔습니다</u>. 숨진 지 수십 년쯤 지난 것으로 ② <u>추정되는데</u>, 훼손되거나 어린이로 추정되는 유해도 있어 ③ <u>의문이 증폭되고 있습니다</u>. ○○○ 기자의 보돕니다.

〈리포트〉 ④ <u>서울 대학로의 한 건물 철거 현장</u>, 땅파기 공사 중 백골 상태의 유해 더미가 ⑤ <u>무더기로 쏟아져 나왔습니다</u>.

〈녹취〉 현장 관계자: 포클레인으로 팠는데……. 커다란 구멍 같은 게 있더라.

굴 모양의 지하 공간엔 14명 이상의 부분 유해가 한데 ⑥ <u>섞여 있었습니다</u>.
성인 유해 11구와 어린이 유해 3구, 동물 뼈도 있었고, 두개골이 절단된 유해도 ⑦ <u>있었습니다</u>.

⑧ 또 신발 밑창과 일제시대 것으로 추정되는 잉크병도 함께 발굴됐습니다.

〈온 마이크〉 ⑨ 철거 현장에 있던 인부들은 이곳에서 지하 공간과 유해를 발견해 관할 구청에 신고했고 국방부와 경찰이 번갈아 조사를 벌였습니다.

이들이 사망한 이유와 유해가 왜 지금껏 지하에 묻혀 있었는지는 ⑩ <u>오리무중인 상태.</u> 우선 한국 전쟁 당시 몰살당한 민간인일 가능성이 있습니다.

〈녹취〉 경찰: 구멍으로 봤을 때는 방공호처럼 보이더라.

국방부는 해부용으로 쓰인 유해일 가능성을 ⑪ <u>내비쳤습니다.</u>

〈인터뷰〉 국방부 관계자: 의학 해부용 민간인 유해로 추정한다.

⑫ <u>이에 대해 수사기관은 폭행 흔적이 있는 점 등으로 미뤄 살인사건 가능성도 열어두고 국과수에 감식을 의뢰했지만 유해가 워낙 오래돼 자칫 미궁으로 빠져들 가능성도 배제할 수 없습니다.</u>

진단

구성도 기사도 실망스럽다. 공사장 관계자와 경찰의 녹취는 정식 인터뷰가 아니다. 취재가 덜된 리포트다.

① 유골이 쏟아져 나왔다는 표현은 인명을 경시하는 인상을 준다.
② 복문이다.
③ 상투적 표현이다.

④ 대표적인 첫 문장 토막 내기다.
⑤ 부적절한 표현이다.
⑥, ⑦ 과거형이다.
⑧ 불필요하다.
⑨ 의미 없는 온 마이크다. 현장과 접목된 멘트로 해야 한다.
⑩ 한자와 토막 문장이 거슬린다.
⑪ 가능성을 어떻게 내비치는가?
⑫ 접속사는 불필요하다. '~가능성을 열어두고 + 감식을 의뢰했지만 + 유해가 오래돼 + 미궁으로 빠질 가능성 + 배제할 수 없다'는 구조가 아주 복잡하다. 기사 문장이라고 하기 어렵다.

이 리포트의 어려움은 현장에 유골이 없고 사진만 공개됐다는 점이다. 이럴 땐 어떻게 만들어야 할지 고민스럽다. 시청자 입장에서 생각하면 답이 나온다. 가장 궁금한 것은 역시 유골이다. 되도록 빨리 소개하는 게 상책이다.

첫 문장 고민이 많다. 도심 한복판이라는 점에서 현장이 궁금하다. 다음엔 곧바로 유골 사진으로 디졸브 처리해 현장과 합성 효과를 내보자. 유골을 수거해 사진으로만 공개했기 때문이다. 궁여지책이다. 포클레인 기사의 녹취는 그 다음이다.

처방

유골이 발견된 공사장은 서울의 한복판인 대학로 주변입니다. 바로 이 아래에 14구 이상의 유골이 묻혀 있었습니다. 성인 11구와 어린이 3구 그리고 동물 뼈도 나왔습니다. 절단된 사람 두개골도 있습니다.

〈인터뷰〉 포클레인 기사: ……커다란 구멍 같은 게 있더라.
(그래픽으로 "지하 공간은 얼마 깊이와 넓이에 유해가 어떻게 쌓여 있었다"고 설명)

〈인터뷰〉 경찰: 방공호처럼 보이더라.

〈온 마이크〉 유해들이 언제부터 왜 여기에 묻혀 있었는지 아는 사람은 없습니다. 6·25 때 희생된 민간인들이거나 해부용이 아닐까 추정될 뿐입니다.

〈인터뷰〉 국방부 관계자: 해부용 유해로 추정한다.

경찰은 국과수에 감식을 의뢰했습니다. 유해가 워낙 오래돼 정확한 결과가 나올지는 미지수입니다.

5. 인터뷰 배치

인터뷰와 내레이션을 적절히 배치해야 방송 리포트로서 구성이 탄탄하다. 기사를 작성하다 보면 그 배치가 자연스럽지 못할 때가 많다. 이는 취재가 부실했거나 구성을 잘못한 결과다. 전부 허물고 다시 시작해야 한다.

"폭력배와 결탁한 사채업자"

〈앵커 멘트〉 사채업자와 폭력조직이 손을 잡고 전국을 누볐습니다. 높은 이자로 돈을 빌린 사람들이 숨죽인 채 떨어야만 했습니다. ○○○ 기자가 경기도 부천에 근거를 둔 실제 사례를 소개하겠습니다.

〈리포트〉 그제 오후, 경기도 부천의 한 주택에 사복 경찰 대여섯 명이 들이닥쳤습니다.

① "쾅쾅쾅! 열어보세요! 우리가 압수수색 영장까지 받고 왔으니까 뜯고 들어갑니다."

30여 분간의 실랑이 끝에 겨우 문이 열렸습니다.

경찰이 영장을 제시하고 집 안을 샅샅이 뒤지자, 집주인인 중년 여인이 완강히 저항합니다.

② 〈녹취〉 남 모 씨: 어떻게 그게 본 사건하고 관련이 있어! 놔두시라고요, 그거는요. 그러니까 그건 놔두시라고요!

압수수색으로 경찰이 찾아낸 건 통장 74개와 수표와 현금 7,000만 원. 20여 명으로부터 받은 차용증의 합계는 22억 원이 넘습니다.

③ 〈녹취〉 경찰: 13시 58분에 체포영장으로 체포합니다. 불리한 진술은 거부할 수 있고……

경찰에 체포된 사람은 경기도 부천에서는 '삐삐 엄마'로 불리던 사채업자 남 모 씨. 사채놀이를 해오던 남 씨는 2년 전, 폭력조직인 '식구파'와 손을 잡은 뒤부터 경기도 부천 일대에서는 사채업자의 대모로 통했습니다.

조직폭력배들은 남 씨의 지시로 빚을 갚지 못하는 채무자의 돈을 받아오는 해결사 역할을 했습니다.

대신 남 씨는 폭력조직에 자금을 대준 것으로 경찰은 파악하고 있습니다.

〈브리지〉 '식구파'는 사채업자인 남 모 씨의 자금으로 부천에서만 이러한 사행성 게임장 10여 곳을 개설해 운영해왔습니다.

이들 조직폭력배들은 사채업자 남 씨를 회장으로 모시며 충성을 맹세했습니다. 사채업자와 조직폭력의 결탁, 돈을 받아내기 위해 수단, 방법을 가리지 않는 그들은 법 위에 군림했습니다.

④ 〈녹취〉 '식구파' 조직원: 어느 누구도 초면에 보면 떨게끔 돼 있는 상황에 저희들이 죽여버린다 하고, 동작도 취하면서 거의 죽여버린다 하면 사람들이 많이 떨게 됩니다.

사업자금으로 3억 원을 빌렸던 한 채무자는 불어난 이자를 감당 못해 빚을 갚지 못하자 사무실에 감금당한 채 온갖 폭행과 협박에 시달리다 새벽에 가까스로 도망쳐 나오기도 했습니다.

⑤ 〈녹취〉 피해자: 감시가 소홀한 틈을 이용해서 양손에 구두를 들고 맨발로 도망쳐 나왔는데, 저를 없애기 위해서 수없이 찾아다녔던 적도 있고……

이렇게 당한 피해자가 한두 명이 아니지만 조직폭력배들이 두려워 신고조차 하기 힘들었습니다.

⑥ 〈녹취〉 피해자: 따귀를 갑자기 때리고 발로 걷어차가지고…… 마음이 떨려서…… 전화도 뺏어가지고요. 영업을 못할 정도로 3, 4일씩 다른 전화 빌려서 할 정도로……

경찰은 불법사채, 청부폭력과 관련된 혐의로 사채업자 남 씨와 조직폭력배 두목 안 모 씨 등 17명을 붙잡아 조사하고 있습니다.

⑦ 〈녹취〉 최용순 반장(대전 남부경찰서): 사채업자는 사람이 필요하고, 조직폭력배는 자금이 필요하니까 결탁한다.

경찰은 이들로부터 피해를 당한 채무자들이 200여 명이 넘는 것으로 파악하고 있습니다.
  불법사채업자들의 탈법행위는 조직폭력과의 공생관계로까지 이어지면서 점점 더 위험수위를 넘어서고 있습니다.

진단과 처방

  심층 리포트다. 이렇게 긴 내용에 제대로 된 인터뷰가 하나도 없다. 얼굴 없는 '녹취'로 덕지덕지 붙여놨다. 방송 불가다.
  녹취가 적절히 배치되지도 않았다. 취재가 잘못된 결과다. 받쳐줄 만한 녹취나 인터뷰가 없으니 내레이션으로 덧칠했다. ③ 녹취와 ④ 녹취 사이는 무려 일곱 문장이 이어졌다. 그 가운데 한 문장을 브리지로 처리했다. 무의미한 내용이다. 고쳐볼 엄두가 안 난다.

녹취
얼굴 없는 녹취는 대부분 허락받지 않은 것이다. 이는 극히 제한적인 범위 내에서 사용해야 한다. 불가피하게 고지하지 않은 채 촬영했다면 방송 전에 당사자에게 고지해야 한다. 법적인 문제를 피하기 위해 오디오를 변조하면 그만이라는 관행은 매우 잘못이다. 취재의 윤리 문제이기도 하다.

6. 기획취재

검찰·경찰이나 당국의 발표 기사를 리포트로 만들 때는 완전히 새롭게 재구성해야 한다. 당연히 도입을 어떻게 할 것이지가 아주 중요하다. 기획취재다. 스트레이트 기사(단신)를 그대로 읽어대는 형식은 수십 년 전에 사라졌다. 요즘 그런 리포트가 왜 종종 되살아날까?

"농협이 '한우 둔갑 젖소' 군부대에 납품"
〈앵커 멘트〉 군대에서 먹는 쇠고기가, 유난히 질긴 이유 다 있었습니다.
 농협 직원들이 뇌물을 받고, 젖소를 일반 쇠고기로 속여 군부대에 납품해왔습니다. ○○○ 기자입니다.

〈리포트〉 ○○ 지검 특수부는 쇠고기 납품업자 4명으로부터 뇌물 4,000만 원을 받고 품질이 낮고, 값이 싼 젖소를 일반 쇠고기로 둔갑시켜준 혐의로 농협중앙회 인천사업소 검수실장 김 모 씨를 구속했습니다.
 김 씨는 시중가의 절반 정도인 젖소를 군납용으로 허위 납품시켜달라는 업자 최 모 씨의 청탁을 받고 검수 과정에서 하루 수십여 톤의 젖소를 일반 쇠고기로 둔갑시켜 왔습니다.

〈인터뷰〉 한무근(○○ 지검 제2차장): 농협이 사업소 직원들에 대한 관리를 제대로 하지 않기 때문에 이런 부실 검수가 일어난 것입니다.

다른 직원들도 조직적으로 가세했습니다.
 정 모 씨는 납품서류를 위조해 2억 원을 가로챘으며 하 모 전 인천사업소장은 군납 알선 대가로 2,400만 원을 챙겨 구속됐습니다.

이런 수법으로 전국의 군부대로 납품된 젖소는 확인된 것만 약 120톤, 9억 6,000여 만 원에 이릅니다. 납품업자 7명도 함께 구속됐습니다.

검찰은 일주일에 한 번 수박 겉핥기식으로 이뤄지는 국방부 검수단의 부실 검수도 문제점으로 지적했습니다.

검찰은 농협중앙회 내부로 뇌물이 흘러들어간 정황을 일부 포착한 것으로 알려졌습니다.

〈온 마이크〉 검찰은 부실하기 짝이 없는 군납품 검수 실태와 농협 내부의 상납 연결 고리에 대해서도 수사를 확대할 방침입니다.

진단

이 리포트에 사용된 화면은 검찰의 발표 모습과 육우 창고 등 크게 두 가지뿐이다. 인터뷰는 없고 발표한 검사의 녹취 딱 하나다. 1분 30여 초를 내리읽고 마지막 문장을 건물 앞에 서서 온 마이크 했다. 온 마이크를 위한 온 마이크다. 텔레비전 리포트가 이래서는 곤란하다.

발표 기사를 리포트로 제작할 땐 기획을 새로 해야 한다. 수사 내용을 평면적으로 전해서는 안 된다. 현장 취재로 재조립해 내용을 입증해야 한다.

이 리포트의 가장 큰 결함은 검찰의 발표 장면으로 도입한 점이다. 아무런 관심을 끌지 못한다. 멘트는 '왜 질긴지 다 이유가 있었다'는 등 그럴싸하게 해놓고 하나도 확인해주지 않았다.

처방

시청자의 입장에서 생각해보면 쉽게 정답이 나온다.

① 품질이 낮은 값싼 소와 일반 소의 고기값 차이가 얼마나 나는지가 가장

궁금하다. 바로 그것이 도입부여야 한다. 말로 지나쳐버릴 일이 아니다. 저급 젖소 농장을 취재해야 한다. 가격 차이를 업자에게 인터뷰해야 한다. 두 마리 소를 나란히 세워놓고 비교하는 방법도 생각해볼 만하다. 도축된 뒤에는 고기값이 천차만별이라는 메시지를 담아야 한다. 그도 어려웠다면 최소한 정육점에라도 가서 고기를 두고 비교하는 방법도 있다.

② 농협사업소 관계자의 인터뷰는 왜 없는가? 응하지 않더라도 반드시 시도해야 한다. 실태가 어떤지도 취재해야 한다. 이런 점을 '검사를 제대로 안 한다'는 수사검사의 말 한마디로 다 건너뛰어 버렸다.

③ 아무개를 구속했다는 내용과 검찰 녹취는 중·후반으로 배치해야 한다.

7. 방송 3사 리포트 비교 분석

같은 발표 내용에 대한 방송사들의 리포트를 비교해보자.

먼저 보건복지가족부에서 "28주 이상 태아의 성감별을 허용하기로 한다"고 발표한 내용이다. A와 B사는 리포트를 했으나 C사는 단신으로 취급했다.

A사

"내년부터 28주 이상 태아 '성감별' 가능"

〈앵커 멘트〉 내년부터는 28주가 지난 태아에 대해서 성별을 감별할 수 있고, 그 결과를 가족에게도 알릴 수 있도록 법 개정이 추진됩니다. ○○○ 기자가 전합니다.

〈리포트〉 보건복지가족부는 오늘 "내년 1월 1일부터 임신한 지 28주, 7달이 지난 태아의 성감별과 고지를 전면 허용하도록 연말까지 의료법을 개정할 계획"이라고 말했습니다.

현재는 태아의 임신 월령과 상관없이 성별을 감별한 의료인은 면허가 취소되는 중징계가 내려집니다.

복지부가 성감별 허용 가능 시기를 28주로 잡은 것은, 현행 「모자보건법」에서 불가피한 낙태를 할 수 있는 기간을 28주 미만으로 규정하고 있기 때문입니다.

28주 이하인 태아의 성별을 감별해 알려준 의사와 간호사는 자격 정지 처벌을 받게 됩니다. 현행법에 비해 처벌을 완화했습니다.

〈인터뷰〉 박창규 사무관(보건복지부): 현재 태아 성감별 금지조항은 형법상 낙태죄보다 무거운 형량을 부과하고 있습니다. 이에 따라 형평성 문제가 지속적으로 제기가 되어왔고요.

복지부는 지난해 7월 헌법재판소가 현행 의료법의 '태아 성감별 고지 금지' 조항에 대해 헌법불합치 결정을 내렸기 때문에, 이에 대한 후속조치라고 설명했습니다.

B사
〈앵커 멘트〉 내년부터는 28주가 지난 태아의 성별을 부모와 가족이 알 수 있게 됩니다. 의료계는 환영했습니다. ○○○ 기자입니다.

〈리포트〉 내년부터 28주, 임신 7개월이 지나면 부모와 가족이 태아의 성별을 확인할 수 있습니다.

현행법상 28주 미만이면 불가피한 경우 낙태가 허용됩니다.

따라서 28주 이전에 태아 성을 알려줄 경우 낙태에 악용될 것을 우려해 28주 이후로 기준이 마련됐습니다.

〈인터뷰〉 박창규(보건복지가족부 의료제도과 사무관): 성별에 따른 낙태가 여전히 이루어지고 있는 현실과 의료인의 직업수행의 자유, 부모의 알 권리 등 헌법재판소의 판결 취지를 종합적으로 고려해서 합리적 기준을 만들어 의료법을 개정할 계획입니다.

28주 미만인 태아의 성별을 의사와 간호사가 알려주면 자격 정지 등 처벌을 받습니다.
   복지부는 지난해 7월 헌법재판소가 태아의 성감별을 금지한 현행 의료법이 헌법에 불합치한다는 판결을 내린 데 대한 후속조처라고 설명했습니다.
   의료계는 지금까지 성감별 고지가 금지돼 진료에 어려움이 있었다며 일단 환영하는 입장입니다.

〈인터뷰〉 이근영(강남성심병원 산부인과 교수): 선진국에서는 의료진단의 방법에 의해서 태아가 남잔지 여잔지 알게 되면 그 즉시 가르쳐주게 돼 있거든요. 우리나라도 결과적으로는 그렇게 가는 배경으로 가야 한다고 생각합니다.

그러나 태아 성감별의 정확도가 100%가 아니기 때문에 의료불신을 초래할 수도 있다는 지적도 나오고 있습니다.

진단
두 리포트 모두 기획취재를 하지 않았다. 보도자료에 브리핑 녹취를 넣은 성의 없는 리포트다.

앵커 멘트와 첫 문장이 똑같다. A사는 기자가 보도자료를 내리읽은 다음 복지부 직원 브리핑 녹취만 달랑 하나 붙이고 끝냈다.

이 리포트는 크게 나눠 왜 28주 이상인가와 복지부의 결정 사항 그리고 의료계의 반응과 부작용 등이다.

처방

① 도입부는 28주 이상인 태아의 초음파 동영상으로 잡는 게 이상적이다. 태아가 움직이는 모습을 스케치하고 성별 구분이 가능하다는 점을 설명해야 한다. 그 다음엔 이에 대한 의사의 소견을 뒷받침해야 한다.

케이스를 찾으면 다행이지만 그렇지 못할 때도 많다. 그럴 땐 역발상을 해야 한다. 산부인과 외래진료실 앞에 가면 28주 미만인 임신부는 얼마든지 만날 수 있다. 그들에 대한 스케치와 함께 태아의 성별을 알고 싶어 하는 모정을 인터뷰하면 현장감이 산다.

② 복지부의 결정 사항과 인터뷰를 뒷받침해야 한다.

③ '의료계 왜 환영하는가? 진료에 왜 도움이 되는가? 부작용은 없는가?' 등을 취재해야 한다.

다음은 군포 여대생 살해 혐의로 체포된 강호순이 다른 여성 6명도 자신이 살해했다고 자백한 날 밤 방송 3사 종합뉴스의 톱이다.

A사

〈앵커 멘트〉 군포 여대생 살해 피의자는 지난 2년 동안 경기도 서남부를 누비면서 연쇄살인을 했습니다. 2006년 12월부터 여성 7명을 살해했다고 오늘 새벽 자백했습니다. ○○○ 기자의 보도입니다.

〈리포트〉 지난 2년여 동안 군포와 수원 등 경기 서남부 지역을 공포로 몰아갔던 부녀자 연쇄 실종사건의 전모가 드러났습니다.

군포 여대생을 살해한 강호순이 나머지 실종자 6명도 살해했다고 자백했습니다. 모두 7명이 살해 암매장된 것입니다.

〈인터뷰〉 인근 주민: 그런 사람이 앞에 산다는 건 말이 안 되는 소리지. 무섭고 우리는 해만 지면 무서워서 못 나와요.

〈인터뷰〉 인근 주민: 가스총 사주라고 그러더라고요. 딸도 반월역 다니는데요. 절대 남의 차를 타지 말라고 그러죠.

강 씨는 군포 여대생 살해 외에는 모든 추가 범행을 강하게 부인해왔었습니다.

하지만 범행 때 입었던 옷에 남은 작은 얼룩에서 실종 여성의 DNA가 나오면서 강호순은 모든 범행을 자백했고, 오늘 시신이 잇따라 확인되면서 희대의 살인행각이 사실로 드러났습니다.

B사
〈앵커 멘트〉 군포 여대생 납치 살해 사건의 피의자 강호순이 6건의 추가 범죄를 자백했습니다. 모두 7명의 여성이 강호순에게 끔찍하게 살해당해 암매장당한 것으로 드러났습니다. ○○○ 기자의 보돕니다.

〈리포트〉 경기 서남부 일대를 공포로 몰아넣었던 연쇄 실종 사건은 모두 군포 여대생 살해 피의자 강호순이 저지른 범행이었습니다.

강호순은 검거 6일 만인 오늘 새벽, 지난 2년 동안 경기 서남부에서 실종된 부녀자 7명 모두를 살해 암매장했다고 자백했습니다.

〈인터뷰〉 박학근(수사본부장): 자신과 말이 통하는 광수대 모 형사를 불러달라고 하여 대면시키자 범행사실 일체를 자백하게 된 것입니다.

범행 동기에 대해 강호순은 지난 2005년 화재로 네 번째 부인을 잃은 뒤 1년 남짓 자포자기하는 심정으로 방황했고 여성들을 보면 살인 충동을 느껴 범행을 저질렀다고 진술했습니다.
 첫 범행 이후에 충동을 자제할 수 없었다는 섬뜩한 말도 했습니다.
 강호순은 성관계나 성폭행을 목적으로 피해 여성들에게 접근했고 대부분 목졸라 살해한 뒤 암매장했다고 진술했습니다.
 경찰은 앞으로 정확한 범행동기를 확인하고 2005년 10월 발생한 전처와 장모 화재 사망사건 등 여죄에 대해 계속 수사할 계획입니다.

C사
〈앵커 멘트〉 밤낮을 가리지 않고 여성들을 노린 연쇄살인 사건이 또 터졌습니다. 군포 여대생 납치살해 피의자는 실종 여성 7명을 자신이 모두 살해했다고 자백했습니다. 먼저 ○○○ 기자입니다.

〈리포트〉 여대생을 납치살해한 뒤 증거를 없애기 위해 시신까지 훼손하는 주도면밀함을 보인 피의자 강호순. 그의 손에 살해된 사람이 여섯 명이나 더 있었습니다.
 강호순은 지난 2006년부터 지난달까지 수원, 화성 등 경기 서남부 지역에서 잇따라 실종된 7명의 여성을 자신이 살해했다고 털어놨습니다.

〈인터뷰〉 박학근(경기경찰청 수사본부장): 새벽 2시 자신이 모든 짓을 다 했다고……

장기 미제사건으로 묻힐 뻔한 경기 서남부 지역 여성 연쇄 실종사건의 전모가 드러나는 순간입니다.
　경찰은 강호순의 옷에 묻어 있던 얼룩에서 지난해 11월 실종된 주부 김 모 씨의 것과 같은 유전자를 확인하고 추궁한 끝에 오늘 새벽 범행 일체를 자백 받았습니다.
　강호순은 3명을 노래방에서 만나 살해했고, 4명은 버스정류장에서 납치해 성폭행하거나 강도짓을 한 후 무참히 살해한 것으로 드러났습니다.
　특히 2007년 1월에는 불과 닷새 동안 여성 3명을 숨지게 하는 광적인 살인마의 모습을 보였습니다.
　희생된 여성의 연령은 20대에서 50대까지 다양했습니다.
　경찰은 이미 살해된 채 발견된 두 명 외에 오늘 네 명의 시신을 추가 발굴했습니다.

진단과 처방

　A와 B사는 두 번째 아이템으로 '시신 4구 추가 발굴'을 별도로 다뤘고 C사는 첫 아이템 내용 끝에 간단히 언급했다.

　① 먼저 앵커 멘트는 3사가 모두 '피의자가~ 자백했다'고 해 차이가 없다.
　② 도입부는 3사가 다 앵커 멘트와 그대로 겹쳐 신선한 맛을 주지 못한다. 특히 A와 B사의 첫 문장과 두 번째 문장을 보면 '경기 서남부를 공포로 몰아넣었던~'으로 시작해 '강호순이 ~자백했다'고 이어가 거의 동일하다.

C사의 첫 문장은 긴 수식을 붙인 토막 문장으로 무턱대고 쓰는 말이다. '그의 손에 살해된 사람이 6명이나 더 있었다'는 표현은 신선하다. 다만 그 다음 '~자백했다'는 앵커 멘트와 겹치고 그 뒤 수사 본부장의 발표와도 중복된다.

③ B와 C사는 수사본부장의 발표로 공신력을 뒷받침했다. A사는 주민 인터뷰를 두 명이나 했는데 내용이 동떨어졌다. 톱인 만큼 경찰의 발표가 받쳐야 힘차다.

④ B와 C사는 수사본부장 발표 하나만 달랑 쓰고 5~6문장을 지루하게 내레이션으로만 처리했다.

⑤ 기사도 전반적으로 거칠다.

A사의 마지막 문장이다.

하지만 범행 때 입었던 옷에 남은 작은 얼룩에서 실종 여성의 DNA가 나오면서 강호순은 모든 범행을 자백했고, 오늘 시신이 잇따라 확인되면서 희대의 살인행각이 사실로 드러났습니다.

접속사 '하지만'에 '자백했고'로 복문을 만들었다. 팩트가 너무 많이 들어 있다. '나오면서~'와 '확인되면서~'가 겹친다. '희대의 살인행각'은 케케묵은 표현이다.

☞ 강호순은 경찰이 그의 옷에서 추출한 실종 여성의 DNA 앞에 무릎을 꿇었습니다. 그의 자백에 따라 암매장된 시신까지 확인됐습니다.

C사의 후반부 문장이다.

특히 2007년 1월에는 불과 닷새 동안 여성 3명을 <u>숨지게 하는</u> 광적인 살인마 <u>의 모습을 보였습니다.</u>

좋지 않은 문장이다. '불과'는 삭제하는 게 낫다. '숨지게 하는'은 어색한 피동형 직역이다. '살해한'이 무방하다. '광적인 살인마의 모습을 보였다'는 기자의 감정이입이 심하다. 객관적이지도 않다.

☞ 특히 2007년 1월에는 닷새 사이에만 3명이나 살해했습니다.

⑥ 구성은 C사의 경우 '시신 추가 발굴' 내용을 포함하면서 스케치 한마디 없이 마지막 한 문장으로 처리하고 말았다. 어이없다.
이 리포트는 당연히 발굴 현장 스케치로 시작해야 한다.

☞ 야산 비탈진 계곡을 파자 여성의 시신이 나옵니다. 2년 전 실종된 40살 백모 씨의 시신으로 추정됩니다.
　이곳에서 얼마 떨어지지 않은 야산에서도 20대 여성의 시신이 나오는 등 4구가 발굴됐습니다.
　모두 강호순이 지목한 암매장 현장입니다.

〈인터뷰〉 박학근(수사본부장): ……범행 일체를 자백 받았습니다.

도입부가 이래야 긴장감을 주고 손님을 끈다.

8. 진행형

'~하고 있습니다' 하는 진행형 표현을 피하는 게 좋다. 물론 불가피한 경우도 많다. 다음 리포트를 보자.

"이스라엘, '48시간 휴전' 거부 … 공습 계속"
〈앵커 멘트〉 국제적인 비난에도 이스라엘과 하마스가 서로에 대한 ① <u>공습과 공격을 퍼붓고 있습니다</u>. 프랑스가 제안한 일시적인 휴전안도 거부했습니다. ○○○ 특파원이 전해왔습니다.

〈리포트〉 프랑스가 제안한 48시간 휴전안이 거부됐습니다. 이스라엘은 하마스의 로켓공격이 계속되는 한 휴전은 없다고 밝혔습니다.

〈녹취〉 에후드 바라크(이스라엘 국방장관): 위협받는 시민들을 위해서라도 이 전쟁의 목적을 빨리 달성하겠다.

비가 내리는 악천후 속에서도 이스라엘 공군기들의 공습은 ② <u>계속되고 있습니다</u>.
　가자접경엔 이미 수백 대의 탱크와 장갑차가 집결을 완료하고 진격 명령만을 ③ <u>남기고 있습니다</u>.
　하마스 측도 이스라엘의 공격 중단과 함께 국경 봉쇄 해제가 우선돼야 한다며 로켓공격을 ④ <u>강화하고 있습니다</u>.
　특히 가자지구에서 40킬로미터 떨어진 지역까지 로켓이 ⑤ <u>떨어지면서 이스라엘 측을 당황케 하고 있습니다</u>.

〈녹취〉 파우지 바룸(하마스 대변인): 지금 이 순간에 휴전을 논의하는 것은 피해자와 사형집행인 간의 거래와 같다.

국제사회의 압력은 ⑥ 거세지고 있습니다.
　유엔과 유럽연합 등은 즉각적인 휴전을 ⑦ 요구하고 있고 공습 반대시위도 전 세계로 ⑧ 확산되고 있습니다.
　하지만 닷새째 계속되는 공세로 사망자는 400명에 육박하고 부상자도 1,700여 명으로 늘었습니다.

진단과 처방

말끝마다 '~고 있습니다'로 이어간 리포트다. 본인이 현지에서 보기에는 모든 상황이 진행형이기 때문일 것이다. 리포트가 방송되는 시점을 고려해보면 감각이 다르다. 그렇더라도 이 정도는 지나치다. 다른 표현을 찾아야 한다.

① 서로에 대한 공격을 멈추지 않고 있습니다.
② 이스라엘 공군기들은 빗속에서도 공습을 계속했습니다.
③ ~탱크와 장갑차가 집결해 진격명령을 기다리고 있습니다.
④ ~강화했습니다.
⑤ ~떨어져 이스라엘을 당황하게 했습니다.
⑥ 거셉니다.
⑦ 요구했고, 확산됐습니다.

9. 편파보도 논란

필자는 2009년 1월 22일 뜻밖에도 <KBS 뉴스 9>에 리포트 할 기회가 생겼다. 2001년 7월 특파원 임무를 마치고 귀국한 뒤 데일리 뉴스에 참여하기는 처음이었다. 후배 기자들이 집단휴가투쟁 중이어서 데스크급 선배들이 제작하던 때 해설위원도 참여한 것이다.

당일 서울의 낮 체감온도는 영하 20도쯤이었다. 나는 마이크를 들고 현장으로 달려갔다. 온 마이크를 하고 시민들과 인터뷰를 했다. 용산 철거민 참사 현장이었다. KBS 뉴스 사상 최고령 리포터가 아닐까.

"〈심층취재〉 용산참사 '이해'로 극복하자"

〈앵커 멘트〉 용산참사로 민심이 뒤숭숭합니다. 정치권도 이해득실을 염두에 두고 공방이 뜨겁습니다. 이 불행한 사태를 어떻게 극복해야 할지 생각해봅니다. 이준삼 해설위원이 짚어봤습니다.

〈리포트〉 처절함이 사라진 현장이 싸늘하게 식었습니다. 저항도, 작전도 없습니다. 큰 희생의 대가가 무엇인지 허망합니다. 엇갈린 여론은 여전히 다릅니다.

〈인터뷰〉 시민 1: 경찰이 잘못한 부분이 있을 텐데 일방적으로 철거민 쪽만 처벌.
시민 2: 대화로 풀어야지 화염병과 시너를 뿌리는 등 폭력은 싫어.

정치권의 공방은 가열되고 있습니다. 민감한 사안에 전직 대통령까지 말을 보탰습니다. 이 불행을 놓고 설 민심을 겨냥한 여야의 의견대립이 팽팽합니다.

〈인터뷰〉 정세균(민주당 대표): 진상규명이 기본이고 출발이다.

홍준표(한나라당 원내대표): 억울한 죽음을 정쟁의 도구로 삼아선 안 된다.

사법적 잣대가 정서까지 아우르지 못하는 것도 안타깝습니다. 사망자가 너무 많은 데다 많은 사람이 구속됐습니다.

〈인터뷰〉 김남근(참여연대 민생희망본부장): 경찰의 진압작전이 잘못된 부분 조사해야.

감정적으로만 봐서는 풀리지 않습니다. 만일 경찰관 희생이 더 많았다면 여론은 크게 달라졌을 것입니다. 생존권이 아무리 절박하다 해도 불법과 폭력까지 용인되지 않습니다.

〈인터뷰〉 최진학(뉴라이트전국연합 정책국장): 새로운 시위문화를 정착시키는 계기가 돼야 한다.

이번 사태의 처리 결과는 앞으로 중요한 선례가 될 것입니다. 서울에는 재개발과 재건축 예정 구역이 200여 군데나 됩니다. 보상을 둘러싼 갈등은 언제든지 불거질 가능성이 큽니다.

〈인터뷰〉 손봉호(고신대 석좌교수): 쌍방이 이해하면서 처리 결과를 차분히 지켜보자.

〈온 마이크〉 이번 참사로 국론이 장기간 분열되는 것은 바람직하지 않습니다. 처벌할 부분과 책임질 부분 그리고 개선할 부분을 찾아 재발을 막는 계기로 삼는 것이 중요합니다. KBS 뉴스 이준삼입니다.

이 리포트는 크게 6개 토막이다. '여론 갈등 + 정치권 갈등 + 보혁 갈등 + 처리 결과 중요 + 클로징'으로 구성됐다.

▶ 도입부

이 리포트는 도입부를 현장 스케치로 잡았다. 사고가 난 지 며칠 지난 뒤의 모습을 기자가 찾아가 느낀 감정을 정리한 것이다. '뜨겁던'과 '식었다' 그리고 '저항도 작전도 없다', '큰 희생의 대가가 무엇인지 허망하다'고 해 참담한 상처를 쓰다듬는 마음이다.

▶ 형평성

이 사건은 매우 민감한 사안이다. 이를 염두에 두고 중립적인 스탠스를 잡으려 애썼다. 인터뷰의 내용과 길이까지도 7~8초로 같다. 경찰에 대한 조사와 처벌을 의미하는 기사를 조심스럽게 터치했다.

방송 후 한 인터넷 판에서 '경찰의 피해가 더 컸으면 여론은 달라졌을 것'이란 대목을 문제 삼아 편파성 리포트라고 평했다. 찬반 댓글이 600여 건에 달했다.

일부 수긍이 간다. 당시에 고의성이 전혀 없었기에 다시 쓴다면 이 부분을 좀 부드럽게 고치는 게 나을 듯하다.

사법적 잣대가 정서까지 아우르지 못하는 것도 안타깝습니다. 철거민 측에서 많은 사람이 목숨을 잃었고 구속됐습니다.

〈인터뷰〉 김남근(참여연대 민생희망본부장): 경찰의 진압작전이 잘못된 부분 조사해야.

감정적으로만 봐서는 풀리지 않습니다. 생존권이 아무리 절박하다 해도 불법과 폭력까지 용인되지 않습니다. 경찰의 희생이 더 컸다면 여론은 어떨까요?

〈인터뷰〉 최진학(뉴라이트전국연합 정책국장): 시위문화 정착의 계기가 돼야.

▶ 구성

열기가 사라진 현장으로 시작해 '여론 - 정쟁 - 처벌의 편향성'을 지적하고 앞으로도 많은 재개발 사업이 있는 상황이기 때문에 처리 결과가 중요한 선례가 된다고 지적했다. 감정에 휩쓸리지 말고 이성을 되찾자는 지도층 인사의 조언에 이어 기자가 현장에서 처벌과 책임 그리고 개선할 부분을 찾아 재발을 막는 계기로 삼자고 촉구하는 형식이다(현장 스케치 - 엇갈린 여론 - 정치권 갈등 - 사법적 처벌의 형평성 - 불법·폭력 시위도 문제 - 중요한 선례 - 성숙한 시민의식은 - 재발 막는 계기 삼자).

▶ 인터뷰 배치

총 2분 10초 리포트에 인터뷰가 7명이다. 약 1분이 인터뷰고 나머지가 기사다. 두세 문장 뒤에는 반드시 인터뷰를 배치했다.

▶ 기사

신중하고 경제적인 문체를 구사하려 애썼다. 되도록 직접적인 표현을 자제하고 인터뷰를 유도하는 문장을 만들었다.

일부에서는 '장기간 국론 분열이 바람직하지 않다'는 내용이 '경찰의 살인 진압을 용인했다'고 지적했다. 이 부분 역시 필자의 양심적 판단이지 고의성은 없었다.

이 사건은 시위대의 불법·폭력성과 안전대책이 미흡한 경찰의 진압작전으로 요약된다. 치밀하지 못한 진압으로 많은 희생자가 생긴 게 경찰의 책임이다. 경찰 수장 내정자는 당연히 옷을 벗어야 한다고 생각했다. 그는 나중에 물러났다.

04 프로그램 문장론

프로그램은 앞서 논한 모든 원칙과 훈련을 바탕으로 한 편의 소설이나 수필을 쓰는 것과 같다. 글쓰기의 기본기를 비롯해 구성력과 형평성 등 리포트의 제작 기법을 총동원해야 가능하다.

글에 여러 장르가 있듯이 방송 프로그램도 매우 다양하다. 탐사보도나 고발, 시사, 교양, 토론, 오락 등이다. 각 프로그램마다 필요한 대본 쓰기를 한 가지 원칙으로 설명하기는 곤란하다. 프로그램의 성격이 다르듯 문체 역시 큰 차이가 있다는 얘기다.

프로그램은 짧게는 15분에서 30분 또는 50분짜리 등이다. 1분 20초 안팎의 뉴스에 비해 우선 길이가 큰 부담을 준다. 리포트와는 달리 다양한 변화도 필수적이다. 그런 필체를 구사하려면 지금까지 논해온 단신과 리포트 문장에 내공을 충분히 쌓아야 한다.

단신이 단발식이라면 리포트는 연발식이고 프로그램은 다연발식이라고 할까. 문장마다 짧게 쓰면 리듬감과 분위기가 살지 않는다. 화면과 생각이 따라가지 못한다고 했다. '강약 중강약' 식의 박자를 느끼며 문장의 길이를 늘이거나 줄여야 좋다. 때로는 빠르게 때로는 무겁고 긴 호흡을 유지해야 한다.

문체나 수식어도 보도 프로그램보다 다른 프로그램에서는 변화를 줄 수 있는 폭이 넓다. 보도성이 다소 엄격하다면 교양성은 재미를 보태는 게 상당히 중요하기 때문이다.

- 무작정 따라 하던 아들 녀석의 걱정이 <u>이만저만이</u> 아닙니다.
- 할머니가 무엇을 하시려는지 <u>아리송하기만</u> 합니다.
- <u>목구멍에 단내가 나도록</u> 뛰었습니다.
- <u>난데없이</u> 나타난 고양이에 놀란 강아지가 <u>꼬리를 내립니다</u>.

이런 표현들은 뉴스에서는 쓰기 거북하지만 교양 등의 프로그램에서는 무리 없이 들린다. 프로그램의 주 시청층과 성격이 문체의 범위를 결정하는 것이다.

대원칙은 쉽게 더 쉽게 써야 한다는 것이다. 프로그램은 길기 때문에 뉴스보다 집중도가 떨어진다. 보지 않고 소리만으로도 쉽게 전달돼야 한다. 밥을 짓는 주부에게도 신문을 보는 가장에게도 산골 할머니에게도 잘 들려야 한다.* '읽기 위한 글'이 아니라 '듣기 위한 글'을 써야 한다는 얘기다.

프로그램 문장은 기자나 PD 또는 작가 등 여러 직종에서 쓴다. 그만큼 통일성이 적다. 문체가 다양하다는 점은 권장할 만해도 잘못된 표현을 남발할 가능성이 크다. 특히 외부 인사의 글인 경우 게이트키핑(gate keeping) 기능이 사실상 없다.

---

* 한소진, 『방송대본 이렇게 써라』(서울: 나남출판사, 2006), 62쪽.

1. 프로그램 문장의 나쁜 친구들

복문

프로그램 문장은 전반적으로 긴 중문이나 복문이 많다. 잊지 말아야 할 것은 프로그램 역시 멘트와 함께 순식간에 흘러간다는 사실이다. 다시 되돌려 듣지 못하기 때문에 전달력이 크게 떨어진다.

취재 결과 직영 농장이 있는 아모레퍼시픽<u>이나</u> 그렇지 않은 동서식품<u>이나</u> 여러 경로를 통해 차를 수매하는 것은 <u>마찬가지이며</u>, 그렇게 수매하는 중국 현지의 찻잎에 어떤 농약을 얼마나 뿌렸는지 관리하는 것은 불가능한 <u>일임을 알게 되었다</u>.

주어와 서술어가 제대로 호응하지 않는다. 두 문장으로 나눠야 한다. '이며'로 이어진 복문이다. '이나'가 겹친다.
'~임을'은 버려야 할 일본식 표현이다. '~불가능하다는 사실을 알았다'로 바꿔야 좋다. '취재 결과'는 너무 많이 써 이제 낡았다. 프로그램 자체가 취재한 결과이지 않은가.

☞ 직영 농장이 있는 아모레퍼시픽과 없는 동서식품이 똑같이 차를 여러 경로로 사들인다. 중국에서 찻잎에 얼마나 농약을 뿌렸는지 관리하기란 불가능하다는 사실을 알았다.

줄임말

　방송문장의 기초 가운데 하나는 줄임말이다. 이를 지키지 않은 글이 의외로 많다. 방송문장은 말하고 듣는 글이지 보는 글이 아니다. 자기소개를 할 때 '홍기표입니다'가 아니라 '홍기푭니다'고 말해야 한다.

　광저우 도매시장과 백화점 등에서 판매하는 차 제품 150종을 조사한 결과 17종의 차에서 검출<u>되어서는</u> 안 되는 메타미도포스의 잔류 물질이 검출<u>되었으며</u>, 1종의 차에서는 아세페이트가, 9종의 차에서는 DDT가 검출<u>되었다</u>.

　'되어서는'이 아니라 '돼서는'으로 해야 하고 '되었으며'가 아니라 '됐고'로 말해야 하기 때문에 아예 그렇게 쓰는 게 낫다. '되어'를 세 차례나 반복했다. '검출'도 세 차례다.

> ☞ 광저우 도매시장과 백화점 등에서 파는 차 150종을 조사해보니 17종에서 있어서는 안 되는 메타미도포스의 잔류 물질이 검출됐고 9종에서는 DDT가, 나머지 1종에서는 아세페이트가 나왔다.

토막 문장

　사람이나 장소, 사물, 시간 등을 묘사할 땐 거의 토막 문장이다. 인식을 바꾸려면 상당한 시일이 걸릴 것이다.

렉스턴을 산 지 40일 만에 고속도로에서 차가 <u>뒤집히는 사고</u>를 당한 <u>정영진 씨</u>. 이 사고로 그는 아버지를 잃었다.

차가 뒤집히면 곧 사고다. '사고'는 삭제하고 '뒤집혀~'로 바꿔야 한다. 그러려면 주어를 다시 배치해야 한다.

☞ 정영진 씨는 렉스턴을 산 지 40일 만에 고속도로에서 사고를 당했다. 차가 뒤집혔다. 이 사고로 아버지는 숨졌다.

이 프로그램에는 틈만 나면 토막 문장이 나온다.

- 올해로 운전경력 18년째인 운전기사 조정미 씨.
- 오전 9시, 서울 강북삼성병원 영안실.
- 어느덧 생활필수품이 된 자동차.

단어와 어미의 반복

그곳에서 살충과 제초를 위해 차밭에 농약을 치는 모습을 <u>목격할 수 있었다</u>. <u>그리고</u> <u>관련</u> 농민의 이야기를 들을 <u>수 있었다</u>.

'~수 있었다'가 되풀이됐다. '있을 수 있는 것'은 모두 버리자고 했다.
'살충과 제초를 위해'는 잘못된 표현이다. '목격'이라는 한자를 쓰고 '그리고'의 접속사에 이어 '관련 농민'은 또 뭔가?

☞ 벌레를 잡고 잡초를 없애려 차밭에 농약을 치는 모습이 보였다. 농민은 말했다.

상투적 표현

낡을 대로 낡은 표현들이 많다. 보도 문장보다 훨씬 심하다.

- 제보를 받고 확인취재에 나섰다.
- 방송이 나가자~
- 방송이 나간 후~
- 취재 결과~
- 위기에 직면했다.

접속사

'하지만', '또', '그렇다면', '그런데', '그러자', '그리고', '뿐만 아니라' 등의 접속어가 틈만 나면 나온다. 아무런 제약이 없는 듯하다.

어색한 표현

- 한 화환 재탕 업자의 뒤를 쫓던 중 뜻밖의 상황에 직면했다.(한자어)
- 이렇듯 분명한 차이가 있음에도~(일본식 표현)
- 제품은 이름과 가격에 걸맞은 효능이 있는 걸까?(어색한 수식)

'직면했다'는 '봤다'로 쓰면 그만이다. 과거 변사체에서나 쓰던 용어를 부활시켰다. '있음에도'는 '있는데도'로 쓰면 자연스럽다.

'걸맞은'은 두 편이 거의 비슷하거나 격에 맞다는 의미다. '걸맞은 맞수'나 '모자가 옷차림에 걸맞다'고 써야 정확하다. '제품의 효능이 이름과 가격에 비해 과장이 심하고 비싸다'는 의미인 줄은 알겠지만 '걸맞은'이라는 표현은 '걸맞지' 않다.

종합 클리닉

1. 프로그램 문장 분석

　방송의 글은 화면과 함께 지나가기 때문에 유심히 듣지 않으면 대충 넘어간다. 멘트보다는 선정적이거나 감동적인 화면이 더 오랫동안 기억에 남는다. 그러다 보니 대본에 대한 게이트키핑이 엄격하지 않은 경향이 있다. 방송되는 프로그램 문장을 따져보면 고쳐야 할 부분이 수두룩하다. 다음 세 가지 대본을 살펴보면 이를 잘 알 수 있다.

　먼저 브랜드 달걀이 특별할 게 없다는 고발 내용의 일부다.

　① 시중에 브랜드 달걀이 <u>넘쳐나는</u> 것은 정부의 <u>관리 부재와 유통업체의 횡포가 빚은 결과물이다</u>.

　② 실제로 비타민 E 성분이 거의 들어 있지 않은 달걀을 만든 업체도, 녹차 성분이 전혀 들어 있지 않은 녹차 달걀을 만든 업체도 법적인 <u>제재를 가할</u> 방법이 없다.

　③ 정부가 브랜드에 대해 원칙적으로 관여하지 않고 기능성 인증 기준이 없기 때문이다.

　④ 농림부 소비안전과 담당 사무관은 '브랜드는 민간에서 자율적으로 자기 상표를 표시한 <u>것이니</u> 민간에 자율적으로 <u>맡겨둔다</u>'고 말한다. 정부의 입장은 원칙적으로 자유방임이다.

　시장이 알아서 정직하지 않은 기업은 걸러낼 것이라고 말한다. ⑤ <u>과연</u> 시장의 보이지 않는 손은 제대로 <u>기능하고 있는가</u>?

진단과 처방

① 문법적으로 좋지 않은 문장이다. 이는 마치 '배가 많이 부른 것은 그 식당 주방장의 솜씨와 나의 배고픔이 빚은 결과물이다'라는 식이다.

☞ 시중에 브랜드 달걀이 넘치는 이유는 정부에서 관리를 안 하고 유통업체들이 횡포를 부리기 때문이다.

② 주어와 술어 관계가 모호하다.
'~업체도, ~업체도 제재를 가할 방법이 없다'고 하기보다 '~아무런 제재를 받지 않는다'가 맞다. 제재를 '가(可)하다'는 표현도 싫증이 난다.
③ '관여하지 않는 데다 기준도 없기 때문이다'로 해야 의미가 더 좋다.
④ '~한 것이니 자율에 맡겨둔다'는 표현이 어색하다.

☞ 농림부 관계자는 '브랜드란 업체가 자율적으로 상표를 표시한 것'이라고 말한다.

⑤ '기능하고 있는가'라는 표현은 어색하다. '과연'이란 '알고 보니 정말'이라는 뜻이다. 이 문장에선 어울리지 않는다.

☞ 정말 보이지 않는 손의 기능을 믿어도 될까?

다음은 부작용이 난 성형수술에 대해 환불이 가능하다는 주제의 프로그램의 일부다.

환자의 환불 요구와 병원 측의 재수술 입장이 ① <u>좁혀지지 않을 경우</u>, ② 중재 <u>비용의 부담을 줄이면서</u> 도움을 ③ <u>요청할 수 있는</u> 기관으로 한국소비자원이 있다.

한국소비자원 의료팀은 의료 분야에 대한 전문 지식을 갖춘 인력으로, ① 필요할 경우 전문의 자문 등을 통한 자료를 근거로 병원과의 중재에 나선다.

한국소비자원에 중재를 ① 요청할 경우, 성형 부작용 부위에 대한 의사의 소견서와 재수술 비용 등이 명시된 진단서를 제출해야 효과적인 중재가 가능하다.

특히 ① 재수술을 받을 경우 첫 수술보다 위험한 만큼 수술비도 2배 가까이 높아지므로 재수술 비용을 첨부한 진단서는 꼭 필요하다. 다만 한국소비자원의 중재는 법적 강제력이 없기 때문에 병원이 이를 ① 받아들이지 않을 경우, 이 이상의 중재는 불가능하다.

한국소비자원이 중재에 ① 실패할 경우, 성형 부작용 피해자가 결국 법에 호소③ 할 수밖에 없다.

하지만 소송 여부를 결정하기 전에 그에 따른 실익을 따져봐야 한다.

진단과 처방

① '~ 경우' 중독증이다. 거의 모든 문장에 들어 있다.

모두 '~면'이나 '~땐'으로 바꿔 섞어 써야 바람직하다. '좁혀지지 않으면', '중재를 요청할 땐' 등이다.

② '중재 비용을 줄이고~'

③ '요청하는', '호소한다'

이번엔 택시의 앞자리 승객이 더 위험하다는 내용의 대본이다.

2006년 한 해 동안 법인 택시 사고로 ① 죽거나 다친 사람은 모두 ② 6만 7,805명, 하루에 180여 명이 택시 사고를 당했다.

③ 집계 가능한 자료에 따르면 택시 사고율은 2001년부터 지금까지 계속 증

가하고 있다.

　④ 하지만 기사는 물론 승객의 안전을 위한 대책은 부족한 실정이다.

　⑤ 심지어 기사와 승객의 안전을 지켜줄 가장 기본적인 ⑥ 장비라고 할 수 있는 에어백도 ⑦ 거의 장착되어 있지 않다.

　위협받고 있는 택시 기사와 승객의 안전 문제를 짚어본다.

　2007년 4월 5일 밤 ⑧ 10시 30분, 대전 세천동. 승용차가 중앙선을 ⑨ 침범하면서 마주 오던 택시와 ⑩ 충돌하는 사고가 발생했다.

　택시 기사는 그 자리에서 숨졌고 앞자리에 앉은 승객은 병원으로 후송된 지 5일 만에 사망했다.

　⑪ 그러나 교통법규를 위반한 승용차 운전자는 목숨을 ⑫ 건질 수 있었다. ⑬ 오히려 피해자의 희생이 더 컸던 이유는 무엇일까?

　기사와 승객 ⑭ 모두 안전띠를 ⑮ 하고 있었지만 두 자리 모두 에어백은 없었다.

　⑯ 반면에 승용차에는 에어백이 달려 있었다. 에어백이 있느냐 없느냐로 생사가 갈린 것이다.

손볼 데가 아주 많다.

진단과 처방

① 숨지거나

② 토막 내지 말고 두 문장으로 나누는 게 부드럽다.

　☞ ~6만 7,805명에 달했다. 하루에 180여 명이다.(택시사고를 당했다)

③ '집계 가능한 자료에 따르면~'이란 표현이 어디서 나왔을까? 언젠가

인쇄매체에서 본 듯한데 방송에서 쓰다니 이해가 안 간다.

④ 삭제 ☞ 기사와 승객의 안전대책은 그 반대다.

⑤ 삭제
⑥ 장비면 장비지 '할 수 있는'은 뭔가? ☞ '~장비인 에어백도~'

⑦ ☞ 대부분

⑧ 식상한 첫 문장 자르기.
⑨ '~면서'를 남용했다.
⑩ '~한' + 사고
☞ ~밤 10시 반 대전시 세천동에서 승용차와 택시 충돌사고가 났다. 승용차가 중앙선을 넘어 택시를 들이받았다.

⑪ 삭제
⑫ 목숨을 건졌으면 건졌지 '건질 수 있었다'는 뭔가? 또 법규를 위반한 쪽이 반드시 위험하다는 증거는 없다. 전후관계가 모순이다.
☞ 법규를 위반한 승용차 운전자는 목숨을 건졌다.

⑬ 삭제
⑭ '모두'가 연이어 겹쳤다. 한 번만 쓰자.
⑮ '하고 있다'보다 '매다'라는 표현이 적절하다. 안전띠를 맸다는 것과 에어백이 없다는 것이 대조를 이루지 못한다. '~만'의 남용이다.
다음 문장의 승용차 운전자가 안전띠를 맷는지 여부도 없어 더 그렇다.

☞ 택시에는 에어백이 없었지만 승용차에는 있었다. 기사와 승객은 둘 다 안전띠를 맸다.

⑯ 삭제

2. 다시 쓰는 프로그램 문장

필자가 10년 차쯤에 썼던 프로그램 원고들을 보니 낯 뜨겁기 짝이 없다. 어떻게 이런 엉터리 원고로 방송을 했을까?

예문은 1996년 신년특집으로 방송된 <정보혁명의 새 물결> 가운데 1편인 "세계를 1초에"라는 작품의 도입부이다.

신년특별기획 <정보혁명의 새 물결> 제1편 "세계를 1초에"
  <프롤로그>
  <메인 타이틀 + 서브 타이틀>

미국 동남부 대서양 연안에 자리 잡은 ① 플로리다 반도. ② 겨울이 없고 1년 내내 따스한 햇볕이 쪼이는 이른바 선벨트라 불리는 플로리다는 '꽃이 피는 나라'라는 말뜻처럼 미국에서도 아름답고 살기 좋은 지역으로 꼽힙니다.

   ③ 그러한 플로리다 주의 한복판 ④ 올랜도 시. ⑤ 전원주택에 그림 같은 풍경 속에 사는 이 지역 사람들은 요즘 초고속정보통신망이 가져온 생활의 대변혁기를 맞고 있습니다.

   ⑥ 올랜도 시의 한 컴퓨터 회사 부회장인 게리 씨의 주말 저녁시간. 텔레비전 앞에 모여 앉은 게리 씨 가족은 영화감상을 하기로 하고 리모콘으로 주문형 영화 코너를 찾습니다.

⑦ 이어 수많은 예고편들이 계속해서 소개됩니다. 한 편을 선택합니다.

도중에 부인은 다음 주 남편의 해외여행 때 쓸 여행용 가방을 머릿속에 떠올립니다.

"쇼핑이 97번이지…"

⑧ 역시 리모콘으로 쇼핑코너에 들어갑니다.

실제 거리를 걷는 것 같은 3차원 그래픽을 통해 10여 개 대형 쇼핑센터가 연결됩니다.

〈가방 광고〉 이것은 '샤퍼 이미지'가 제공하는 아주 독창적인 여행용 가방입니다. 이제껏 나온 것 중에 최곱니다. 가방 아래 바퀴가 달려 호텔이나 공항에서 운반이 쉽습니다.

물건을 골라 신용카드 번호를 입력하고 주문버튼을 누르는 것으로 쇼핑은 끝납니다. 가방은 내일까지 집으로 배달됩니다.

쇼핑을 마친 후 보다가 만 영화를 다시 불러와 감상을 계속합니다. 영화는 되돌려 ⑨ 볼 수도 있습니다.

리모콘 하나로 생활에 필요한 거의 모든 정보를 텔레비전 모니터로 불러올 수 있는 ⑩ 시스템. 이것이 바로 현재 올랜도에서 '풀 서비스 네트웍'이라고 이름 붙여진 초고속정보통신망의 얼굴입니다.

〈인터뷰〉 (풀 서비스 네트웍 후 어떤 생활의 변화를 느끼나요?) 남편: 대단히 편리하죠. 비디오 가게에 가지 않아도 되고 예약을 하거나 기다릴 필요도 없이 영화를 볼 수 있어 편해요.

부인: 보고 싶은 뉴스를 원하는 시간에 볼 수 있어 좋아요. 특히 좋아하는 농구를 볼 시간이 없었는데 주문형 비디오로 보고 싶어요.

올랜도의 '풀 서비스 네트웍 시스템'은 세계 최대의 미디어그룹인 타임워너사가 1년 전인 지난 1994년부터 ⑪ 가동시킨 금세기 최초의 종합통신망으로 정보통신기술의 결정판입니다.

이 시스템은 광케이블로 연결된 통신망 운영센터와 분배센터 그리고 가정으로 구성됩니다.

즉, 가정에서 리모콘으로 신호를 보내면 분배센터를 거쳐 통신망 운영센터로 전달되고 운영센터 컴퓨터는 갖가지 정보가 압축 저장된 볼트에 이를 끄집어내도록 명령합니다.

여기서 나온 정보는 디지털로 바뀌어 가정으로 전달됩니다. 불과 1~2초 만에 이 모든 과정이 끝납니다.

타임워너사는 이 시스템의 서비스 범위를 앞으로 주문형 뉴스를 비롯해 은행 업무와 스포츠 ⑫ 그리고 음악 등에 이르기까지 다양하게 확대할 예정입니다.

⑬ 또한 현재 4,000가구인 서비스 대상도 올해 안에 1,000만 가구까지 늘릴 계획입니다.

〈인터뷰〉 타임워너사 수석매니저: 다른 나라와도 이런 시스템을 개발하는 데 많은 관심을 갖고 있습니다. AT&T사와 실리콘그래픽스와 협력해 인터액티브 솔루션이라는 회사를 만들어 이런 서비스를 제공하는 데 필요한 기술적인 문제점을 해결할 준비가 돼 있습니다.

⑭ 플로리다에서 멀지 않은 노스캐롤라이나 주. 이곳에서는 올랜도에서 볼 수 없는 또 다른 형태의 초고속정보통신망을 볼 수 있습니다.

〈녹취〉 "안녕? 출석 부르겠어요."

교사는 앞에 설치된 모니터를 통해 250km 떨어진 시골 학교에서 자신의 강의를 듣고 있는 학생들을 ⑮ 만날 수 있고 그들과 질문과 응답을 자유자재로 ⑯ 나눌 수 있습니다.

진단과 처방

① 첫 문장을 상투적으로 잘랐다. 장소의 토막 문장이다.

② 주어 플로리다를 길게 두 번이나 겹쳐 수식했다. 처음 두 문장은 해체하고 다시 조합하는 게 좋겠다.

☞ ~플로리다는 '꽃 피는 나라'로 불립니다. 1년 내내 따스한 햇볕이 쪼이는 이른바 선벨트로 미국에서도 아름답고 살기 좋은 지역입니다.

③ 불필요하다.

④ 토막 문장이다.

⑤ '전원주택에 그림 같은 풍경 속에~' 부자연스럽다. '생활의 대변혁기를 맞고 있다'는 불필요한 진행형이다. 전반적으로는 이질적인 내용이 섞인 복문이다. 전부 '헤쳐 모여' 해야 한다.

☞ 그 한복판에 (풍경이) 그림 같은 올랜도 시가 있습니다. 이 지역 사람들은 요즘~ 대변혁기를 맞았습니다.

⑥ '올랜도 시의 한~'은 불필요하다. 시간의 토막 문장이다. 뒷문장과 헤쳐 모으자.
☞ 컴퓨터 회사 부회장인 게리 씨 가족이 주말을 맞아 한가한 시간을 즐깁니다. 영화감상을 하기로 하고 리모콘으로 주문형 코너를 찾습니다.

⑦ '이어' 불필요. '됩니다' 피동형.
☞ 수많은 예고편들이 나옵니다.

⑧ '역시' 불필요. 전체를 다시 쓰자.
☞ 쇼핑코너에 들어가자 실제 거리를 걷는 것 같은 3차원 세계가 나타납니다. 쇼핑센터 10여 개가 늘어섰습니다.

⑨ '있을 수 있는 것' 버리기.
☞ 되돌려 보기도 합니다.

⑩ 훌륭한 토막 문장. 중간에 가끔 쓰면 이렇게 힘이 실린다. '불러오는 시스템'으로 바꾸자.
⑪ '가동시킨'이 아니라 '가동한'
⑫, ⑬ 삭제
⑭ ☞ 플로리다에서 멀지 않은 노스캐롤라이나도 빼어난 풍광을 자랑합니다. 여기서는 다른 형태의 초고속 정보통신망이 실현됐습니다.

⑮, ⑯ '듣는 학생들을 만나고', '나눕니다'

무엇보다 장소나 시간, 인물, 상황 등에 토막을 내지 않으려는 노력이 필요하다. '접속사'와 '있을 수 있는 것'을 버리고 다듬으면 글이 매끄럽게 바뀐다.

다음은 "싱가포르의 자존심: 공직사회" 편이다.

이 프로그램은 깨끗한 거리와 질서의식으로 도입해 관공서로 접근하는 방법으로 구성했다. 문장이 부끄럽다. 도입부를 잠시 보자.

특별기획 "싱가포르의 자존심: 공직사회"
〈프롤로그〉 관광버스 안내방송: 싱가포르는 세 가지 깨끗한 것을 자랑한다. 거리, 물, 공무원이다……

① 싱가포르를 처음 찾은 사람이면 누구나 맑은 하늘 아래 즐비한 고층건물과 깨끗한 시가지의 모습에서 막연히 살기 좋은 나라라는 느낌을 받게 됩니다.
② 그래서 싱가포르에는 많은 관광객들이 이어지고 있는지도 ③ 모릅니다.
④ 특히 중심가인 이곳 오차드 로드는 쇼핑센터들이 집중돼 있는 곳으로 언제나 수많은 관광인파로 붐벼 마치 인종의 전시장 같은 분위기가 연출됩니다.
그러나 시간이 흐를수록 이 나라에서는 질서의식이 훈련돼 있지 않은 사람에게는 점차 불편한 나라라는 것을 곧 깨닫게 됩니다.
이 사회가 싱가포르 국민들은 물론 외국인들에게까지도 엄격한 규율과 의무를 요구하고 있기 때문입니다.

〈인터뷰〉 (싱가포르에 대한 인상은 어떻습니까?) 친절하고 깨끗하고 서비스가 좋아서 다시 왔죠.
(왜 깨끗하다고 생각하나요?) 시민들이 규율을 잘 따르고 질서의식이 투철해

서죠.

　(뭐가 가장 맘에 드나요?) 아름다운 나라군요. 친절하고 쇼핑하기도 좋고……

⑤ 택시는 승차장이 아니면 서지 않고 줄을 서서 기다리도록 아예 구조물이 설치돼 있습니다. 구조물이 없더라도 줄을 서는 것은 이 나라의 생활습성입니다.
　차례대로 줄을 서도록 만들어진 이러한 구조물은 관공서와 금융기관 등에 모두 설치돼 있습니다.
　⑥ 도심통행 난을 덜기 위해 시행하고 있는 '도심통행 제한제'는 얼마 전까지는 출근시간에만 적용됐지만 최근 차량이 늘면서 퇴근시간까지로 확대됐습니다.

〈인터뷰〉 (무슨 표를 사나요?) 도심통행권입니다. 3달러면 하루 종일 이용할 수 있죠.
　(날마다 사용합니까?) 아니요, 저는 말레이시아에서 왔어요. 그래도 여기서는 규칙을 지켜야죠.

⑦ 통행료도 거의 두 배로 올라 승용차는 싱가포르달러로 5달러, 오토바이도 3달러를 내야 하고 지키지 않았을 때 벌금은 우리 돈 2만 원입니다.
　⑧ 엘리베이터 안은 말할 것 없고 에어컨이 가동되는 모든 공중시설에서는 담배를 피울 수 없습니다. 어겼을 때는 500달러, 우리 돈 20만 원입니다.
　⑨ 심지어 화장실에서도 흡연은 금지되며 깨끗이 사용하지 않았을 때는 역시 벌금을 문다는 경고문이 붙어 있습니다.
　⑩ 음식점의 경우 위생 감시가 철저해 금연은 물론이고 업주는 화분에 물을 적당히 줘야 하는 의무까지 지고 있습니다.

진단과 처방

① 너무 길다.
☞ 즐비한 고층건물과 깨끗한 거리는 싱가포르가 자랑하는 첫인상입니다. 처음 찾은 사람들에겐 더없이 살기 좋은 곳으로 보입니다.

② 불필요하다.
③ 애매한 표현이다.
☞ 싱가포르에 관광객이 끊이지 않는 것은 그런 매력 때문입니다.

④ '쇼핑센터 집중, 관광인파로 붐벼, 인종의 전시장' 등 팩트가 뒤섞였다.
☞ 중심가인 오차드 로드엔 쇼핑을 즐기려는 관광인파로 붐빕니다. 인종의 전시장과 같은 분위깁니다.

⑤ 두 가지 팩트가 혼재됐다.
☞ 택시는 승차장이 아니면 서지 않습니다. 승차장엔 구조물을 설치해 순서를 지키도록 만들었습니다.

⑥ '됐지만', '늘면서' 등 지저분하다. 문장이 얽혔다.
☞ 도심통행 제한제를 출근시간에만 적용하다 최근엔 퇴근 때도 시행합니다. (차량 증가에 따른) 도심통행 난을 덜기 위한 노력입니다.

⑦ '통행료 올라, 승용차와 오토바이 얼마고, 어기면 벌금 얼마' 등 매끄럽지 않다. 통행료가 구체적으로 얼마인지는 중요하지 않다. 오토바이도 통행료를 낸다는 점이 이색적이다.

☞ 통행료도 두 배 가까이 올랐습니다. 납부하지 않으면 벌금을 내야 합니다. 우리 돈 2만 원입니다. 오토바이도 예외가 아닙니다.

⑧ 앞에 엘리베이터 얘기가 있기 때문에 불필요하다.
⑨ '~며'는 쓰지 말고 나누자.
☞ 심지어 화장실에서조차 금연입니다.

당시만 해도 우리나라는 금연정책을 시행하지 않았던 때라 화장실 금연은 매우 충격적으로 느껴졌다.

⑩ 나누자.
☞ 음식점의 위생 감시는 특히 철저합니다. 금연은 물론입니다. 화분에 물을 적당히 줘야 하는 것도 업주의 의뭅니다.

05 뉴스해설 문장론

뉴스해설과 논평 또는 사설과 칼럼 등은 조금씩 차이가 있다. 신문의 사설과 칼럼이 큰 차이가 있듯이 방송의 해설과 논평은 상당히 다르다. 해설은 말 그대로 큼직한 뉴스를 놓고 시청자들의 이해를 돕기 위해 배경이나 전망 등을 곁들여 풀어주는 것이다. 해설위원의 주관이 어느 정도 반영되기는 해도 객관적이어야 한다. 논평은 어느 사안에 대해 거두절미하고 잘잘못을 가리는 형식에 가깝다.

그렇더라도 방송의 해설이나 논평은 신문의 사설과는 확연히 다르다. 신문은 말 그대로 그 신문사의 입장에서 논하는 것이지만 방송은 방송사의 입장이 따로 없다. 방송은 국민의 공공재인 전파를 사용하는 매체다.

해설위원의 주관은 공익적인 수준에서 상식을 넘으면 곤란하다. 그것은 보이지 않지만 넘어서는 안 되는 선이다. 길이는 1분 30초에서 3분에 이르기까지 방송사마다 차이가 있다.

해설문장에서 배워야 할 것은 글의 짜임새다. 알맹이가 있어야 하고 구성이 탄탄해야 한다. 형평성도 갖춰야 한다.

1. 해설문장의 틀

팩트의 최소화

　해설은 기본적으로 관련 뉴스가 다 나가고 난 뒤에 방송된다는 점을 염두에 둬야 한다. 어제부터 또는 며칠 전부터 반복돼온 뉴스를 거슬러 올라가서는 안 된다. 시청자들은 이미 그 사안에 대해 다 알고 있다. 팩트를 최소화해야 할 이유가 여기에 있다.
　팩트 그 자체는 한두 문장으로 요약하고 나머지는 다른 내용을 담아야 한다. 폭넓은 식견이나 연구가 없으면 채우기 어렵다. 뉴스 내용과 겹치는 부분이 많으면 많을수록 나쁜 해설이다. 들을 가치가 없다.

도입부를 참신하게

　리포트와 마찬가지로 해설도 처음에 손님을 끌지 못하면 끝장이다. 다 아는 얘기로 시작하면 채널은 이미 돌아간다.
　'노무현 대통령의 형 건평 씨의 비리 의혹이 갈수록 증폭되고 있습니다'라거나 '~파문이 확산되고 있습니다' 등이 그런 유다.
　손님을 끌려면 먼저 약간 생뚱맞은 얘기를 던지는 것이 가장 좋다. 시청자들은 '무슨 얘기를 하려고 저러지?' 하고 관심을 갖는다. 귀가 솔깃해진다.

건평 씨 비리 의혹 사건
왕세자 자리를 동생인 세종에게 내준 양녕대군은 평생 조정과 멀리 떨어져 지냈습니다. 부담을 주지 않기 위해서였습니다. 서울의 방배동은 양녕이 정권에 등을 돌리고 살았던 곳이라 전해집니다.

김민석 씨 수사 거부
재기를 노리는 정치인에게 꼭 필요한 것은 무엇일까요? 도덕성과 정당성을 바탕에 둔 이미지 관립니다. 때로는 정권의 부당한 탄압이 큰 도움이 되기도 합니다.

적어도 채널이 돌아가지는 않을 것이다. 이렇듯 도입부를 설정하는 데 절반 이상의 시간을 투자해야 한다. 밋밋하게 시작하면 쉽게 풀어가기 쉬워도 뉴스 내용을 벗어나기 어렵다.

심화 과정 필요

다른 비슷한 예나 외국의 경우 또는 통계수치 등을 곁들어야 탄탄하다. 건평 씨 사건이라면 대통령의 형이나 동생이 권세를 부리다 몰락한 사례나 그 반대로 청렴했던 사례를 끌어와야 한다. 김민석 씨 사건은 정치인들의 검찰 수사 거부 사례나 이유 등을 분석해야 한다.

건평 씨 비리 의혹 사건
우리는 전두환 전 대통령의 동생 경환 씨를 기억합니다. 그는 형을 등에 업고 막강한 영향력을 휘둘렀습니다. 비리로 결국 쇠고랑을 찼습니다.

건평 씨 역시 그럴 운명에 처했다는 사실을 암시하면서 시청자들의 마음을 사로잡는다.

김민석 씨 수사 거부

이 사건이 풀리지 못하는 몇 가지 이유가 있습니다.

첫째, 정치인에 대한 검찰 수사가 사실 일관되지 못했던 측면이 있습니다. 현역 의원들에 대한 영장 집행이 좌절된 선례도 있습니다. 한국적 정치상황의 특수성이라고 늘 말해왔습니다.

둘째, 당사자와 당이 이 사건을 그런 연장선상에서 다루려는 전략 때문입니다. '야당 탄압'이란 당론이 말해줍니다. 혐의의 사실 여부는 별로 중요하게 여기지 않는 듯이 보입니다.

셋째, 야당 정치인에겐 탄압이란 입증할 수만 있다면 더없이 좋은 명분입니다.

클로징과 도입부의 조응

해설의 클로징은 뉴스보다 훨씬 중요하다. 찡한 감동을 주거나 후련한 뒷맛을 남겨야 한다. 보통은 도입부에서 언급했던 내용을 연결해주면 구성이 아주 좋다. 발단과 대단원이 어울리는 것을 조응(照應)이라 한다.

건평 씨 비리의 경우를 보자.

권력자를 돕는 일은 가까이서만 하는 것이 아닙니다. 멀리 떨어져 등을 지고 있는 것이 더 나은 길일 수 있다는 사실을 양녕대군의 지혜에서 배웁니다.

양녕대군의 일화가 시작과 끝을 장식해 강한 임팩트를 준다. 여운도 길다.

김민석 최고위원의 경우엔 도입부에 언급했듯이 그가 재기를 노리는 정치인이기에 처신이 중요하다는 점을 강조한다.

재기를 노리는 그의 정치생명은 이 사건의 향배에 큰 영향을 받게 됐습니다. 자신과 당의 이미지 관리를 위해 무엇이 최선인지는 그가 잘 알고 있을 것입니다.

두 해설의 전문은 '3. 해설문장의 실제'에 실려 있다.

2. 해설문장의 테크닉

간결성과 리듬감

글을 쓰기보다 말을 쓴다고 생각해야 한다. 일단 문장이 간결해야 한다. 중문이 없어야 한다. 박자의 '강약 중강약' 식으로 문장 길이를 짧거나 약간 길게 또는 더 길게 등으로 섞어 리듬감을 내야 한다. 특히 '~하고 있다' 등의 진행형 문장을 되도록 삼가야 한다. 접속사는 아예 발붙이지 못하도록 하는 게 좋다.

다음 예문을 보자.

우리 공동체에 희망이 있다는 건 이를 두고 하는 말입니다.
<u>그러나 우리의 나눔의</u> 방식과 수준은 아직 미진합니다.
기부금의 70%가 연말연시 두 달에 집중돼 있습니다.
기부자 한 사람의 한 해 평균 <u>액수도</u> 7만 원 정돕니다.

경조사비로 지출하는 액수의 7분의 1 수준입니다.
그것도 전 가구 90%가 기부 활동을 하는 미국의 10분의 1에 머물러 있습니다.
뜻만 있다면 나눌 곳은 많습니다.
모두가 함께하는 곳에 온기가 생기고 공동체의 희망이 피어납니다.
이웃을 도와 모두가 행복해진다면 거기에 나의 행복도 있습니다.
김청원 해설위원, <KBS 뉴스해설> 중에서, 2006년 12월 9일자

잘 쓴 글이다. 속도감이 아주 좋다. 다만 몇 가지 거슬리는 게 있다. 접속사 '그러나'가 맥을 끊는다. 어미 '의'가 겹치고 '액수'가 반복된 점 그리고 미국을 수식하는 말이 너무 길고 두 가지 팩트가 혼재됐다.

☞ 안타깝게도 우리의 나눔 방식과 수준은……
경조사비의 7분의 1 수준입니다.
미국의 10분의 1입니다. 미국인 전 가구의 90%가 기부활동을 합니다.

외람되지만 이렇게 하면 더 빛날 것 같다.

속보식 문장 구사

팩트를 최소화하면서 속보식 문장으로 다듬어야 참신하다. 해설은 대체로 뉴스가 모두 나간 뒤에 방송된다. 때로는 하루 이틀쯤 뒤에 나가기도 한다. 속보식 문장이 필요한 이유다. 모든 글쓰기에는 이 감각을 갖는 것이 매우 중요하다. 깨우치려고 머리를 쓰지 않으면 평생 깨닫지 못한다.

예컨대 김민석 민주당 최고위원 사건에 관한 해설을 보자.

그의 혐의는 이미 오래전부터 보도돼 다 아는 사실이다. 팩트를 전혀 언급하지 않으면 안 되기 때문에 이를 다른 문장으로 고치는 테크닉이 필요하다.

불법정치자금 4억 7,000만 원을 받았다는 그의 혐의에 대해 국민은 아직 진실을 모릅니다.

'~국민은 진실을 모른다'는 내용으로 바꿔 그가 조사를 거부하고 있는 상황을 간접적으로 시사한다.

건평 씨 사건의 경우도 마찬가지다. 그의 혐의는 이미 잘 알려져 있는 상태기 때문에 '그는 ~한 혐의를 받고 있습니다'라고 하면 물린다.

관심은 그가 농협의 세종증권 인수 과정에서 거액의 알선대가를 받았는지에 쏠립니다.

국민의 관심이 그의 혐의가 사실인지에 쏠려 있다는 식으로 살짝 비틀어 주니 새로운 문장이 된다.

쌍방향식 화법

시청자들에게 일방적으로 통보하는 어투가 아니라 서로 대화하는 듯한 어법을 구사해야 따뜻하다. 일반적인 글쓰기에서도 활용하면 글이 훨씬 부드럽고 빛난다.

- 재기를 노리는 정치인에게 꼭 필요한 것은 무엇일까요? 도덕성과 정당성을 바탕에 둔 이미지 관립니다.
- 그럼 왜 읽지 않을까요? 읽을거리가 충분치 않아서? 그렇진 않습니다.
- 경찰은 사죄와 자정 결의를 했어도 별로 달라진 게 없습니다. 왜 그럴까요?
- 평소 농사를 짓고 살던 순박한 사람들에게 이게 무슨 일입니까?
- 여러분 가정에선 어떤 물을 드십니까?
- 소란을 피운다고 해결될 일이 아니잖습니까?

마치 말을 주고받는 듯한 문장을 한두 번 구사하면 집중도가 높아진다. 시청자들이 도망가지 못한다.

3. 해설문장의 실제

해설은 어떤 사건을 계기로 그에 대한 전반적인 내용을 정리하고 개선책을 촉구하거나 당국을 질타하기도 한다. 문장은 물론 구성의 묘가 중요하다. 이는 다른 모든 글쓰기에 적용되는 종합판이다. 참고로 <KBS 뉴스광장>에 방송된 필자의 해설 몇 편을 소개한다. 글의 구조와 전개 양식, 구성, 형평성 등을 주제별로 살펴볼 필요가 있다. 공통점을 발견해야 발전이 있다.

"벼랑에 선 '권세'"

왕세자 자리를 동생인 세종에게 내준 양녕대군은 평생 조정과 멀리 떨어져 지냈습니다. 부담을 주지 않기 위해서였습니다. 서울의 방배동은 말 뜻대로 양녕이 정권에 등을 돌리고 산 곳이라 전해집니다.

　노무현 전 대통령의 형 건평 씨가 참여정부의 도덕성을 뒤흔드는 권력형 비리 의혹의 몸통으로 떠올랐습니다. 관심은 그가 농협의 세종증권 인수 과정에서 거액의 알선대가를 받았는지에 쏠립니다. 그는 해서는 안 될 중개인 역할을 했다고 이미 시인한 상탭니다.

　이 사건은 농협이 증권사를 인수하는 과정에 80억 원의 뇌물이 오갔다는 점만으로도 충격적입니다. 증권사 측이 농협 회장에게 50억 원을 줬고 그를 연결시켜준 쪽에도 30억 원을 건넸습니다.

　그 주역들이 노 전 대통령과 건평 씨 형제의 친구이자 지인들이라는 점에서 강한 폭발력을 안고 있습니다. 이와는 별도로 증권사 인수를 계기로 수백억 원의 주식차액을 남긴 박연차 회장 사건이 있습니다. 그는 노 전 대통령의 후원잡니다. 이것도 불똥이 어디로 튈지 모릅니다.

　지금까지 조사로 4명이 구속됐습니다. 수사망은 건평 씨와 박 회장을 조이고 있습니다. 의혹을 인정하거나 결백을 입증해야 하는 벼랑 끝에 선 처집니다.

　건평 씨는 동생이 대통령이 된 뒤 인사 개입설 등에 거론되곤 했습니다. 그의 위세를 빗대 '봉하대군'이라는 별명이 붙었습니다. 지난 2003년에는 건설 회사 사장으로부터 연임 청탁과 함께 수천만 원을 받은 혐의로 불구속 기소된 적도 있습니다. 당시 노 전 대통령은 형을 '시골의 별 볼일 없는 사람'이라고 했습니다. 권세와 거리가 멀다는 뜻입니다. 그가 혹시 이번 사건의 의혹을 벗지 못해 '볼일이 많았던 사람'으로 바뀌지 않을까 걱정입니다.

　우리는 전두환 전 대통령의 동생 경환 씨를 기억합니다. 그는 형의 권세를 업고 막강한 영향력을 휘둘렀습니다. 비리로 결국 쇠고랑을 찼습니다.

　도덕성을 외쳐온 노 전 대통령의 측근비리는 배신감을 느끼게 합니다. 권력이란 그런 것인가 불신감을 더합니다. 지금도 권력 주변 어느 구석에서 비리가 싹트고 있지나 않은지 불안합니다.

　권력자를 돕는 일은 꼭 가까이에서 하는 것이 아닙니다. 멀리 떨어져 등을 돌리고 있는 것이 더 나은 길이 될 수 있다는 사실을 양녕대군의 처세에서 배웁니다(2008.12.1).

"진실 규명의 열쇠"

재기를 노리는 정치인에게 꼭 필요한 것은 무엇일까요? 도덕성과 정당성을 바탕에 둔 이미지 관립니다. 때로는 정권의 부당한 탄압이 큰 도움이 되기도 합니다.

　구속영장이 발부된 김민석 최고위원을 둘러싸고 검찰과 민주당 사이의 갈등이 깊습니다. 민주당은 표적사정을 중단하라고 거듭 주장합니다. 당사에서 농성 중인 김 최고위원은 죄가 없다고 버티고 있습니다. 검찰은 영장 집행에 실패한 뒤 깊은 고민에 빠졌습니다.

　이제 이 사건은 중대한 고비를 맞았습니다. 관심이 집중된 탓입니다. 가장 궁금한 점은 김 최고위원의 태돕니다. 죄가 없다면 왜 수사에 응하지 않았는지, 영장실질심사에 떳떳하게 나와 무죄를 입증하려 하지 않았는지 등입니다. 불법 정치자금 4억 7,000만 원을 받았다는 그의 혐의에 대해 국민은 아직 진실을 모릅니다.

　민주당은 이 사건을 야당 죽이기로 규정하고 공세를 폅니다. 불구속 기소를 요구합니다. 검찰은 정당한 법집행을 강조하면서도 한편으론 정치적 부담을 우려합니다.

　이 사건이 풀리지 못하는 몇 가지 이유가 있습니다.

　첫째, 정치인에 대한 검찰 수사가 사실 일관되지 못했던 측면이 있습니다. 현역 의원들에 대한 영장 집행이 좌절된 선례도 있습니다. 한국적 정치상황의 특수성이라고 늘 말해왔습니다.

둘째, 당사자와 당이 이 사건을 그런 연장선상에서 다루려는 전략 때문입니다. '야당 탄압'이란 당론이 말해줍니다. 혐의의 사실 여부는 별로 중요하게 여기지 않는 듯이 보입니다.

셋째, 야당 정치인에겐 탄압이란 입증할 수만 있다면 더없이 좋은 명분입니다. 이런 상황을 극복할 수 있는 가장 확실한 열쇠는 김 최고위원에게 있어 보입니다. 당당하게 수사에 응해야 한다는 목소리가 점점 높아갑니다. 그의 주장대로 혐의를 벗고 야당 탄압을 사실로 입증한다면 자신도 살고 당도 사는 길이 될 것입니다. 여당과 정권은 반대로 큰 타격을 받을 것입니다.

김 최고위원은 운동권 출신으로 재선 의원을 거쳐 서울시장과 대선에까지 도전했던 치열한 정치인입니다. 재기를 노리는 그의 정치생명은 이 사건의 향배에 큰 영향을 받게 됐습니다. 자신과 당의 이미지 관리를 위해 무엇이 최선인지는 그가 잘 알고 있을 것입니다(2008.11.18).

"말뿐인 경찰 자정"

올해 초부터 경찰엔 '베스트 경찰'이라는 상이 생겼습니다. 수사실적 등이 좋은 경찰관을 표창하는 제돕니다.

뒤로는 비리를 저지르고 다닌 경찰이 이 상을 받았다가 들통이 났다면 어떻겠습니까? 최근 김해에서 검찰에 체포된 김 모 경사의 경웁니다. 불법오락실 업주에게 금품을 받고 단속 정보를 흘려주거나 적발돼도 사건을 무마해준 혐의입니다.

경찰비리가 줄어들지 않고 있습니다. 해마다 30여 명씩 파면이나 해임됩니다. 비리 행태를 보면 기가 찹니다. 단속을 빙자해 업주로부터 돈을 뜯어내는가 하면 유흥업소에 투자해 수익금 지분을 챙깁니다. 경찰서에 온 취객의 지갑에서 돈을 훔쳤는가 하면 목욕값을 내지 않은 경우도 있습니다.

경찰 비리는 어제오늘의 얘기가 아닙니다. 1980년대 초 세상을 놀라게 했던 서울 용산 윤 노파 피살사건 때 형사가 피살자의 예금증서를 훔쳤다가 나중에 들통 나 발칵 뒤집힌 사건이 있었습니다.

그럴 때마다 경찰은 사죄와 자정 결의를 했지만 별로 달라진 게 없습니다. 왜 그럴까요? 단속권한이 있으면 반대로 눈감아줄 수도 있는 유혹이 꿈틀댑니다. 경찰업무의 특성은 시민들의 생활과 가장 가깝게 관련돼 있습니다. 단속이 강화될수록 불법업주 측은 필사적으로 피하려 하고 경찰관의 재량권도 커집니다. 여기서 업주와 경찰의 공생관계가 싹틉니다.

그 유혹을 뿌리치지 못하면 경찰관이 될 자격이 없습니다. '썩은 사과 이론'이라는 것이 있습니다. 궤짝 안의 썩은 사과 몇 개는 담기 전에 이미 상처가 나 있던 것입니다. 마찬가지로 비리 경찰관은 경찰이 되기 전에 이미 도덕적 결함이 있는 사람이라는 논립니다.

경찰비리를 뿌리 뽑기 위해서는 선발 방식을 획기적으로 개선할 필요가 있습니다. 그 다음엔 지속적인 감시와 예외 없는 처벌이 따라야 합니다.

해마다 이맘때면 경찰은 잔치 분위깁니다. 내일로 다가온 경찰의 날 포상자를 뽑기 위해섭니다. 이 가운데서도 혹시 비리자가 숨어 있지나 않은지 두렵습니다.

경찰의 날은 경찰서마다 걸려 있는 '경찰이 새로워지겠습니다'라는 슬로건에 걸맞게 뼈를 깎는 자정의 계기가 되기를 바랍니다(2008.10.20).

"황혼의 덫 '치매'"

명절을 쇠고 고향집을 나서려면 늘 맘에 걸리는 것이 있습니다. 부모님의 건강입니다. 기력이 예전만 못한 것 같아 마음이 아픕니다. 와병 중이라면 더 그렇습니다.

한국인의 수명이 늘었지만 병마에 시달리는 노인도 그만큼 많아졌습니다. 가장 심각한 것은 치맵니다. 환자 수도 급증하고 있습니다.

현재 치매를 앓고 있는 노인이 40여 만 명에 달합니다. 노인인구의 8%가 넘습니다. 지난 2000년에 비해 배 가까이 늘었습니다. 2015년엔 60만 명에 가까울 것으로 추산됩니다.

치매로 인한 경제적 부담도 눈덩이처럼 불어납니다. 진료비만 연간 3,300억 원에 달합니다. 직간접 비용을 포함하면 그 몇 배가 됩니다. 지난 7월부터 실시된 노인 장기요양보험으로 일부는 혜택을 받고 있어도 아직 시작 단계입니다.

최근 보건복지가족부가 '치매와의 전쟁'을 선포한 것은 이 문제를 더 이상 개인의 일로 방치해서는 안 된다는 판단에섭니다. 예방과 검진, 치료 등을 체계적이고 효과적으로 하는 종합 대책이 마련 중입니다.

선진국들은 노인 치매를 오래전부터 국가적 과제로 선정해 대비해왔습니다. 그 결과 발병률이 3%대 미만으로 낮아졌습니다. 우리의 비율이 높은 것은 고령화 속도가 빠르게 진행되고 있는 탓으로 분석됩니다.

치매는 노년의 삶을 처참하게 망가뜨리는 이른바 '황혼의 덫'입니다. 본인은 말할 것도 없고 가족에게 극심한 고통을 안겨줍니다. 겪어본 가정이 아니면 상상하기 어렵습니다. 환자를 둘러싸고 가족 간 불화를 빚기도 하고 가정파탄으로 이어지기도 합니다.

치매는 원인불명이 절반입니다. 나머지는 심장병과 당뇨 등으로 인한 혈관성 치매와 뇌종양 등으로 인한 대사성 치매입니다. 예방이 가능합니다. 음주와 흡연을 삼가고 고혈압, 당뇨병, 고지혈증 등에 걸리지 않도록 식사관리를 하는 것이 중요합니다. 노인들의 행동을 잘 관찰해 대처하면 치매 단계로 들어가는 것을 막을 수 있다고 전문의들은 조언합니다.

예로부터 "큰 병 3년에 효자 없다"는 말이 있습니다. 병 수발이 얼마나 어려운 일인가를 일러주는 말입니다. 치매가 대표적인 경우입니다.

명절을 맞아 조상의 음덕을 기리는 일은 소중합니다. 그에 못지않게 명절을 생전의 부모님 건강을 살피는 기회로 삼는 것이 더 중요해진 시대입니다(2008.9.15).

"수돗물 100년"

여러분 가정에선 어떤 물을 드십니까? 수돗물을 그대로 먹는 집은 그리 많지 않을 것입니다. 정수기에 걸러 마시거나 끓여 먹거나 각양각색입니다.

오늘은 우리나라에 수돗물이 등장한 지 꼭 100년이 되는 날입니다. 구한말 영국인이 세운 조선수도회사가 서울 4대문 안과 용산 일대에 수돗물을 공급하기 시작했습니다.

공중수도에서 물지게로 나르기도 했고 물을 빼돌리는 도둑이 극성이던 시절도 있었습니다. 한 세기가 흐른 지금 그렇게 귀하던 수돗물에 대해 불신이 좀처럼 가시지 않습니다.

수돗물이 식수로 안전하고 적합하다고 믿는 사람은 국민의 절반에 지나지 않습니다. 페놀과 중금속, 세균 등의 오염사고가 자주 났던 탓입니다. 이는 수도 사업을 만성적자로 빠뜨린 가장 큰 원인입니다. 매년 5,000억 원의 적자를 정부에서 메웁니다.

중소도시로 갈수록 물값이 비싸고 수질관리가 미흡하다는 불만도 많습니다. 수도 사업이 160여 개 지자체별로 운영되고 있기 때문입니다.

여당은 수도 사업을 광역화하고 관리를 민간에 맡기는 방안을 추진하다가 반대여론에 부딪쳐 최근 백지화했습니다. 값이 오르기 쉽고 관리감독의 허점이 크다는 것이 반대 이유입니다. 시기상조라고도 합니다. 환경부는 이를 다시 공론화하고 나서는 등 추진 의지를 굽히지 않습니다.

수돗물 불안으로 10여 년 전부터 정수기와 생수시장이 급신장돼 규모가 수천 억 원대에 달합니다.

지자체들도 이에 맞서 수돗물을 페트병에 담은 브랜드를 다투어 개발하고 있습니다. 시판이 허용되는 법안이 통과되기를 기다리면서 벌써 홍보전이 치열합니다.

서울의 아리수, 부산의 순수, 광주의 빛여울 수 등이 그것입니다. 지자체들은 이 제품들이 시판되면 안전성 논란도 수그러질 것으로 기대합니다. 특히 서울의 아리수는 해외진출까지 꿈꾸고 있습니다. 막연한 불안감 때문에 불신해선 안 된다며 자신합니다. 서울 수돗물의 검사항목은 법정 기준 55개를 포함해 160여 개 항목입니다.

국민은 어디에 살아도 안전한 물을 값싸게 공급받을 권리가 있습니다. 전국 수도 보급률이 91%지만 농촌은 41%에 불과합니다. 수돗물 혜택이 전 국민에 돌아가야 합니다. 경쟁력도 우위를 확보해야 합니다. 그렇지 못하면 국민의 식수 부담 비용은 계속 늘어날 것입니다(2008.9.1).

"희생 헛되지 않게"

　세상에는 누구나 하고 싶은 일이 있는 반면 다들 무서워하고 꺼리는 일도 많습니다. 그 일이 누군가는 반드시 해야 할 일이라면 그 가치는 참으로 소중합니다.
　무거운 장비를 메고 끌고 화염에 뛰어드는 소방관들의 모습을 보면 가슴이 뭉클합니다. 땀과 검댕으로 뒤범벅된 지친 얼굴은 차마 마주 보기 미안합니다. 그런 처절한 노고가 우리의 생명과 재산을 지킵니다.
　소방관 3명을 또 떠나보냈습니다. 오열하는 유족과 동료들의 모습에서 또 다른 슬픔을 느낍니다. 참사 현장이 밤새 술과 춤판으로 어지러웠던 나이트클럽이어서 더 애석하기도 합니다. 언제까지 이런 참극이 되풀이돼야 하는지 원망스럽습니다.
　화재진압이나 구조작업 등으로 숨진 소방관은 지난 10년 동안 40명이 넘습니다. 이번처럼 지붕이 무너져 깔리기도 하고 급류에 휩쓸려 목숨을 잃기도 합니다. 수백 명이 다칩니다.
　위험도 위험이지만 근무여건을 보면 참으로 딱합니다. 대부분이 24시간 맞교대로 한 주 평균 80여 시간 근무합니다. 선진국 소방관들이 주 40여 시간인 데 비해 배나 많습니다. 그렇다고 처우가 좋은 것도 아닙니다. 사회적인 명예가 높은 것도 아닙니다.
　미국에서 소방관은 매우 명예로운 직업으로 평가받습니다. 선진국일수록 힘들고 위험한 일에 종사하는 사람들의 보수가 높습니다.
　소방관들은 그동안 처우개선과 함께 안전강화대책을 꾸준히 요구해왔습니다. 당국은 사고가 나면 늘 안전을 다짐하고 약속했지만 크게 나아지지 않았습니다. 문제가 불거지면 관심을 갖다가 다시 흐지부지 식는 우리 사회의 타성 탓입니다.

전·현직 소방관들의 모임인 소방발전협의회는 안전수칙과 현장 지휘책임이 엄격하지 못하기 때문에 사고가 그치지 않는다고 지적합니다. 늘 가변적인 상황에 대응할 수 있는 훈련이 부족하고 장비도 시원치 않습니다. 이를 보강하기 위한 예산이 제대로 반영되지 않기 때문입니다. 이대로라면 소방관은 늘 죽음으로 내몰리게 된다고 협의회 측은 분노를 감추지 않습니다.

세 소방관을 헛되이 보낼 수 없습니다. 이제라도 정부 등에서 소방개선책에 진정한 관심을 보여야 합니다. 국민적인 지원이 뒷받침돼야 합니다.

재난은 남의 일이 아니오 이에 대비하는 일 역시 꼭 해야 할 일이기 때문입니다(2008.8.23).

"흉악범의 얼굴"

언제부턴가 우리 사회에는 범죄자의 얼굴이 사라졌습니다. 세상을 놀라게 한 흉악사범이 잡혀도 누군지 모릅니다. 마스크에 모자를 눌러쓴 용의자가 있을 뿐입니다.

최근 어린이 상대 흉악 범죄를 계기로 피의자의 인권을 어디까지 지켜줘야 하는가 의문이 많습니다. 현장검증 때마다 마스크를 벗기라고 분노하는 피해자 가족과 주민들의 목소리가 높습니다.

피의자의 초상권을 지키는 것은 경찰의 직무규칙입니다. 확정 판결까지는 무죄 추정이라는 원칙에 근거해 지난 2005년 제정된 훈령입니다. 답답하기도 하고 당혹스럽기도 합니다.

경찰은 CCTV에 찍힌 일산 어린이 사건 용의자를 공개했다가 붙잡은 뒤에는 마스크에 모자를 눌러 씌웠습니다. 합당한 조처인지 아닌지 아리송합니다. 특히 그는 같은 죄로 10년형을 산 전과자였습니다.

용의자의 얼굴 공개 논란은 적법한 벌을 주되 인격권까지 침해해서는 안 된다는 취지와 국민의 알 권리 사이의 갈등입니다. 미국이나 영국 등 인권 선진국들도 흉악범을 공개하는 마당에 범죄 예방을 위해 알 필요가 있다는 것이 국민 대다수의 정섭니다.

형사 사건의 피해자는 사실 국민 모두입니다. 그런데도 용의자는 끝까지 얼굴을 가린 채 사라졌다가 제2, 제3의 피의자가 돼 나타납니다. 피해자와 가족들은 가혹한 고통에 시달리고 주민들도 불안에 떨어야 합니다.

피의자 인권 보호는 과거 국가 형벌권의 남용에서 비롯됐습니다. 현대 형사사법제도가 피의자의 인권을 꾸준히 넓혀오는 동안 피해자는 잊혀졌습니다.

선진국들은 지난 60년대부터 다시 피해자의 인권에 눈을 돌렸습니다. 우리는 2년 전에야 피해자 보호법이 생겼고 올 초엔 대검에 피해자 인권과가 신설됐습니다.

흉악범의 신상공개 논란은 처음이 아닙니다. 지난 2004년 연쇄살인범 유영철 사건 때도 그랬습니다. 결과는 원칙론에 밀려 흐지부지됐습니다. 이번에도 그랬다가 또 같은 사건이 나 여론이 들끓는다면 우리 모두가 무책임하다는 지탄을 받을 것입니다.

지난해 일어난 어린이 성범죄는 1,000건이 넘습니다. 절반이 재범입니다.

최소한 재범이라도 피할 수 있는 정보는 국민에게 제공돼야 할 것입니다.

피해자의 안전을 피의자의 인권보다 소홀히 해도 좋다는 사람은 없습니다.

진지한 사회적 논의와 개선책이 마련되기를 기대합니다(2008.4.7).

"국보 1호의 자존심"

결코 일어나선 안 될 사곱니다. 차라리 눈을 감고 싶은 참상입니다. 국보 1호가 화염에 휩싸여 무너져 내리고 결국 숯덩이로 변한 모습을 지켜봐야만 했던 국민의 심정은 비통하기 이를 데 없습니다.

서울의 한복판에 있는 국가 상징 문화재를 이렇게 잃고 말다니 믿어지지 않습니다. 불을 왜 못 끄는지, 문화재 관리를 도대체 어떻게 하기에 이런지 말문이 막힙니다.

지금까지 조사로는 '적심'이라고 하는 기와 안쪽의 목재 구조물에 불이 붙어 소방 냉각수가 미치지 못한 것이 맹점이었습니다. 물이 기와를 타고 흘러내리는 동안 적심은 이미 타들어갔습니다. 소방 당국은 문화재청에서 신중한 진화작업을 주문한 데다 기와지붕이 얼어붙어 올라가기도 뜯어내기도 어려웠다고 말합니다. 이 부분에 대해 서로 책임을 미루는 듯한 인상도 지우기 어렵습니다.

이것만 봐도 한식 구조물에 대한 우리의 방재대책이 얼마나 허술한지 확인시켜줍니다. 숭례문엔 1분 이내로 출동이 가능하다며 스프링클러가 설치되지 않았고 화재감지 센서도 없었다니 어이없습니다.

관리도 마찬가집니다. 밤에는 사설 보안 시스템에만 의존해왔습니다. 1년 전 문화재청엔 숭례문의 방화 가능성이 제보되기도 했지만 대책은 강화되지 않았습니다.

우리나라 지정 문화재 가운데 목조 건축물은 약 1,600개에 이릅니다. 국보가 22개, 보물이 100여 개 그리고 나머지는 중요 민속자료와 기념물 등입니다. 오랜 세월 동안 목재가 마를 대로 말라 화재에 매우 취약합니다.

문화재청은 3년 전 낙산사 화재 이후 목조 문화재에 방재 시스템을 구축 중입니다. 수막설비와 경보시설을 갖추는 정돕니다. 하지만 침입자에 즉각 대처하지 못하거나 이번처럼 불을 보고도 끄지 못하는 소방은 방재가 아닙니다. 이번 사고의 책임소재를 분명히 가려 근본적인 대책이 원점에서 다시 세워져야 할 것입니다.

문화유산은 유형의 가치를 넘어 정신적인 가치를 지닙니다. 숭례문은 조선의 건국이념을 담고 있는 동시에 대한민국 수도 서울의 상징입니다. 국민의 가장 사랑받는 문화유산이요, 자존심입니다. 그 섬세하고 웅장한 모습에는 결코 우리의 가슴에서 영원히 지워지지 않는 무엇이 있습니다. 완벽한 복원 사업을 통해 위용이 되살아나기를 기원합니다. 문화재는 나만의 것이 아니라 후손에게 물려줘야 할 귀중한 민족유산입니다. 그 책임은 이 시대를 사는 우리에게 있습니다(2008.2.12).

"권력, 명예, 돈"

"권력과 명예와 돈은 한식구가 될 수 없다"는 격언이 있습니다. 서로 어울리기 어려운 속성을 지녔다는 뜻입니다. 돈은 상식적인 방법으로는 모으기 어렵고, 명예란 상식을 벗어난 인품을 가까이하지 않습니다. 권력을 이용해 돈을 쌓고 돈으로 명예를 산들 언젠가는 무너질 모래성이 되고 맙니다.

최근 박철언 전 장관이 170억 원대의 돈을 뜯겼다며 송사를 제기한 사실이 보도돼 파문이 큽니다. 자신의 차명 통장을 관리해오던 사람들이 돈을 돌려주지 않고 가로챘다는 것입니다. 새삼 돈과 권력과 명예의 허무한 동거를 떠올리게 됩니다.

세간의 관심은 돈의 액수와 성격에 쏠렸습니다. 그동안 정권이 몇 번을 바뀌었는데도 그가 그렇게 많은 돈을 갖고 있었고, 이제야 그 돈의 성격이 얘기되고 있다는 사실에 모두들 놀라워합니다. 그가 기업체로부터 거액의 비자금을 받아

관리했다는 얘기까지 때마침 측근의 입을 통해 불거졌습니다. 본인은 재단설립을 위한 유산과 협찬금 등이라고 해명했지만 썩 개운치 않습니다.

박철언 씨는 6공의 황태자라 불렸던 이른바 권력실세였습니다. 그런 그가 세간의 입방아를 무릅쓰고 돈을 찾겠다고 나선 절실한 속사정이 무엇일까 궁금합니다. 거액을 수십 개의 차명 계좌에 나눠 관리해왔다는 사실이 우선 도덕적으로 자유로워 보이지 않습니다. 떳떳한 돈이었다면 왜 여태 감춰뒀을까 의문이 앞섭니다.

그 시절 대통령들은 수천억 원의 비자금을 감춰놨다 들통 난 뒤 법원의 추징금을 아직도 다 갚지 않은 사실을 떠올리면 더욱 그렇습니다. 당시의 권력층 가운데는 재산을 남의 이름으로 숨겼다가 꼼짝없이 빼앗긴 경우가 더러 있다는 소문도 나돕니다. 권력과 명예와 돈을 다 차지하려다 몰락한 사례들입니다.

"연단에 오르는 자는 속옷을 잘 챙겨 입어라"고 했습니다. 연단 위의 사람은 금세 또는 언젠가는 발가벗겨지기 쉽다는 뜻입니다. 비단 지난 정권만이 아니라 오늘의 권력자들도 귀담아 들어야 할 교훈입니다.

박 씨는 자신이 공인이 아니라고 했습니다. 그럴까요? 한 시대를 풍미한 정객에게 거액의 돈이 숨겨져 있었다는 사실이 드러난 이상 그것이 깨끗한지 아닌지를 국민은 알고 싶고 알 권리가 있습니다. 「정치자금법」상의 공소시효 등 법적 잣대와는 별개로 어떤 형태로든 밝혀져야 할 문젭니다. 권력과 명예와 돈이 한 식구가 될 수 없다는 진실을 국민은 확인해야 필요가 있습니다(2008. 3. 10).

"청도의 교훈"

청도를 아십니까? 대구와 밀양 사이 경상북도에 있는 군입니다. 인구 5만이 채 안 됩니다. 맑고 푸른 땅이라는 이름처럼 평온한 고을이지만 요즘 분위기는 한없이 침통합니다. 군수 선거 부정으로 인한 혹독한 대가입니다.

지금까지 주민 50여 명이 경찰 조사를 받았습니다. 14명이 구속 등 사법처리됐습니다. 다른 두 사람은 조사를 받자 스스로 목숨까지 끊었습니다. 모두 이번에 당선된 정한태 군수의 선거 운동원들로 돈을 뿌린 혐의입니다. 돈을 받은 사람들도 수백만 원씩의 과태료를 물게 돼 걱정이 태산 같습니다.

주민들은 이제 순찰차만 봐도 가슴이 주저앉습니다. 또 누가 불려 가는지, 구속되지 않을지 극심한 불안에 빠졌습니다. 평소 농사를 지으며 살던 순박한 사람들에게 이게 무슨 일입니까?

민심이 흉흉해지자 군민들은 지난 주말 사죄하는 집회를 열었습니다. 부끄러워 고개를 들 수 없다고 고백했습니다.

지난 대선과 함께 치른 청도군수 재선거는 두 번째였습니다. 전직 군수 2명이 선거법 위반으로 잇따라 물러난 뒤입니다. 비리 지역이라며 각 당이 공천을 포기해 후보들이 모두 무소속으로 뛰었습니다.

정 군수는 당선 직후 다시는 재선거가 없을 것이라고 호언했습니다. 그러나 상황은 심각합니다. 수사망은 정 군수에게로 좁혀지고 있습니다.

청도 사태를 보면서 군수가 뭐길래, 선거가 뭐길래 이럴까 착잡합니다. 한 전직 군수는 기초단체장 선거의 경우 정당공천과 주민들의 그릇된 선거의식이 부정의 원인이라고 말합니다. 농어촌 지역 주민들은 아직도 선거 향응을 당연시하는 경향이 있고 실제 표로 이어진다고 합니다. 도시와는 달리 몇 백 표만 매수돼도 승부가 갈릴 수 있습니다. 후보들이 금품 살포 유혹을 떨치기 어려운 이

읍니다.

그 결과는 어떠했습니까? 청도 외에도 장흥과 신안, 장성, 단양, 함안, 청송, 화순, 해남, 철원 등지의 군수들이 줄줄이 중도 퇴장했습니다. 재선거 비용과 행정공백 등 그 피해를 주민들이 떠안았습니다. 이 지역 출신들은 객지에서 곱지 않은 시선을 받기도 합니다.

부정선거에 대해서는 아무리 비싼 대가를 치르더라도 철저한 조사와 처벌이 따라야 합니다. 재선거를 두 번씩 치르면서도 흐린 선거풍토에 젖었던 청도군민은 책임을 면키 어렵습니다. 사죄하고 자정노력을 펴기로 해 뒤늦게나마 다행입니다. 청도 사태가 국민들의 가슴 깊이 교훈으로 새겨져야 할 것입니다 (2008.1.14).

참고자료

국립국어원·MBC. 2006. 『TV뉴스 문장쓰기』. 서울: 시대의 창.

안정효. 2007. 『번역의 공격과 수비』. 서울: 세경.

_____. 2008. 『글쓰기 만보』. 서울: 모멘토.

이영돈 PD의 소비자 고발팀. 2008. 『소비자 고발 그리고 불편한 진실』. 서울: 위즈덤 하우스.

이외수. 2008. 『글쓰기 공중부양』. 서울: 해냄출판사.

정기철. 2004. 『문장의 기초』. 서울: 도서출판 역락.

정용주. 2008. 『고고춤이나 춥시다』. 서울: 푸르메.

최정호. 1982. 『언론문화와 대중문화』. 서울: 민음사.

킹, 스티븐. 2008. 『유혹하는 글쓰기』. 김진준 옮김. 서울: 김영사.

한국방송기자클럽. 2007. 『방송 뉴스의 어휘 선택』. 서울: 도서출판 역락.

한소진. 2006. 『방송대본 이렇게 써라』. 서울: 나남출판사.

후기

부끄러운 고백

어느 시인의 처녀작을 보고 한참을 빙긋이 웃은 적이 있다. 정용주의 「연」이라는 시다.

> 나는
> 고구마를 먹으며
> 연을 띄웠다

그는 초등학생 시절 연필에 침을 발라가며 이 시를 썼다고 한다. 겨울날 갯둑에서 가오리연을 띄우다 언 손을 비비며 집에 오니 누이가 난데없이 '연'에 대해 시를 한 번 써봐라 했다는 것이다. 누이는 깔깔거렸다. 부끄러워 얼굴이 빨개졌던 소년은 나중에 본격적으로 시를 써 시인이 됐다고 고백했다.*

나는 이 원고를 마감하면서 그의 「연」처럼 내가 썼던 부끄러운 기사들을 떠올렸다.

---

* 정용주, 『고고춤이나 춥시다』(서울: 푸르메, 2008).

사회부 기자로 경찰서에 배치된 첫날이었다. 새벽부터 형사계와 근처 종합병원 응급실과 영안실 등을 쏘다니며 '기삿거리'를 찾아도 소득이 없었다. 그러던 중 난데없이 콩나물시루 같은 버스가 경찰서 뒷마당으로 들어왔다. 나는 깜짝 놀랐다. 버스가 왜 이리 들어왔을까?

경찰이 문 앞에 버티고 내리는 승객들의 소지품을 일일이 검사했다. 소매치기 사건이 난 버스였다. 만원 버스에서 소매치기가 극성이던 시절이었다. 여기저기서 지각을 걱정하는 아우성이 들렸다. 나는 데스크에 전화를 걸어 외쳤다.

"여기 큰일 났습니다. 버스가 경찰서에 들어왔습니다. 소매치기 사건이 나 출근하던 사람들이 큰 불편을 겪고 있습니다. 기사를 부르겠습니다."

전화기 건너편의 목소리는 나와 정반대로 차분했다.

"그래, 불러봐."

딴에는 머리를 싸매고 급히 만든 기사를 읽어줬다. 당시엔 전화로 기사를 말해주면 받아쓰던 때였다. 내 기사를 끝까지 받아써준 그 사람은 여전히 나직이 말했다.

"수고했어. 그건 기사가 아니야. 결과를 지켜봐."

나중에야 알았지만 그는 호랑이처럼 무서웠던 사회부장님이었다. 그 일을 생각하면 얼굴이 화끈거린다. 1980년대 초반의 일이다. 세월이 흘러 내가 사회부장이 됐을 때 이리저리 허둥대는 후배들을 훔쳐보면 그 일이 떠올라 웃곤 했다.

    그 시인은 귀뚜라미가 흙벽에 잔금을 그어대는 것을 보고 삶의 위안을 느껴 시를 쓰기 시작했다고 한다. 글쓰기란 어느 날 눈을 번쩍 뜨고 나서야 가능한 일이다. 나는 방송 현업의 종착역이 가까워서야 눈이 조금 열리는 듯했다. 부끄럽다. 이 책은 나 같은 어리석은 사람이 없었으면 하는 바람에서 시작한 넋두리이자 고백이다. 자학에 가깝다.

    남의 글의 잘잘못을 논한다는 건 애초에 불가능한 일이다. 개성의 차이라는 글의 속성을 전제하면 더는 할 말이 없다. 기사는 더 그렇다. 우둔하게도 나는 약 1년에 걸쳐 그 전제를 인정하지 않으려 애썼다. 이제 여기까지 왔다. 부질없는 일을 한 것 같아 씁쓸하기도 하다. 공감하는 부분도 받아들이기 어려운 것도 또는 틀린 부분도 있을 것이다. 많은 질책을 기다리겠다.

    이 책을 방송가와 방송 지망생 그리고 글을 쓰고 싶은 평범한 사람들에게 바친다. 작은 보탬이 되기를 간절히 바란다.

    이 책이 나오기까지 지원해준 관훈클럽 신영연구기금과 도서출판 한울 관계들에게 진심으로 감사드린다.

2009년 8월
여의도에서 이준삼

지은이

이준삼 jslee@kbs.co.kr

한양대학교 정치외교학과를 졸업했다. 1981년 한국방송공사 공채 9기 기자로 입사해 사회부와 국제부, 특집부 등에서 기자 생활을 했다. 홍콩·방콕 특파원, 사회부장, 기동취재부장, KBS광주방송총국장 등을 거쳐 지금은 보도본부 해설위원으로 일하고 있다.

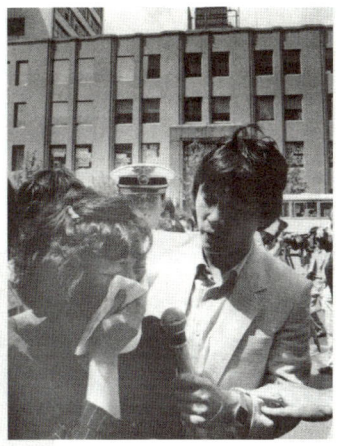

미 문화원 점거농성 사건(1985.5) 현장을 취재하는 필자
삼민투 소속 대학생 73명이 서울 미국 문화원을 기습 점거한 사건. 군부 정권을 지지하는 미국 정부에 경종을 울리기 위한 것으로, 1980년대 반독재 민주화 운동의 대표적인 사건으로 기록됐다. 25명이 구속됐다.

■ 제작한 특집 프로그램

〈지금 남미는〉
"아르헨티나여, 아르헨티나여"
"미로는 언제까지"
"거국의 고민"

〈정보통신의 새 물결〉
"세계를 1초에"
"또 다른 신화를 꿈꾼다"
"일류국가로 가는 길"

〈우주에 미래 있다〉
"新위성혁명시대"
"하늘 너머 큰 선물"
"한국의 선택"

〈현지보고 세계를 본다〉
"싱가포르의 자존심 공직사회"
"집 걱정 없이 산다. 싱가포르"

〈문민개혁 3년〉
"민의는 새 정치를 택했다"
"정치가 달라진다"

〈중소기업에 미래 있다〉
"작은 기업 일류의 비결"
"활로를 찾아라"

"새로운 한·소시대의 전개"

〈7개국 정상 위성토론〉
"태평양국가들의 90년대"

한울아카데미 1163

말하는 글
방송기사로 배우는 글쓰기 테크닉

ⓒ 이준삼, 2009

지은이 • 이준삼
펴낸이 • 김종수
펴낸곳 • 도서출판 한울
편집책임 • 이교혜
편집 • 윤상훈
표지디자인 • 김현철

초판 1쇄 인쇄 • 2009년 8월 20일
초판 1쇄 발행 • 2009년 8월 31일

주소 • 413-832 파주시 교하읍 문발리 507-2(본사)
121-801 서울시 마포구 공덕동 105-90 서울빌딩 3층(서울 사무소)
전화 • 영업 02-326-0095 / 편집 02-336-6183
팩스 • 02-333-7543
홈페이지 • www.hanulbooks.co.kr
등록 • 1980년 3월 13일, 제406-2003-051호

Printed in Korea.
ISBN 978-89-460-5163-8 03710

* 가격은 겉표지에 표시되어 있습니다.